Adrian
Schule des I Ging

Oben eine alte Darstellung des Zeichen I=Wandlung. Unten ein alter chinesischer Stempel (von rechts nach links zu lesen): Emporschießen (und) Vergehen (,die) Berge (bleiben be-)stehen.

Franciscus Adrian

DIE SCHULE DES I GING

Hintergrundwissen

Diederichs

Die Deutsche Bibliothek – CIP-Einheitsaufnahme
Adrian, Franciscus:
Die Schule des I-ging: Hintergrundwissen / Franciscus Adrian. –
München: Diederichs, 1994
ISBN 3-424-01213-0

Lektorat: Hanna Moog, Köln
Umschlaggestaltung: Ute Dissmann, München
Produktion: Tillman Roeder, München
Satz: Uhl+Massopust, Aalen
Papier: Enviro, Schleipen
Druck und Bindung: Ebner Ulm
Printed in Germany

ISBN 3-424-01213-0

INHALT

Vorwort

Wir haben Ahnungen, die sind wahrer als wir selbst. Dieser Gedanke von Otto zur Linde geht mir durch den Kopf, indem ich die Arbeit an diesem Buch Revue passieren lasse und zu einem Punkt zurückschaue, der nunmehr schon zwölf Jahre der Vergangenheit angehört. Damals erhielt ich vollkommen unerwartet eine brillante Einführung in die chinesische Geisteswelt und in den *I Ging*-Kosmos, die mir in ihrer Faszination unvergessen bleiben wird. Sie stieß gleich dutzendweise Tore voller Ahnungen über die Tiefe und Wahrheit chinesischer Weisheit in mir auf und hat mich bis heute gefesselt.

Als ich an jenem kalten, windigen Februarwochenende 1982 die alte ostfriesische Windmühle Marienhafe, Seminarhaus meines Freundes Torsten Scheweling, betrat, war »China« noch vollkommen außerhalb meines Horizonts. Noch nie zuvor hatte ich mich ernstlich mit chinesischer Weisheit, mit Yin und Yang, Trigrammen und Hexagrammen beschäftigt. »Das Buch der Wandlungen« das war ein Buch mit mindestens sieben Siegeln! Nun aber saß ich in einem ehemaligen Müllerhaus und erlebte drei weichenstellende Tage mit Arnold Keyserling, Wiener Professor für Religionsphilosophie. Dieser weißbärtige »lebendige Sokrates« ritt mit uns Seminaristen quer durch die Religions- und Geistesgeschichte der Menschheit. Vor allem aber referierte er über das *I Ging* bis in feinste Verästelungen und Querverbindungen zu den Weisheitsgütern anderer Weltkulturen hinein, und: er praktizierte es auch. Immer ist Sein ein Mit-Sein, heißt es, und ihm, Arnold Keyserling, gehört mein ganz besonderer Dank für sein maieutisches Talent* und für nunmehr langjährige Freundschaft.

Aber dieses Buch wäre nicht entstanden ohne die Hilfe weiterer Menschen, denen ich mich sehr verbunden fühle. An erster Stelle sei hier Hilmar Burhenne, dem Vipassana-begeisterten

---

* Maieutik = sokratischer Begriff: Hebammenkunst; Hilfe zur zweiten, einer geistigen Geburt.

Karlsruher Freund, aufs herzlichste gedankt. Er ermutigte mich 1989, meine Arbeit mit dem *I Ging* nicht nur in Seminaren, sondern auch in Buchform zu dokumentieren und förderte diese Idee noch dazu mit materiellem Segen.

Wolfgang Schuster und vor allem Jürgen Holste standen mir als virtuose Computerexperten hilfreich zur Seite. Beiden sei Dank für das gerüttelt Maß an Geduld und Offenheit. Meine dankbare Wertschätzung gebührt ebenso Christine Bach, die nicht nur ein Stück »Hugo-Kükelhaus-Welt« mit mir teilte, sondern mir auch bei der ersten Durchsicht dieses Manuskriptes half. Sie bürstete mit kritischem Auge so manche Textstelle gegen den Strich und verlangte mir auf diese Weise notwendige Klärung ab. Einen Dank auch an Hermann Brandt, den Graphiker und *I Ging*-Kollegen aus Thedinghausen, der mich in Gesprächen und Briefen immer wieder inspirierte und mich mit seinen graphischen Talenten unterstützte.

In der Endreaktion erhielt ich tatkräftige Unterstützung und Anregung von Hanna Moog als Lektorin. Ihr verdankt das Buch auch den ausführlichen Registerteil, der dem Leser Hexagramme, Personennamen und Sachbegriffe des Textes noch einfacher zugänglich macht.

In ein paar Zeilen kaum zu würdigen ist jedoch die große Hilfe, die mir meine Frau Irmgard in den zurückliegenden Jahren schenkte. Ihr widme ich dieses Buch von ganzem Herzen und mit tiefem Dank für jene weite »Reise zu zweit«, die uns das Entstehen dieses Buches beschert hat.

Seedorf, am 5. Mai 1994   *Franciscus J. M. Adrian*

Das Buch der Wandlungen, chinesisch *I Ging*, gehört unstreitig zu den wichtigsten Büchern der Weltliteratur. Seine Anfänge reichen in mythisches Altertum zurück. Bis auf den heutigen Tag beschäftigt es die bedeutendsten Gelehrten Chinas. Fast alles, was in der über 3000 Jahre alten chinesischen Geschichte an großen und wichtigen Gedanken gedacht wurde, ist teils angeregt durch dieses Buch, teils hat es rückwirkend auf die Erklärung des Buches Einfluß ausgeübt, so daß man ruhig sagen kann, daß im *I Ging* die reifste Weisheit von Jahrtausenden verarbeitet ist.

Richard Wilhelm
in seiner Einleitung zum *I Ging*, 1924

EINLEITUNG

Das *I Ging*, das altchinesische »Buch der Wandlungen«, existiert in seinem Kern bereits seit mehr als 3000 Jahren. Dieses heute gerade auch außerhalb Chinas hochlebendige Weisheits- und Orakelbuch ist genauso alt wie die kalifornischen Redwoods, die ältesten Bäume der Welt. Zu Recht läßt sich behaupten: Das »Buch der Wandlungen« wächst als »Mammutbaum« unter allen Büchern der Welt. Wie ist diese ungebrochene Vitalität zu erklären?

Das Buch selbst liefert mit seinem Namen den Schlüssel zu diesem Geheimnis: Leben – Vitalität – heißt WANDLUNG. Die Gesetze des Wandels zu erforschen war seit frühestem Kulturbeginn das Anliegen der Weisen im alten China. Sie beobachteten Himmel und Erde, sie beobachteten sich selbst und kamen zu der Schlußfolgerung: Alles ist notwendig immer in Veränderung und Umgestaltung begriffen. Nichts auf dieser Welt steht wirklich »fest«, nichts ist »sicher«, *außer* der zyklisch fließenden Zeit. Auf jeden Frühling folgt gewiß ein Sommer, ein Herbst, ein Winter... Diesem Gedankengang folgend, entwickelte China als einzige mehrtausendjährige Hochkultur eine Lebensweise, für die der Einklang mit der Zeit alles bedeutete. Dahinter stand die Überlegung: Wenn die zyklisch kreisende, die sogenannte Yang-Zeit, das einzig sichere Kriterium unserer Welt ist, so müssen wir unser Reich *auf der Zeit* aufbauen! Zeit hat Maß und Zahl, Zeit hat aber auch Qualität, die als Forderung, als etwas zu Erfüllendes den Menschen polarisiert: entweder er geht auf die Anforderungen der Winterzeit – rechtzeitige Nahrungsvorsorge, geeignete Behausung, Bekleidung usw. – ein, oder er verliert seinen *Weg* in der Zeit; es kostet ihn sein Leben.

In diesem Grundgedanken verwurzelt, wurde das *I Ging* zum vielbenutzten Orakelbuch, das zwei menschlichen Anliegen gerecht wird: erstens, sich ankündende Veränderungen schon im Keim zu erkennen, und zweitens, immer wieder zurückzufinden auf den rechten Weg des Einklangs mit den Erfordernissen, dem *Sinn* der werdenden Zeit!

Seit das »Buch der Wandlungen« in der Übersetzung des Sinologen und Theologen Richard Wilhelm 1924 auf den deutschen Buchmarkt kam, hat das Werk zuerst in kleinen, in den letzten 30 Jahren in zunehmend größeren Kreisen Aufmerksamkeit gefunden. Auch im Westen wächst heute das Bewußtsein dafür, wie recht die alten Chinesen mit ihrer Philosophie von der *Zeit als dem einzig Bleibenden im ewigen Wandel* hatten. Zeitenwende, New Age, Paradigmenwechsel, Wassermannzeitalter – das sind die Schlagwörter, hinter denen sich ein Umbruch der Zeitqualitäten verbirgt. Immer mehr Menschen horchen auf, schauen zurück auf ihr bisherigen Leben. Wo bieten sich Möglichkeiten der Umgestaltung? Der *Raum* wurde in der jüngeren Geschichte zunehmend verwaltet, von relativ wenigen Menschen mit Geld, Macht oder Status in Besitz genommen, in seiner Verwendbarkeit oft rücksichtslos zerstört, zumindest aber im Zugang reglementiert oder in weiten Teilen bildlich wie wörtlich »verbaut«. Angesichts einer weitgehenden Ohnmacht dem eigenen Umraum gegenüber rückt die Entdeckung der *Zeit* als zu gestaltendes Element in den Vordergrund. Hier bieten sich heute Chancen zu Umorientierung und Neuanfang. Sicher läßt sich auch vor diesem Hintergrund die zunehmende Hinwendung zum »Buch der Wandlungen« begreifen. Viele Benutzer des *I Ging* suchen bewußt die Selbstreflexion im Spiegel der chinesischen Weisheit, die Klärung ihrer »Eigenzeit«, ihrer persönlich möglichen »Zukünfte«.

Doch dieses altchinesische Werk, das über die Jahrtausende immer wieder seine Benutzer, Freunde und Liebhaber gefunden hat, ist keine leichte Kost für ganz im westlichen Denken verhaftete Europäer. Darum sind im Rahmen der New-Age-Verbreitung *I Ging*-Versionen auf den Markt gekommen, die oftmals geistig abgespeckt, mißverstanden, durch allzu platte Psychologisierung verfälscht sind und als »Instant-Orakel« für den schnellen Gebrauch angepriesen werden. Gehaltvollere *I Ging*-Ausgaben verstauben nicht selten unbenutzt auf dem Bücherbord, nachdem ihre Käufer ein-, zweimal versucht haben, in die Tiefen dieses Buches einzudringen. Ein wesentlicher Grund für das Scheitern dürfte darin liegen, daß das »Buch der Wandlungen« sich nicht allein durch *Lesen* erschließt, es will durch *Leben* ergänzt werden.

Exoterik und *Esoterik** gehören zusammen:

Exoterik – das objektive, von außen her durch Lehren, Lernen, Quellenstudium etc. vermittelbare Wissen. Damit muß der Mensch beginnen; doch in den bloßen Kenntnissen darf er nicht verharren.

Esoterik: das subjektive, nur durch persönliche innere Wandlung, durch Umstellen der »inneren Lichter« zugängliche Wissen. Hiermit muß der Mensch fortfahren, damit alle Kenntnis in den Dienst der Suche nach Erkenntnis eingebunden bleibt. Kenntnisse tragen Bedeutung – Erkenntnisse vermitteln SINN.

In beiden Bereichen ist es für einen Europäer enorm schwierig, Zugang zu diesem für die Altchinesen heiligen Buch zu finden.

Der exoterische Aspekt: Das *I Ging* fordert von seinem Benutzer auf mehreren Ebenen schlicht und ergreifend ein paar »Schularbeiten«, bevor ihm ein hinreichendes Maß an Verständnistiefe erwächst. Ein *I Ging*-Benutzer braucht z. B. ein wenig Wissen über die strukturelle Seite und über den Sinngehalt der benutzten Sprachmetaphern, der Symbole und Bilder. Er braucht Informationen über den »Code«, mit dem das Göttliche aus diesem Buch zu ihm spricht. Im weiteren gilt es, sich mit dem ganz anders gearteten Kulturkreis ein wenig vertraut zu machen, um die Rahmenbedingungen, die bei der Entstehung des *I Ging* herrschten, zu kennen. So ist es hilfreich, ein wenig über chinesische Kulturgeschichte, über Schriftzeichen und Sprache der alten Chinesen zu wissen, über historische Ereignisse, die das Buch widerspiegelt, über das Weltbild, die Philosophie und Kosmogonie der *I Ging*-Autoren... Last not least braucht es ein wenig Mühe, die aus damaligen Lebensverhältnissen heraus kurz und knapp beschriebenen Orakeltexte so zu dechiffrieren, daß sie das universale, »typisch Menschliche«, das ewig den Standort des Menschen

---

* Beide Begriffe stammen aus dem vorsokratischen Umfeld der Schule des Pythagoras (um 550 v. Chr.), der seine Schüler in zwei Gruppen *(exoterikoi – esoterikoi)* unterschied.

zwischen Himmel und Erde Betreffende aufscheinen läßt. Denn nur diese Ebene ist gleich geblieben seit den frühen Tagen der Niederschrift des »Buchs der Wandlungen«. Viele der neuen wissenschaftlichen Erkenntnisse im Bereich der Anthropologie, Archäologie, Ethnologie, Neurobiologie zeigen den heute Lebenden, daß der Mensch in seinem Suchen nach einem Leben in Einklang mit dem Ganzen sich über all die Jahrtausende seit der Altsteinzeit und den frühen Megalithkulturen nicht geändert hat. Sein Suchen nach dem Eins-Werden, dem Ganz- und Heilwerden in einer immer wieder von chaotischen, heillosen Phasen durchzogenen Lebenszeit war und ist eine starke Motivation und Triebfeder, um sich auf den WEG, die Pilgerreise des Lebens zu begeben. Geändert haben sich nur Folklore, Etikette und Sprache sowie die Ausdrucksformen und Methoden (Rituale), sich mit dem ganz anderen, dem »Jenseitigen« und »Diesseitigen« zu beschäftigen. Wir können daher dem *I Ging* nur gerecht werden, wenn wir versuchen, in unseren Entschlüsselungsbemühungen immer wieder überzeitliche, ewig gültige Deutungsdimensionen herauszuschälen: eine Suche nach dem für alle Menschen Gültigen, gleich welcher Kultur sie zugehören.

Der esoterische Aspekt: Über diese von außen her durch Forschungsmaterialien und Studium erschließbare Ebene des *I Ging*-Verständnisses hinaus gibt es aber noch eine zweite, die persönliche Öffnung und Bejahung erfordernde Dimension in dieser »Bibel der Chinesen«. Auch diese Ebene sollte ein interessierter *I Ging*-Benutzer suchen. Verständlicherweise liegen aber die jeweiligen Grenzen einer solchen Suche im Maß der persönlichen Erfahrung von Leben und Tiefe des eigenen Daseins in der Welt. Diese Dimension läßt sich nicht informationsmäßig vermitteln oder lehrstoffartig unterrichten. Esoterik oder die subjektive Wahrheit bedeutet im Kern nichts anderes, als daß der SINN sich nur durch den Prozeß persönlicher innerer Wandlungen einstellt, besser: einem zufällt!

Das auf zwei Bände angelegte Werk *Schule des I Ging* greift den exoterischen wie den esoterischen Aspekt auf und versucht, beide miteinander zu verzahnen. Der vorliegende erste Band lädt ein zu einer Reise durch die Zeiten und legt zunächst viele Wurzeln dieses Orakelsystems frei, das seinen Ursprung in weit älteren Orakelpraktiken genommen hat. Welche tiefere Bedeutung kam dabei der Schildkröte zu, warum wurde dieses Tier später durch die Schafgarbe und noch später durch Münzen abgelöst? Die Spurensuche anhand zahlreicher Textbeispiele aus dem *I Ging* führt zurück in eine Zeit, in der Schamanismus, Astrologie und Geomantie sowie die selbstverständliche Einbeziehung der Sexualität den Bezugsrahmen für das menschliche Handeln und Sein setzten. Kulturgeschichtliche Zeugnisse in Verbindung mit kulturübergreifenden, religionsphilosophischen Betrachtungen lassen etwas ahnen vom Lebensgefühl der Menschen in jener hochentwickelten neolithischen Kultur, in der die Wiege des Orakelwesens zu suchen ist.

Von geradezu verblüffender Aktualität erweisen sich die sehr viel später (um 250 v. Chr.) in der »Großen Abhandlung« (Da Dschuan) ausgesprochenen Empfehlungen und Ratschläge chinesischer Kommentatoren des *I Ging*. Hier wurden Leitlinien formuliert über den Weg, sich mit Hilfe des »Buchs der Wandlungen« *selbst zu führen in der Welt*«, die gerade an der Schwelle zum Wassermannzeitalter gültiger sind denn je.

Ein umfassendes Verständnis der uns seit 1924 vorliegenden *deutschen* Fassung des *I Ging* in der Übertragung und Kommentierung von Richard Wilhelm setzt aber auch die Kenntnis der Zeitumstände voraus, unter denen es zu diesem für den Westen hochbedeutsamen Kulturtransfer kam: eine Zeit tiefgreifender kultureller und politischer Umbrüche in China wie in Deutschland. Nicht zuletzt aber ist es der Persönlichkeit Richard Wilhelms zu verdanken, daß dieser Schatz ältester chinesischer Weisheit für den Westen erschlossen wurde. Die Biographie dieses außergewöhnlichen Mannes zeigt uns einen in die Mysterien des taoistischen Yoga eingeweihten, universaldenkenden Geist mit großer spiritueller Erfahrung.

Die Brücke zwischen dem jahrtausendealten Orakelwesen und modernen wissenschaftlichen Konzepten wie »Selbstorganisation«, Fraktalität, »Genetik«, »Zufall« und »Zeit« wird im abschließenden dritten Teil dieses Buches geschlagen. Ist es »Zufall«, daß gerade die neuesten Erkenntnisse der naturwissenschaftlichen Forschung zurückführen zu den uralten Fragen nach dem SINN unseres Daseins, nach dem »Muster im Chaos« – Fragen, auf die schon das »Buch der Wandlungen« seit dreitausend Jahren stets Antwort gegeben hat? Möge das vorliegende Buch dazu beitragen, die Botschaften des *I Ging* in ihrer Vielschichtigkeit besser zu verstehen, und zum eigenen Fragenstellen ermutigen.

HINWEIS ZU QUELLE, ABKÜRZUNGEN UND SCHREIBWEISE

Das chinesische »Buch der Wandlungen« liegt mittlerweile in mehreren deutschsprachigen Fassungen vor. Diese deutschen *I Ging*-Ausgaben sind nicht nur sprachlich und konzeptionell von höchst unterschiedlicher Qualität. Das vorliegende Werk bezieht sich in seiner Diskussion und Beschreibung des *I Ging* auf die trotz ihres Alters wohl immer noch maßgebliche und zum Klassiker gewordene Übertragung vom Chinesischen ins Deutsche: das von Richard Wilhelm herausgegebene und kommentierte *I Ging** Zur Vereinfachung sind alle Bezugnahmen und Querverweise auf diese *I Ging*-Ausgabe nach folgendem Verfahren gestaltet:

Abkürzungsschlüssel

I Ging S. 27	= Richard Wilhelm *I Ging*, Seite 27
Hex. 16	= Hexagramm Nr. 16
Hex. 16.RF	= Hexagramm Nr. 16, Text: »Die Reihenfolge« im dritten Buch
Hex. 16.VZ	= Hexagramm Nr. 16, Text: »Vermischte Zeichen« im dritten Buch
Hex. 16.BU	= Hexagramm Nr. 16, Text: »Beigefügte Urteile« im dritten Buch
Hex. 16.K	= Hexagramm Nr. 16, Text: »Kommentar zur Entscheidung« im dritten Buch
Hex. 32.U	= Hexagramm Nr. 32, Text: »Das Urteil«
Hex. 40.B	= Hexagramm Nr. 40, Text: »Das Bild«
Hex. 55.4/55.6	= Hexagramm Nr. 55, Text zur vierten Hexagrammlinie und Text zur sechsten Linie

---

* Richard Wilhelm: *I Ging. Das Buch der Wandlungen.* Köln 1956, 21. Auflage München 1993. Es handelt sich dabei um die gebundene Ausgabe, die drei Bücher in einem Band vereinigt. Als Taschenausgabe erschien es als Band 1 von *Diederichs Gelbe Reihe* (DG 1), Köln 1973, 19. Auflage München 1994; hier fehlt das dritte Buch (mit ausführlicherer Kommentarliteratur).

Die Schreibweise der chinesischen Begriffe und Eigennamen folgt in diesem Buch, das sich an *I Ging*-Interessenten unterschiedlichster Herkunft richtet, nicht der aktuellen Nomenklatur der Sinologen. Im wesentlichen übernimmt es die Schreibweise, die Richard Wilhelm zu Anfang dieses Jahrhunderts verwendet hat und die der sinologische Laie auch heute noch in seinen Büchern, darunter auch im *I Ging*, wiederfindet.

I.
DIE WURZELN:
DAS *I GING* IM OSTEN

Man schrieb das Jahr 1924, als zum erstenmal ein in zwei Bände gebundenes Werk aus der Feder Richard Wilhelms in deutschen Buchhandlungen auftauchte, das den ungewöhnlichen Titel *I Ging – Das Buch der Wandlungen* trug. Damit lag und liegt bis heute ein außergewöhnlich materialreiches, recht umfängliches Schriftdokument aus der ältesten Zeit der chinesischen Kultur in der Hand des deutschen Lesers.

Das »Buch der Wandlungen«, durch die Übersetzungsarbeit von Richard Wilhelm im Westen zugänglich geworden, ist aber eigentlich kein derart geschlossenes und abgerundetes »Buch«, wie es dem Leser auf den ersten Blick erscheinen mag. Es ist keineswegs historisch so aus einem Guß entstanden, wie es zunächst den Anschein hat, wenn man die deutsche Ausgabe zur Hand nimmt. Vielmehr wäre es korrekter, Richard Wilhelms *I Ging* als regelrechte Textsammlung zu den »Wandlungen« zu bezeichnen. Die »Wandlungen« sind erst im Laufe mehrerer Jahrtausende durch die Einflußnahme verschiedenster Herrscherdynastien und die Bearbeitung und Textkritik ganzer Generationen von Literaten zu dem geworden, was später europäische Übersetzer an der Wende vom 19. zum 20. Jahrhundert in China vorfanden:

ein Textkonglomerat, genannt »Dschou I« (die Wandlungen aus der Zeit der Dynastie Dschou / 11. Jh. v. Chr.);

ein riesiger Schriftenkomplex an kommentierendem und interpretierendem Beiwerk.

Auf der Spurensuche nach den historischen Wurzeln des *I Ging* fragen wir nach den Uranfängen, dem Mutterboden, aus dem sich das »Buch der Wandlungen« genährt hat, lange bevor der »Westländer« Richard Wilhelm einen Ableger auch in europäische Erde pflanzte.

I. URSPRÜNGE

Der *I Ging*-Historiker gerät auf der Suche nach der Entstehungsgeschichte der »Wandlungen« sehr schnell auf unsicheres, weil im
Dunkel der chinesischen Vorzeit verborgenes Terrain, auf dem
zwar die archäologische Forschung der letzten Jahrzehnte durch
zum Teil aufsehenerregende Funde einzelne Flecken wie eine
Lichtinsel hat aufleuchten lassen; von einer gleichmäßigen Erhellung kann aber noch nicht die Rede sein. Als weiteres Studienge-
biet steht der *I Ging*-Quellenforschung nur noch die verglei-
chende textkritische Arbeit an den Kerndokumenten des *I Ging**

*Tanzend und in ein Blättergewand gehüllt, präsentiert der prähistorische
Kulturheros und Schamane Fu-hsi den Menschen die acht Trigramme.*

---

* So z. B. die Auswertung der auf Seide notierten *I Ging*-Version aus einem
168 v. Chr. versiegelten und erst im Dezember 1973 entdeckten Fürsten-
grab Nr. 3 auf der archäologischen Grabungsstätte Ma-wang-tui bei
Changsha in der Provinz Hunan. In diesem Grab fand sich neben zwei
Versionen des Tao-Te-King auch ein Seidenmanuskript der »Großen Abhandlung«, eines wichtigen *I Ging*-Kommentars.

und die immerhin auch schon über ein beträchtliches Alter verfügende chinesische Geschichtsschreibung* zur Verfügung. Diese historischen Annalen werfen aber mit ihren vielfach märchenhaften, sagenumwobenen Erzählungen und mythischen Berichten über die archaische Vorzeit nur eine die Umrisse erhellende Notbeleuchtung auf die Urzeiten. In jedem Fall gilt es einen beachtlichen Zeitsprung zurück in die Vergangenheit zu bewältigen, um den Mutterboden zu betrachten, in dem das *I Ging*-Pflänzchen erste Wurzeln schlug.

Die chinesische Überlieferung rückt die Geburt des *I Ging*, genauer die Entstehung der 64 Wandlungssignaturen, in eine Epoche, die noch zu den Ausläufern der neolithischen Kulturphase gerechnet werden muß. In diese Vorzeit, aus der es keine schriftlichen Zeugnisse gibt, verschiebt sie auch die Lebensdaten des Fuhsi, eines von der Nachwelt mythisch verklärten Herrschers, der angeblich zwischen 2953 und 2838 v. Chr. bahnbrechende Entdeckungen und Erfindungen zur Entwicklung der Zivilisation tätigte. Als halbgöttlichen Kulturheros stilisierte man ihn über die Jahrtausende zum Urahnen der chinesischen Kultur, dem die frühen Menschen die Einführung der Schrift, der Jagd und der Landwirtschaft ebenso zu verdanken hätten wie die Kunst des Fischfangs, des Kochens und weiterer Begabungen, die den Wechsel von einem Natur- zu einem Kulturleben markieren.

Doch von China als einem bereits sichtbar konturierten, sozialen oder gar staatlichen Gemeinwesen kann in dieser Frühzeit noch nicht die Rede sein. Jahrtausendelang lebten in dem riesigen geographischen Gebiet, das uns heute als »China« bekannt ist, Volksstämme verschiedenster Abstammung und unterschiedlichster Entwicklungsstufe. Ausgrabungsfunde bestätigen als Kerngebiet und Entstehungsraum der chinesischen Hochkultur die Gebiete am beginnenden Unterlauf des Gelben Flusses, vor allem die Landschaften am auffälligen Flußknie, dort, wo der Huang He (Gelber Fluß) sich aus den nordwestlichen Bergen und Steppengebieten herauswindet, mit dem Wei-Fluß zusammentrifft und in einem scharfen Knick nach Osten in die mit fruchtbarstem Lößboden gesegnete Große Ebene einmündet.

---

* Vgl. z. B. die erste chinesische Universalgeschichte (Shiji) des großen Historiographen Sima Qian (Si Ma Tsien, ca. 148–80 v. Chr.)

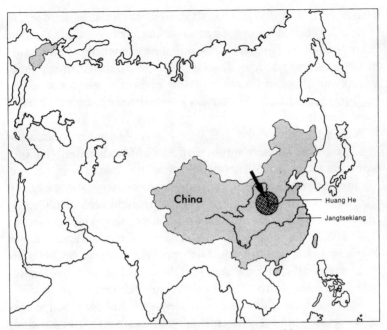

China und das Kerngebiet chinesischer Kulturentwicklung.

Archäologisches Material belegt hier bereits im 5. Jahrtausend
v. Chr. Jagd und Fischfang, Ackerbau und Viehzucht. Beide Pole
aber, Jagdglück ebenso wie eine ertragreiche Landwirtschaft, hin-
gen damals wie heute von einer ganzen Reihe von Unwägbarkeiten ab. So bot der Gelbe Fluß einerseits die Wohltaten des von ihm
angeschwemmten Lößbodens, in dessen senkrechten Kapillaren
bei ausreichender Feuchte nicht nur das Wasser, sondern mit ihm
auch ständig Mineralstoffe aus unteren Schichten in obere aufsteigen. Dadurch ergab sich eine stetige Eigendüngung des Lößbodens. Trotz relativ kleiner Anbauflächen war mit so guten Ern-
teerträgen zu rechnen, daß verhältnismäßig viele Personen davon
ernährt werden konnten. Andererseits waren die Menschen am
Fluß den gefährlichen Launen der Wassermassen unmittelbar ausgesetzt. Unvorhersehbare Schwankungen in den Niederschlags-
mengen oder der periodischen Schneeschmelze im westlichen
Hochgebirge konnten riesige Überschwemmungen verursachen
oder bei mangelndem Regen die Lößkapillaren trockenfallen lassen und Zeiten katastrophaler Dürre heraufbeschwören. Beiden

25

Extremverläufen des an sich segensreichen Wassers standen die Menschen machtlos gegenüber. Trotz der bis heute andauernden Kraftanstrengungen zur Flußbändigung kamen die Naturkatastrophen immer wieder überraschend, in ihrem Ausmaß, Zeitpunkt und genauen Durchbruchsort nicht rechtzeitig vorausberechnet, dabei für die Siedler existenzbedrohend, oftmals gar lebensvernichtend.

Neben dem Beispiel des Gelben Flusses ließen sich noch weitere Gefahrenmomente anführen, die den Menschen des Neolithikums und der anschließenden Bronzezeit ebenso wie die ihm nachfolgenden Generationen noch jahrhundertelang zu einer »Hellsichtigkeit« gegenüber allem Naturgeschehen, allen Omen, Zeichen und unheilverheißenden Phänomenen geradezu zwangen. Die Beobachtung aller regelmäßigen und unregelmäßigen Signaturen am Erscheinungsbild von Himmel und Erde waren selbstverständliches Erfahrungsgut dieser Menschen. Die Vorausschau, Klärung, ja magische Beeinflussung kommender Entwicklungen wurde zum überlebensnotwendigen Anliegen. Schamanische Trance- und Ekstasetechniken, mantische (weissagende) Praktiken zur Zukunftsdeutung sowie Opferrituale und Beschwörungsmagie sind fester Bestandteil der Kultur von Menschen dieser Zivilisationsstufe.

Sich aber in das Menschsein und die Qualitaten des Lebensgeschehens von damals hineinzuempfinden fällt einem heutigen Bewohner der nahezu vollständig zivilisatorisch durchdrungenen Erde sehr schwer. Das beginnt mit ganz elementaren Dingen, beispielsweise der seltsamen Aura einer mit Trommeln begleiteten Verkündung magischer Orakelworte, gesprochen an offener Feuerstelle in einem mondbeschienenen nächtlichen Ritus. Wir Fernseh- und Zeitungskonsumenten von heute können uns kaum noch die gewaltige Wirkung des gesprochenen, laut verkündeten Wortes auf eine unbefangen lauschende Person vorstellen. Oder nehmen wir die Erfahrung natürlicher Stille oder natürlichen Geruchs und Geschmacks. Wie weit müßte man heute reisen, um überhaupt noch einen Flecken Erde zu finden, an dem von der Technik unbeeinträchtigte Luft, Ruhe, Nahrung erlebt werden könnten? Wir verfügen als ganzjährige Genießer von Zentralheizungskomfort nicht einmal mehr über die eigene sinnliche Erfahrung des starken Gegensatzes zwischen Sommer- und Winternächten, den ein nomadisierender Zeltbewohner in unmittelbarem Kontrast hinzunehmen hatte. Schlichte, selbstverständlich anmutende Dinge wie ein hell loderndes Feuer, ein fellbesetztes Gewand oder eine weiche Lagerstatt besaßen damals durchaus noch einen beglückenden Genußgehalt oder, wie Johan Huizinga einmal schrieb: »Das Leben hatte in mancher Hinsicht noch die Farbe des Märchens.«

Alles Geschehen im Umfeld der Väter und Mütter des *I Ging* hatte viel schärfer umrissene Konturen: Krankheit, Hunger, Leid – Glückerleben, Ehre, Zauber und Reichtum, ja die Fähigkeit zu lachen und Tränen zu vergießen. So war das Leben geprägt von jenem Grad an Unmittelbarkeit, Ausschließlichkeit und leidenschaftlicher Hingabe, den wir heute vielleicht noch in der entflammenden Lebendigkeit von Kindern oder in Augenblicken der Liebe wiederfinden können.

Vorschnelle, von den damaligen Lebensumständen losgelöste *I Ging*-Erklärungsmuster sollten wir uns daher nicht erlauben – in Abwandlung eines indianischen Sprichwortes: »Urteile über diese Menschen – aber erst, wenn du eine Meile in ihren Mokassins gelaufen bist!«

Uns trennt ein gewaltiger Unterschied im Lebenston und Lebensgefühl von jenen Zeiten. Er könnte uns, falls wir ihn nicht berücksichtigen, den Blick auf die wahre Orakelentstehung von vornherein verschließen. Vergessen wir aber auch nicht – und das mag zugleich paradox erscheinen –, daß zwischen uns und den Menschen der Jungsteinzeit in vielerlei Hinsicht überhaupt kein Unterschied waltet. Im Gegenteil; das Ausmaß der Verwandtschaft mit ihnen ist auf einigen entscheidenden Ebenen* ebenso gewaltig. Jeder von uns ist auch ein »Kind der Steinzeit«.

---

* Vgl. »Die *I Ging*-Frühzeit im Lichte neuerer Forschungen«, S. 38 ff.

2. WERDEGANG

Man muß schon in der Vergangenheit Chinas sehr weit zurückgehen – ins 3. bis 2. Jahrtausend v. Chr. –, um die Entstehungsgeschichte des »Buchs der Wandlungen« korrekt einzuordnen: In einem breiten Landschaftsgürtel, der sich von Europa über Sibirien und den gesamten mongolisch-tibetisch-indischen Raum bis an die äußersten Ränder Chinas, der Mandschurei und Koreas hinzog, spielt der Schamanismus an der Wiege der Orakelkunst die Geburtshelferrolle. Eines der ersten mit Namen faßlichen Herrschergeschlechter, die halblegendären Hsia, sollen bereits in ihren magisch-mantischen Praktiken auf eine heilige Sprüchesammlung, ein Orakelbuch, vergleichbar dem *I Ging*, zurückgegriffen haben. Doch davon berichten nur die viel späteren Geschichtsannalen. Ein archäologisches Fundstück dazu gibt es bis heute nicht.*

In der Shang-Dynastie (16. Jh.–11. Jh. v. Chr.) im Norden Chinas herrschte eine Art Großkönig mit Priesterfunktionen über zahlreiche Lehensleute, immer wieder verwickelt in Kämpfe mit benachbarten Volksgruppen. Die Shang-Kultur verfügte über matriarchalische Strukturen, besaß bereits eine hochentwickelte Bronzekunst sowie Keramik-, Textil- und Schriftkunst. Ihr rituelles Leben war von einer ganzen Reihe magischer Zeremonien und Opferkulte durchwaltet. Eine eigene, politisch einflußreiche Priesterschicht vereinte damals Astronomie, Astrologie und Orakelkunst zu einem speziellen Handwerk.

Immer wenn der Shang-König mit den Geistern seiner verstorbenen Ahnen, die sich um Shangdi, den höchsten Regenten im Himmel, scharen, in Kontakt treten wollte, wurde durch die Orakelpriester ein ausgefeiltes Orakel-Ritual durchgeführt. Die Priester benutzten speziell vorbereitete Knochen, z. B. die Schulterblätter eines Rindes oder die Unterseite eines Schildkrötenpanzers, damit sich der Wille des Höchsten auf diesem Medium

---

* Vgl. H. M. Seiwert, 1979, S. 55 f.

28

manifestiere.* Dazu wurde zunächst die Knochenplatte poliert und anschließend an ihrer Unterseite mit mehreren Vertiefungen angebohrt, die in Reihen angeordnet waren. Um nun die Ahnengeister zur magischen Anwesenheit in die Kultstätte zu bitten, wurden leckere, oftmals opulente Speiseopfer in speziellen, heiligen Opfertiegeln gekocht und dampfender Wein in bronzenen Schalen dargereicht.** Dann verkündeten die Priester mit lauter Stimme die Fragen des Herrschers, z. B. nach Jagdglück, voraussichtlichem Ernteerfolg, Feldzügen, Wettervorhersagen, Träumen usw.***, wobei gleichzeitig eine heiße Bronzenadel gegen die Vertiefungen gedrückt wurde. Durch das glühende Metall sprangen die Knochenteile in zahlreiche charakteristische Linien und Risse, wobei ein typischer Knisterlaut zu hören war: die Schale »redete«, die Antwort der Ahnen und Geister war eingraviert und ablesbar. Den Orakelpriestern oblag es nun, die Strich- und Rißkonfigurationen entsprechen der gestellten Frage zu deuten.****

---

* Die Shang stehen damit in einer bereits mehr als 2000 Jahre zuvor entstandenen Tradition! Archäologische Funde aus dem mittleren Neolithikum (4.–3. Jahrtsd. v. Chr.) belegen bereits die Orakelknochen-Praxis. Vgl. Dittrich, 1981, S. 30 u. 214. Diese Praxis zeigt natürlich auch die »Geistigkeit« dieser Völker, zu der Eliade (1989, S. 165) anmerkt: »Die Weissagung an sich ist eine Technik zur Aktualisierung der dem Schamanismus zugrunde liegenden geistigen Wirklichkeit oder zur Erleichterung des Kontakts damit. Das Tiergebein symbolisiert hier noch das ›totale Leben‹ in beständiger Regeneration und schließt deshalb, wenn auch nur in virtueller Weise, die ganze Vergangenheit und Zukunft dieses ›Lebens‹ mit ein.«

** Dahinter stand die Auffassung, die beste Art mit den Ahnen in Kontakt zu kommen, sei das verlockende Essen, dessen emporsteigende, ätherische Essenzen den Geistern munden. »Die Ahnen gehörten nach wie vor zur Familie, und wenn die Essensdüfte aufsteigen, wollten sie genauso wie die Lebenden wissen, was da so gut riecht. Es gibt viele Inschriften auf Orakelknochen, wo sich der Herrscher mit seinen Ahnen-Gästen über das Menü berät: Ochse oder Hammel? Und wie viele? Einer, zehn, fünfzig?« Lindqvist, 1990, S. 102.

*** Vgl. als Beispiel die in 12 Fragekategorien gegliederte Auflistung bei E. Diez, 1940, S. 308 f.

**** Es ist wahrscheinlich, daß dazu schon ein Buch oder eine schriftlich fixierte Tafelsammlung über die Bedeutung der Striche auf den Schalen bestanden hat. (Vgl. Schindler, 1918, S. 42). Zur Deutungsweise vgl. Granet, 1963, S. 131 f.

Kaiser und Minister befragen Schildkröten- und Schafgarbenorakel.

Anschließend wurden die Orakelknochen fein säuberlich mit Frage und Antwort beschriftet und »archiviert«.[*] Viele Jahrhunderte später tauchten z. B. in der Nähe von Anyang, einer alten Hauptstadt der Shang, »Drachenknochen« auf, die arme Bauern aus einer Lagerstatt in einem Erdhügel gebuddelt und an umliegende Apotheken verkauft hatten. Man verwendete sie jahrelang als heilkräftige Arzneizusätze. Erst 1899 fielen einem aufmerksamen Kunden die seltsamen Zeichen an den Knochen auf, die der Apotheker gerade für ein Medikament pulverisierte. Seit den dann folgenden ersten systematischen Ausgrabungen der Archäologen um 1928 bis heute hat man ca. 175 000 solcher Orakelknochen wiedergefunden. Ein unschätzbarer Fund, gerade für die Schriftforscher, die hier eine Vielzahl alter Ideogramme fanden und als Vorläufer mancher noch heute verwendeter Schriftzeichen identifizieren konnten.[**]

Der Niedergang der Shang-Dynastie im 11. Jh. v. Chr. brachte ein Abebben der Knochenorakel mit sich. Keineswegs jedoch ging die Tradition der Orakelbefragung unter. Mit dem Beginn der Herrschaft der Westlichen Dschou (um 1050–256 v. Chr.), einem patriarchalischen Feudalreich, gewann vielmehr ein anderes, das Schafgarbenorakel, immer mehr an Einfluß. Zur Entschlüsselung der durch eine bestimmte Handhabung von Schafgarbenstengeln gefundenen Orakelantworten diente das Dschou-*I*, das Handbuch der »Wandlungen der Dschou«. Kernstück dieses Buches bilden 64 Hexagramme (Zeichen aus je sechs Linien), die ihrerseits aus der Paarung von acht Ausgangs-Trigrammen gebildet wurden (8 × 8). Die traditionelle Überlieferung schreibt die Entdeckung der acht Trigramme, der »Pa-kua«, dem bereits erwähnten mythischen Kulturheroen Fu-hsi (um 2900) zu. Die aus den acht Urtrigrammen durch Verdoppelung abgeleiteten 64 Hexagramme wurden – so die Überlieferung – zu Beginn der Dschou-Zeit vom Dynastiegründer König Wen und seinem Nachfolger, dem Herzog von Dschou mit Texten versehen. Schenkt man den alten historischen Berichten Glauben, so muß das uns heute noch zur

---

[*]   Zum gesamten Ablauf der Schildkrötenbefragung vgl. Hermanns, 1935, S. 146.
[**] Vgl. dazu das beeindruckende Buch von C. Lindqvist: *Eine Welt aus Zeichen*, 1990.

Verfügung stehende »Buch der Wandlungen« an letzter Stelle in einer dreigliedrigen Kette von »Wandlungsbüchern« gestanden haben, die alle strukturell identisch waren, aber inhaltlich andere Schwerpunkte setzten. Jedes der drei beruhte auf den 64 Hexagrammen, gruppierte aber die Reihenfolge der Zeichen um und betextete und betitelte die Hexagramme verschieden. So soll die früheste der drei *I Ging*-Versionen den Namen »Lien-schan / Zusammenstehende Berge« getragen und mit dem Hexagramm *»Gen / Das Stillehalten, Der Berg«* (heute Hex. 52) begonnen haben. Es war eng an die Hsia-Dynastie (ca. 1800 v. Chr.) geknüpft. Das zweite Buch gehörte zur Shang-Dynastie, trug den Namen »Kuei-tsang / Einkehr zum Verborgenen« und startete mit dem Zeichen *»Kun / Das Empfangende, Die Erde«* (heute Hex. 2).* Zuverlässige, gar durch Fundstücke gesicherte Nachweise zu dieser Kettenabfolge von *I Ging*s sind aber bislang noch nicht möglich.

Dennoch spricht einiges für die Richtigkeit dieser Überlieferung. Der Herrscher eines Stammes übernahm in den alten Zeiten nicht einfach aus purer politisch-militärischer Eroberungslust die Vorherrschaft über andere Stämme und ihr Gebiet. Solche Vorgänge wie die Absetzung eines alten Herrschergeschlechts und die Inthronisation eines neuen Regenten waren nur möglich, wenn man feststellte, daß Omen und außergewöhnliche Zeichen sich ereigneten. Offensichtlich signalisierten die Geister und Götter, daß der bisherige Amtsinhaber nicht mehr über ihren Segen verfügte. Die Götter wollten einen neuen geistigen Impuls in andere Hände legen. So ging der Einsetzung einer neuen Dynastie immer auch ein neues spirituelles Leitmotiv voraus. Entsprechend wurden auch die heiligen Texte dem neuen Zeitgeist angepaßt: Die Hsia leiteten ganz offensichtlich ihre Macht und geistige Potenz aus der religiösen Verehrung von geheiligten Bergen ab. (Fu-hsi wird bis heute vielfach als Berg abgebildet, aus dessen Spitze sich ein blätterumkränztes Menschenhaupt erhebt.) Das Hexagramm *»Der Berg«* kam auf Platz Eins der Hsia-Wandlungen. Die Shang-Kultur – in vielem matrizentrisch orientiert – heiligte das weiblichste aller *I Ging*-Hexagramme: *»Die Erde«* und setzte es an die Spitze ihres *I Ging*-Buches. Einen diametral gegensätzlichen Zeit-

---

* Vgl. H. Wilhelm, 1985, S. 27 f.; auch F. K. Engler, 1987, S. 75, 289.

impuls setzten schließlich die Dschou: das männlichste Hexagramm, »*Der Himmel*«, bildete fortan den Beginn des *I Ging*. Nicht mehr im Auftrag der Erde, sondern im Auftrag des Himmels, ja als »Sohn des Himmels« regierten die patriarchalisch eingestellten Herrscher dieser Dynastie.* Es dauerte dann noch einmal fast 600 Jahre, bis der philosophische Wanderlehrer Kung tse / Konfuzius (551–479 v. Chr.) und die Anhänger seiner Schule sich intensiv mit diesem Buch beschäftigten und es mit weiteren Kommentaren und Erläuterungen versahen. Seit dem 6. Jh. v. Chr. kamen durch deren Textexegese eine Reihe kommentierender Schriften zum ursprünglichen *I Ging*-Text hinzu, die sich im Laufe der Zeiten wie Zwiebelschalen um den ursprünglichen Textkorpus als eine Art Standardkommentar herumlegten. Später hat man diese Kollektion als die »Zehn Flügel« zum *I Ging* bezeichnet. Dieses zusammengefügte *I Ging*-Kompendium umfaßte schließlich fächerartig folgende Textteile, die Richard Wilhelm in seine Übertragung eingearbeitet hat:

TUAN	DAS URTEIL
SIANG	DAS BILD
YAU	DIE EINZELNEN LINIEN

Tuan Dschuan	Kommentar zur Entscheidung: »DAS URTEIL«
Siang Dschuan	a) (»Große Bilder«) Kommentar zu: »DAS BILD«
	b) (»Kleine Bilder«) Kommentar zu: »DIE EINZELNEN LINIEN«
Sü Gua	Kommentar: »DIE REIHENFOLGE«
DSA GUA	KOMMENTAR: »VERMISCHTE ZEICHEN«
Hi Tsi Dschuan	Kommentar: »BEIGEFÜGTE URTEILE«
Wen Yen	(unvollständiger) Kommentar zu den Textworten
Schuo Gua	»BESPRECHUNG DER ZEICHEN«
Da Dschuan	»DIE GROSSE ABHANDLUNG«

* Vgl. zu diesem Umbruch, einer Art Kulturrevolution, Fiedeler, 1988.

Darüber hinaus ist in den nachfolgenden Jahrhunderten eine Unzahl weiterer Schriften zur Bedeutung und Entschlüsselung der »Wandlungen« verfaßt worden. Kaum ein chinesischer Philosoph von Rang, der nicht eine Stellungnahme zum I Ging abgegeben hätte. (Die Annalen berichten, daß die kaiserliche Staatsbibliothek in Peking im Jahre 1775 n. Chr. etwa 1450 Schriften zum »Buch der Wandlungen« archiviert hatte; eine andere Bibliographie, schon aus dem Jahre 1692, vermerkt sogar 2000 Titel zum I Ging.*) In die »Zeit der Streitenden Reiche« (etwa 480–221 v. Chr.) fällt schließlich das Aufblühen der »100 Philosophenschulen«, unter ihnen die konfuzianische Schulrichtung. Sie nahm das »Buch der Wandlungen« mehr und mehr in ihre Obhut und sorgte dafür, daß es über seine Orakelfunktion hinaus nach und nach zum Lehrfaden in allen Regierungs- und Staatsangelegenheiten aufstieg. Dem I Ging wurde eine große Reputation zuteil; Lehrstühle zur Pflege und Erforschung der »Wandlungen« kamen auf, und nachdem es bereits von der großen Bücherverbrennung unter Qin Shihuangdi (213 v. Chr.)** ausdrücklich ausgenommen war, geriet es – parallel zum Aufstieg des Konfuzianismus zur Staatsideologie – immer stärker in ein offizielles, amtlich verwaltetes Fahrwasser. Jeder Anwärter auf eine Beamtenlaufbahn wurde verpflichtet, in diversen mündlichen und schriftlichen Prüfungen seine umfassende Kenntnis auch des I Ging unter Beweis zu stellen. Wer nicht in den »Klassikern« – und darunter an prominenter Stelle das I Ging – sattelfest war, konnte kein Staatsamt bekleiden!***

---

* Vgl. H. Wilhelm, 1985, S. 19. Diese Zahlen spiegeln jedoch nur die zum damaligen Zeitpunkt bekannte und/oder offiziell anerkannte I Ging-Literatur wider. Die tatsächliche Produktion an kommentierenden und apokryphen Texten durch Philosophen und Literaten dürfte noch erheblich umfangreicher gewesen sein und hat im chinesisch beeinflußten Raum Ostasiens auch heute noch eine lebendige Tradition.

** Erster Kaiser des von ihm erstmals zu einem Großreich geeinten China. In der Erde vor seinem Grabhügel fanden Archäologen die berühmt gewordene lebensgroße Terrakotta-Armee. Vgl. Cotterell, 1981; Ledderose/Schlombs, 1990.

*** Nachdem schon 138 v. Chr. von Tung Chung Shu ein Auswahlsystem für Regierungsposten etabliert wurde, entwickelte sich daraus in der Sui-Dynastie (581–618) ein ausgefeiltes in fünf Stufen aufsteigendes staatliches Prüfungssystem, in dem I Ging-Kenntnisse zentral waren:

Doch China wäre nicht China, wenn nicht auch der große Gegenpol zu Konfuzianismus, Mandarinentum und Literatenkultur sich auf das »Buch der Wandlungen« beriefe. Es ist der den Konfuzianismus polarisierende Taoismus, der die grundlegenden Züge seines Natur- und Weltverständnisses aus den tieferen, ältesten Schichten des *I Ging* ableitet.* Allen kulturellen oder staatlich verfügten Eingriffen in das natürliche Fließen des Lebens abhold, zogen sich seine Anhänger oftmals in Geheimbünde, Klöster oder Einsiedeleien zurück. In Kenntnis der Geheimnisse des »Buchs der Wandlungen« verschrieben sie sich ganz dem Studium des Tao, betrieben Astrologie-, Alchemie- und Yogaexperimente und suchten im Gedenken an längst vergangene mythische Urzeiten nach dem Unsterblichkeits-Elixier. Namen wie Laotse und Tschuangtse auf der einen und Konfuzius auf der anderen Seite wirken auf den ersten Blick unvereinbar und konträr. Allerdings sind die Chinesen in ihrer Mehrheit viel zu praktisch eingestellte Menschen gewesen, als daß sie nicht allen Wegen, die möglicherweise zu einem »guten Leben« im Diesseits wie im Jenseits führen könnten, etwas abgewonnen hätten. Ganz gleich ob Taoismus, Konfuzianismus, Buddhismus oder in neuerer Zeit gar das Christentum – man handelte oft nach dem Motto: »Von einem Teller essen, die anderen im Auge behalten!«** So existierten neben der offiziellen konfuzianisch dominierten *I Ging*-Rezeption immer auch andere Wege im Umgang mit den »Wandlungen«.

Spiralförmig hat sich die *I Ging*-Philosophie bis in unsere Tage weiterentwickelt. Dabei entstanden einerseits Impulse der Rückbesinnung auf seine Wurzeln (z. B. durch Wang Bi, 226–49), andererseits tauchten Impulse zur Weiterentwicklung des *I Ging*-Systems auf, bis hin zu recht abstrus wirkenden metaphysischen Spekulationen oder kompletten Neuschöpfungen. Herausgegriffen seien der *I Ging*-Apologet Ching Fang, der

---

Der Prüfling mußte Deutungen und Rückschlüsse für gute Regierung und Führerschaft aus den Wandlungen ableiten können. Vgl. Sherrill/Chu, 1989, S. 7 f.

* Vgl. Chang Po-Tuan, 1990, S. 8; ebenso Zenker 1943, S. 30 ff.; Cleary, 1989, S. 13.

** Vgl. Ying-ming, 1988, S. 15.

während der Han-Zeit jeder Hexagrammlinie spezielle Interpretationen beifügte, oder später Tzu Pin (Tang-Zeit) und Tzu Wei (Sung-Dynastie), die eigene astrologische Systeme auf der Basis des *I Ging* schufen.*

Heutige Literaturforscher schätzen dieses älteste Buch Chinas jedoch nicht nur als Orakelbuch ein. So schreibt Helwig Schmidt-Glintzer:

> (Das *I Ging*) ist aber über seine praktische Anwendung als Orakelbuch hinaus auch ein literarisches Zeugnis ersten Ranges, enthält es doch Auslegungsverse und bildhafte, von späteren Kommentatoren dann allerdings als Verschlüsselungen gedeutete Aussagen, die nicht nur die Literatur der späteren Zeit beeinflußt, sondern mehr noch immer wieder politische und kosmologisch-moralische Anwendung gefunden haben. (...) Mit der nahezu unübersehbaren Kommentarliteratur (...) ist der Kern dieses Werkes (...) teilweise verdeckt worden; zugleich aber zeugt diese Auslegungstradition von der Kraft und von der inzwischen »zeitlos« zu nennenden Attraktivität dieses Buches.**

---

* Vgl. Sherrill/Chu, 1989, S. 8.
** Schmidt-Glintzer, *Geschichte der chinesischen Literatur*, 1990, S. 60.

? ? 1900 1800 1700 1600 1500	? HSIA?	Fu-hsi Yao/Schun/Yü: legendäre Vorzeit der Kulturheroen Jungsteinzeitl. Periode Schamanismus lokale Stammeskulturen; magisch-mantische Praktiken
1400 1300 1200 1100	SHANG	Knochen-/Schildkrötenorakel Bronze-Ritualäxte u. -tiegel; Schrift; matriarchale Gesellschaftsstrukturen
1000 900 800 700 600 500 400 300	DSCHOU ZEIT DER STREITENDEN REICHE	Schafgarbenorakel (*Dschou-I*) König Wen und Herzog v. Dschou; patriarchale Ordnung Lehenswesen / Feudalismus (Konfuzius 551–479) Kompilierung der »Großen Abhand- lung« (*Da Dschuan*)
200	QIN	Qin Shihuangdi (Terrakotta-Armee)
100 0 100 200	HAN	Etablierung des Konfuzianismus Taostische Alchemie/Unsterblichkeits- Elixier Buddhismus-Import
300		(*I Ging*-Exegeten z. B. Wang Bi 226–49)

Kalendarium der Anfänge des I Ging (v. Chr.).

3. Das frühe Orakelwesen und seine Medien

Die *I Ging*-Frühzeit im Lichte neuerer Forschungen

Mit den Augen eines im herkömmlichen Sinne wissenschaftlich arbeitenden Sinologen gehört das »Buch der Wandlungen« in die Schublade mit der Aufschrift »Ostasien – Literatur des Altertums«. Seine unbezweifelbare Herkunft und Ableitung aus dem für einen aufgeklärten Hochschullehrer suspekt erscheinenden Orakelwesen verstärkte eher noch eine Tendenz, die allen alten Schriften lange Jahre entgegengebracht wurde. Die in den »Wandlungen«, im »Buch der Lieder«, im »Buch der Urkunden« oder dem »Buch der Berge und Meere« und anderen frühen Schriften enthaltenen Beschreibungen, Mythen, Legenden etc. wurden oftmals als zu phantasievoll, wenig glaubwürdig oder mit nur geringem historischen Wahrheitsgehalt abgetan. Andere Literaturbereiche, beispielsweise Dokumente der Volksliteratur, wurden lange Zeit vernachlässigt.[*]

...denn Altostasiens Literatur war mit dem Makel der Unglaubhaftigkeit vorurteilsbefrachteter »Kaiser«legenden behaftet, mundtot gemacht durch Verzicht auf strenge Überprüfung hergebrachter Übersetzerklischees. (Die Experten-Meinung:) Das Altertum kennt keine unverfälschten Mythen, sondern weithin nur Legenden über vielleicht vollhistorische, eventuell teilhistorische, gewiß nicht ganz so, wie erzählt wird, am Ende gar erfundene Kaiser und Heroen des 3. und 2. Jt. v. Chr., derer einige mit dem Aufkommen des Konfuzianismus und des Taoismus in eine Art Ersatzgötter, in heilige Herrscher und unsterbliche Genien, umgedeutet wurden.[**]
Mit jedem beweiskräftigen Fundstück der chinesischen Archäologen aber bekommen einige Vorgefaßtheiten so manches China-

---

[*] Vgl. Schmidt-Glintzer, 1990, S. 9.
[**] Münke 1976, S. 5.

kundlers Risse. Jahrelang hielt man die Schilderungen des frühen Historikers Sima Qian (Si Ma Tsien/ca. 145–80 v. Chr.) über das Grab des ersten Kaisers von China Qin Shihuangdi für reichlich übertrieben. So schrieb dieser Mann über die bis heute noch nicht geöffnete innere Grabkammer im Zentrum der ausgedehnten Grabanlage:

> Um die Grabkammer zu errichten, gruben die Arbeiter durch drei unterirdische Wasseradern, die sie abschnitten, indem sie Bronze hineingossen. Die Grabkammer füllten sie mit (Modellen von) Palästen, Pavillons und den hundert Ämtern, ferner mit seltenen Kostbarkeiten und wertvollen Raritäten. ... Die verschiedenen Ströme des Landes, der Yangzi und der Gelbe Fluß, und selbst der große Ozean wurden in Quecksilber nachgebildet, das eine mechanische Vorrichtung fließend in Bewegung hielt. Oben waren die Konstellationen des Firmaments dargestellt und unten die Regionen der Erde. ...*

Ein derartiger Aufwand an Menschen, Material und technischen Ressourcen bereits um 210 v. Chr.? Unglaublich, zumal Qin Shihuangdi nur elf Jahre Regierungszeit bis zu seinem Tod zur Verfügung hatte! Doch seit dem spektakulären Fund der Terrakotta-Armee mit mehr als 7000 lebensgroßen Figuren in der ersten Hälfte der siebziger Jahre des 20. Jahrhunderts kommen Stück für Stück die erstaunlichsten Befunde ans Licht. Man weiß inzwischen, daß tatsächlich 700 000 Arbeiter beim Bau der gesamten Nekropole eingesetzt waren und somit immense technische und logistische Probleme bewältigt worden sein müssen. Probebohrungen im Grabhügel ergaben auch eine ungewöhnlich hohe Quecksilberkonzentration im Zentrum der Anlage. Die gesamte Fundstätte lehrt uns heutige Menschen, zu welchen unglaublich wirkenden Leistungen Kulturen bereits vor 2000 Jahren fähig waren.

Von wenigen Zeitgenossen bisher beachtet, sind Ende der achtziger, Anfang der neunziger Jahre im südosttürkischen Kurdistan aufregende archäologische Funde gemacht worden, die ähnlich wie im Fall des ersten chinesischen Kaisers auch unser traditionelles Bild vom primitiven Urzeitmenschen revolutionieren. Von

---

* Ledderose/Schlombs, 1990, S. 253; vgl. auch Pelliot 1939

einem Heidelberger Archäologenteam wurde im Tal von Nevali Cori eine Siedlung aus der frühen Jungsteinzeit freigelegt, die erneut unglaublich erscheinende Funde preisgab.* Man fand den bisher ältesten, mehr als 9000 Jahre alten Tempel der Welt. Ein monumental wirkender Bau mit einer Grundfläche von 14 × 14 m; mit über drei Meter hohen Mittelstützen aus Kalkstein, mit perfekt glattgeschliffenem, heute noch glasharten und wasserundurchlässigem Terrazzoboden aus Kalksteinsplitt und Verputzresten an den Seitenwänden, an denen Spuren einer schwarz-roten Bemalung zu entdecken sind. In einer Nische, zentral plaziert, fand sich ein überlebensgroßer Kopf aus Kalkstein eingelassen, sorgfältig gemeißelt. Auf dem glattrasierten Schädel ringelt sich vom Nacken über den Hinterkopf bis zur Fontanelle eine plastisch herausgearbeitete Schlange empor. Ursprünglich aus einer noch älteren, ersten Bauschicht von Nevali Cori stammend, ist dieser schlangenbekrönte Kopf ein 10 000 Jahre altes überraschendes Zeugnis von Religion und Kultur der Menschen des akeramischen Neolithikums. Es spricht vieles dafür, daß mit diesem Exemplar das bislang älteste Abbild eines Gottes in Menschengestalt gefunden wurde.

Viele weitere in Größe und künstlerischer Qualität bisher nicht für möglich gehaltene Funde zwingen zu einem Überdenken aller Theorien, die man bisher über die Frühzeit der Menschheit an der Schwelle zur Zivilisation für glaubhaft hielt. Herausgehoben seien nur Beispiele:

Ein griechisch antik anmutender, doch 6000 Jahre älterer Torso mit markanter Kehlkopfpartie und naturgetreu modellierter Rückenmuskulatur;

mehrere Skulpturen, die einen Menschen halb in Vogelgestalt, bzw. einen Vogel mit Menschengesicht zeigen;

an den Stelen als Relief herausgearbeitete angewinkelte Arme und Hände, die den stilisierten Körper aus Stein in Bauchmitte umfassen;

---

* Vgl. Der Spiegel, Heft 33/1991, S. 160ff.; auch Linke/Werry: »Das Rätsel von Nevali Cori«, Filmbericht in: *Abenteuer Wissenschaft* v. 23. 10. 91, SDR-Mannheim.

Hinterkopfansicht der etwa 10 000 Jahre alten neolithischen Skulptur aus Nevali Cori.

das Fragment einer Kalksteinschale, auf dem in der Mitte zwischen zwei offenbar tanzenden Menschen eine Schildkröte zu sehen ist.

Einmal mehr steht der Neuzeit-Wissenschaftler vor einem Rätsel, da für gesichert gehaltene Annahmen und archäologische Wirklichkeit weit auseinanderklaffen. Wie konnten diese Menschen tonnenschwere Steinbänke aus neun Kilometer Entfernung heranschaffen? Wie gelang es, derartige Kultstätten und Kunstwerke ohne ausgefeiltes, stabiles Werkzeug aus Metall zu gestalten? Diese Menschen müssen vor 9–10 000 Jahren alle Gebäude und Kultgegenstände allein mit den damaligen bescheidenen Mitteln – Silex und andere Gesteinsarten – konstruiert haben. Doch das ist nur die technische Seite, die allein schon beeindruckend genug ist. Was aber läßt sich erst aus den Funden über den dahinterstehenden Geist in den Köpfen unserer Frühzeitvorfahren rückschließen?* Welche spirituellen und religiösen Vorstellungen trieben sie zum Bau eines derart großen, architektonisch anspruchsvollen Tempels? Welche Kosmogonie ließ sie Vogelmensch und Schildkröte als über die Maßen verehrungs- und darstellungswürdig erachten, daß man die Mühsal auf sich nahm, diese mit einfachen Feuersteinklingen aus einem rohen Felsbrocken herauszumodellieren?

---

* Angeregt durch ähnlich beeindruckende Anlagen, wie z. B. Stonehenge mit seinen bis zu 40 Tonnen schweren Steinbrocken, kommt Hugo Kükelhaus zu dem Schluß: »Riesige Dolmen setzten die Menschen der Vorzeit – nicht um damit die Anlagen zur Gestirnsbeobachtung um so dauerhafter zu machen. Sie trugen vielmehr die schweren Felsblöcke, weil sie in einem Zustande waren, in dem ihnen das Schwere am leichtesten fiel. Sie hoben nicht die Last der Steine, während sie – oft von weither – die Dolmen trugen, sondern mit den Steinen hoben sie die Last auf. Sie trugen die Last mit Hilfe der Steine. Trage ich die Steine als Last, so komme ich nicht weit. Die Steine als Last zu tragen – das ist keine Kunst. Die Last aber mit Hilfe der Steine, mit den Steinen als Helfern zu tragen – das ist die Kunst. Das ist Schöpfung. So ragen aus grauer Vorzeit die Dolmen als Zeugen eines Zustandes des Menschen, in dem er mehr kann, als er kann. Und nur als Zeichen und Urkunden dieses Zustandes und dieser Verfassung sind die Dolmenkreise tauglich zur Gestirnserkenntnis – sind sie tauglich, mit den Sternen als Augen zu sehen. Eine andere Wurzel der Tauglichkeit gibt es nicht. Die Gestirnstätten aber sind die Augen der Menschheit.« Kükelhaus, o. J., S. 871 f.

Um sich der Beantwortung dieser und verwandter Fragen zu nähern, blicken wir einmal näher auf die Wurzeln der Verwendung und Ritualisierung von Schildkröte, Schafgarbe und Vogel-Mensch-Darstellungen. Alle drei gehören in jenen archaischen Kontext, in dem auch das »Buch der Wandlungen« wurzelt, zeitlich jedoch lange vor der schriftlichen Niederlegung des *I Ging*. Die Welt der religiösen Ideen, die hinter den Fundstücken und alten Mythologien aufleuchtet ist nämlich, wie Nevali Cori zeigt, offensichtlich erheblich älter, als man bisher belegen konnte. Sie führt zurück in die Frühzeit des in ganz Asien nachweisbaren Schamanismus und noch darüber hinaus, in jene Epoche, die Mircea Eliade als uranfängliche paradiesische Zeit qualifizierte; »... wo die Verbindung zwischen Himmel und Erde leicht und allen Menschen möglich war.«*

Das Schildkrötenorakel

Von Nevali Cori (8–7000 v. Chr.) über Fu-hsi (ca. 2900 v. Chr.) bis zur Niederschrift der Universalgeschichte Chinas durch Sima Qian (um 100 v. Chr.), ja bis in das heutige Asien (aber auch das indianische Amerika!) zieht sich ein großer, niemals unterbrochener Bogen an Indizien und Berichten über die kultische Verehrung der Schildkröte. Sie spielt gerade im Kanon der Legenden rund um die Entstehung des Orakelwesens allgemein und des *I Ging* speziell eine bedeutsame Rolle.

Durch die Musterungen und Gliederungen auf dem Rücken einer heiligen Schildkröte, die sich ihm offenbarte, soll Fu-hsi u. a. zu der Entdeckung und Aufstellung der acht Urtrigramme inspiriert worden sein – damit legte er einen Grundstein zum Strichcode-System des späteren »Buches der Wandlungen«.** Die Schildkröte*** geriet auch deshalb in die geehrte, kultisch maßge-

---

* Eliade, 1989, S. 464 f.
** Vgl. Engler, 1987, S. 72; auch Hook, 1990; gewiß eine legendäre Aussage, denn anderen Angaben zufolge gelang dies Fu-hsi durch die Beobachtung der Zeichen am Himmel und der Linienzüge auf Erden – also Astrologie und Geomantie als Wurzeln.
*** In kultische Verwendung kam offensichtlich nur die Spezies *testudo anyangiensis*; vgl. Seiwert, 1979, S. 26.

bende Position, weil sie wie kaum ein zweites Tier ein ganzes Bündel von außerordentlichen Qualitäten und seltenen Eigenschaften in ihrer Erscheinung und in ihrem Wesen in sich vereint. Sie spiegelt in ihrem Gestaltaufbau die Dreigliedrigkeit des Weltganzen in Oberwelt, Mittelwelt und Unterwelt perfekt wider.

Oberwelt: Die obere rundgewölbte Panzerschale spiegelt den kreisenden, hoch aufgewölbten Himmel. Analog zu einer aus neun Schildpattfeldern aufgebauten Schale parzellierten die frühen chinesischen Astronomen den Himmel mit seinen Sternbildern in neun Abschnitte konzentrisch um den Polarstern*; parallel dazu entstand auch das neungliedrige Brunnenfeldsystem der alten Dorfgemeinschaften: wie oben, so unten.**

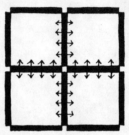

Das Erdquadrat, geboren aus dem Zusammenspiel von Mitte und auseinanderdriftenden Balken des sich in alle Himmelsrichtungen verbreitenden gleichschenkligen Kreuzes.

---

* Des »Himmels« inne zu werden, seine Botschaft an und seine Bedeutung für den Menschen zu verstehen, verlangt, das Zentrum des Firmaments, um das sich der ganze Himmel im doppelten Sinne »dreht«, genau zu bestimmen. Denn die höchste Kraft und Essenz, der »Fürst des Himmels«, der alles versteht, sitzt im Mittelpunkt, also am Polarstern. Dieses Wissen ist interkulturell gewesen. So lassen sich selbst im deutschen Wort »verstehen« diese Spuren heute noch nachweisen, denn es bedeutet ursprünglich, etymologisch analysiert: »im Kreis anordnen und von der Mitte aus beherrschen«. Nur dann und nur von der Mitte aus verstehe ich wirklich, sehe ich klar. Der Mittelpunkt steht still, bleibt an seinem Platz, und die Peripherie des sich drehenden (Raum- und Zeit-)RADES zieht mit seinen Myriaden von Qualitäten und Geschehnissen am numinosen Auge des nicht in Einzelheiten verhafteten, aber alles in seiner Gesamtheit klar und ausnahmslos sehenden Betrachters vorüber.

** Vgl. *I Ging*, S. 561. Ebenso später der Plan einer idealisierten Stadt, ein Mandala aus 9 Quadraten mit dem »Sohn des Himmels« im Zentrum. Vgl. N. Wu, 1963, S. 37, und Schabert, 1990.

Unterwelt: Die untere rechtwinklig-flache, beinahe quadratische Bauchschale der Schildkröte spiegelt aufs trefflichste die Erde, von den Frühmenschen erlebt als weit ausgedehnte, durch das Kreuz der Himmelsrichtungen gliederbare Fläche und in ihren Augen noch ganz offensichtlich ausgestattet mit einer alles auf sich nehmenden, hingebenden und tragenden Art. Hier oblag es den Geomanten, den Mittelpunkt der den jeweiligen Stämmen bekannten Erde genau zu bestimmen und zum Zentrum des Reiches zu machen.*

Mittelwelt: Innerhalb ihres schützenden Gehäuses zwischen Deck- und Bauchschale entfaltet die Schildkröte ihr körperliches Leben. Sie zeigt im Kleinen ein Abbild des universalen Gesetzes im Großen: nur in der schützenden und tragenden Arche zwischen Himmel und Erde kann sich Leben entfalten, und das um so vitaler, je mehr es den Lebewesen gelingt, es der Schildkröte gleichzutun. Sieht man in ihr eine Spiegelung der großen Triade, so begreift man zugleich ihre Vorbildlichkeit. In welche Lebenslage auch immer sie gerät, sie verläßt niemals ihren ureigensten Raum genau im Zentrum zwischen oben und unten. Wer den

Andalusitkristall in Durchschnitten. Kohlenstoffteilchen durchsetzen das Mineral. Ein Sinnbild für das ins Quadrat aufgehende Kreuz.

---

* Auch hier die Analogie zum Himmel: der »Erde« innezuwerden, sie in ihrer Geistigkeit oder Spiritualität zu verstehen, erfordert das Bestimmen einer Mitte. Nur von hier aus strahlt das Kreuz der Kraftlinien, der Diagonalen des Erdquadrats, den vier Himmelsrichtungen folgend, bis an die Ränder des bekannten Orbis aus. Zahllos sind die Beispiele aus Kult und Kunst, die die Essenz der Erde mit der Symbolik von Kreuz, Diagonale und Quadrat verschlüsseln. Das Quadrat ist das Urbild der Fläche schlechthin. Doch aus dem Blickwinkel der Philosophie von Urzahl und Urgeometrie betrachtet, zeigt sich eine noch tiefere Wahrheit: letztlich wird das Erdquadrat aus dem geheimnisvollen Mittelpunkt über den Weg des gleichschenkligen Kreuzes geboren. Dieses strebt auseinander in die Fläche und wird zur Arche für das Leben. Vgl. dazu Kükelhaus, 1984, S. 95 f.

Mittelpunkt der Zeit, wer den Mittelpunkt des Raumes in seiner Leibesmitte bezeugt*, der lebt im Reich der Mitte, wird zum lebendigen Pfeiler der Kommunion zwischen oben und unten, hüben und drüben.**

Verlassen wir den Gedanken der kosmischen Gliederung in Ober-, Mittel- und Unterwelt, den die Schildkröte in ihrem Gestaltaufbau so klar widerspiegelt, und fragen nach weiteren Merkmalen und mythischen Annahmen, die gerade dieses Tier aus der doch reichen Auswahl an Tieren der Erde zu einem Kultwesen emporsteigen ließen. Unsere Spurensuche führt zunächst zu Richard Wilhelms *I Ging*-Übersetzung, in der an drei Stellen (Hex. 27.1; 41.5; 42.2) Schildkröten Erwähnung finden. Es geht an diesen drei Stellen jedesmal um magische bzw. schicksalhaft-weissagende Zusammenhänge. Die Schildkröte ist hier aller profanen Bedeutung entkleidet und nur in ihrer sakralen Funktion als Auskunft gebendes und wahrsagendes Wesen ange-

---

* Der kreisende Sternenhimmel in seiner unendlichen Ausdehnung ist die Zeit, der Augenblick seine Mitte. Die unerschütterbare, ruhende Ausgedehntheit der Erdoberfläche ist der Raum. Im unendlichen Raum aber ist die Mitte überall, also auch in mir, in meinem Hara. Wenn sich die Erfahrungen des »zeitfreien Augenblicks« und des »raumfreien Daseins« in einem Menschen bezeugen, lebt er nicht länger in seiner Mitte, sondern im Reich *der* Mitte! So ist der Augenblick nichts anderes als der Polarstern meines Zeitbewußtseins, um den sich alles in meinem Leben »dreht«, so wie das Hara/das zweite Chakra nichts anderes ist als das Kraftlinienzentrum und der Kreuzungspunkt meines Körper-/Raumbewußtseins, in dem alles in meinem Leben »ruht«.

** Die Trinität in allem Sein der Schöpfung wurde bereits früh erfaßt, nicht nur in räumlicher Gliederung, wie im Symbol der Schildkröte. Höchste Verehrung genossen auch die Wesen, die in zeitlicher Hinsicht die heilige Trias von Unter-, Mittel- und Oberwelt durchliefen. Das ist ablesbar an den frühen Sakralbronzen schon aus der Shang-Zeit. Auf ihnen findet sich sehr oft die Zikade als Symbol. Zur vollständigen Umwandlung fähig (Holometabolie) vermag sie in jeweils gewandelter Form als Larve, Nymphe und schließlich als geflügeltes Insekt in allen drei Welten zu leben: unter der Erde, auf ihrer Oberfläche und in der Luft. Hentze, 1967, S. 136 f. berichtet gar vom Ritus, den Verstorbenen eine (Jade-)Zikade auf die Zunge zu legen. (Vgl. auch Williams, 1960, S. 70.) Zur großen Bedeutung der triadischen Weltsicht, die erheblich älter ist als der (heutzutage auch noch oft simplifizierte) Dualismus von Yin und Yang siehe Korvin-Krasinski 1960, S. 80 ff.; 1986, S. 12–16.

sprochen. Sie besitzt mantische Kräfte; sie wurde zur »Zauberschildkröte«, die als Orakelmedium zu Zeiten der schriftlichen
Niederlegung des *I Ging* in eine gewisse Polarität zum Schafgarbenorakel geriet.

Die Zauberschildkröte: ein Profil

1. Sie vereint in ihrem Körperaufbau ein mikrokosmisches Abbild
der Großen Triade Himmel – Lebewesen – Erde, abzulesen an der
kreisrunden Wölbung und der quadratischen Fläche von Deck-
und Bodenplatte, die als schützende Ummantelung erst das Leben
»dazwischen« möglich machen.

2. Sie spiegelt in Gestalt und Wesen die komplementäre Spannung
von Yin- und Yang-Potenz: außen hart, fest – Yang; innen hohl,
weich, aufnehmend – Yin; niemals aggressiv, das Gleichmaß in
der Bewegung suchend, aber immer bereit, sich zurückzuziehen
und durch diesen Wechsel zwischen Außenwelt (Yang) und Innenwelt (Yin) dennoch beharrlich bleibend in ihrer kosmisch
vorgegebenen Lebensbahn.

3. Sie demonstriert im Kleinen das Idealbild der Großen Harmonie: ein Leben in der Mitte, im Zentrum zwischen Oben und
Unten, zwischen Himmel und Erde.

4. Sie lebt immer in dichtem Kontakt mit der Erde; ja bevorzugt
gerade jene Orte, die mit einer eigentümlichen Urkraft im besonderen ausgestattet sind: die morastigen Feuchtgebiete oder Hohl-
räume, Kavernen, schlammige Talsohlen, Wasserlöcher etc.* Die
heilige Kraft, die an diesen Orten ihren Quellgrund hat, findet
man bei Laotse beschrieben: es ist das TAO. Denn hinter der

---

* Das Klima in Nordchina war in prähistorischer Zeit bedeutend feuchter
und wärmer als heutzutage: »Durch häufige und starke Niederschläge
waren die Mulden der Mandschurei und der westlichen Randgebiete Zen-
tralchinas mit Wasser gefüllt. Überall gediehen Reis und Bambus, die
heute nur noch im Süden anzutreffen sind. Tropische Tierarten wie Bam-
busratte, Elefant, Rhinozeros, Tapir, Wasserbüffel und eine ganze Anzahl
von Schalentieren der Warmwasserfauna waren damals im Norden heimisch.« Christie, 1968, S. 13 f.

heutzutage bekannten philosophischen Bedeutung des Begriffs
TAO steckt eine noch viel ältere, mythologische Schicht, die mit
der Verehrung einer weiblichen Gottheit der Gebirgsschluchten,
Täler und Abgründe verbunden ist. Diese Gottheit trug Züge
einer weiblichen Tiergöttin, die als Quellgöttin mit dem Wasser
verbunden gedacht war und als Ursprung des Kosmos, als Gebä-
rerin der Wurzeln von Himmel und Erde angesehen wurde.* Die
Zauberschildkröte sucht also offensichtlich die Nähe des TAO,
indem sie sich bevorzugt nahe dem Geist der Tiefe, dem spirituellen Ursprungsquell aufhält.

5. Ihre Lebensweise entspricht weitgehend den Richtlinien der
taoistischen Lehre: Sie verkörpert in Verhalten und Charakter die
Weiblichkeit und »Passivität« des wu-wei, des Wirkens ohne zu
streiten, verhält sich still, ruhig, stets nachgebend und ohne An-
griffslust. Damit entspricht sie wesentlichen Kriterien des TAO-
Begriffs.**

6. Sie erreicht ein ungewöhnlich hohes Alter. Verschiedene
Quellen sprechen ihr eine Lebensspanne von mehreren Jahrhunderten bis zu dreitausend Jahren zu. Eine phantastische Zahl, die
zum Ausdruck bringen soll, daß die Schildkröte als materielle
Verkörperung des Prinzips der Langlebigkeit, ja Unsterblichkeit
zu gelten hat. Ihre Schalen standen deshalb ganz oben auf dem

---

* Hummel identifiziert diese Göttin als Nü-kua, eine mythisch-legendäre
Gestalt, die mit dem Kulturheros Fu-hsi liiert war und oft mit ihm
zusammen dargestellt wurde: als Wesen mit menschlichem Oberkörper
und Fisch- bzw. Schlangenunterleib (siehe Abb. S. 105). Vgl. Hummel
1989, S. 28 ff. Er kommt zu der Schlußfolgerung (S. 32): »So hätten TAO
mit allen seinen Inhalten und Nü-Kua unbestritten ihren Platz nebenein-
ander, wobei TAO dann ursprünglich eine Aussage über das Wesen der
Nü-kua wäre.«
  TAO als weibl. Gottheit der Tiefe, des Quelltales beschrieben, findet
sich in den ältesten Textstücken des Tao Te King, so in Kap. 6; vgl. z. B.
Rousselle, 1952; Ulenbrook, 1962; R. Wilhelm, 1911; Knick, 1978.
** Denn Laotse »hat das Weibliche als Synonym für Ruhe oder Stille gesehen;
manche Interpreten sprechen auch von der ›passiven Verhaltensweise‹
oder von ›femininen Zügen‹ des TAO. Das Weibliche ist also letztlich ein
symbolischer Begriff für die Stille des TAO…« Walf, 1989, S. 29.

Die Schildkröte als Hüterin der Himmelstiefe (Norden; astrologisch: »Immum coeli«), der untersten, abgründigsten Sphäre des Firmaments.

Rezeptblock der taoistischen Alchemisten, die sich bekanntlich immer wieder an der Herstellung eines Unsterblichkeitselixiers versuchten.*

7. Ihre hohe, das Alter jedes menschlichen Methusalems bei weitem übersteigende Lebensspanne begabte sie mit einem Erlebnis- und Erfahrungsschatz ohnegleichen. Was immer in den vergangenen Jahrtausenden zwischen Himmel und Erde geschah, der heiligen Schildkröte blieb es im Gedächtnis verhaftet. Sie hat allumfassende Kenntnis und Weisheit, so daß die Orakelsuchenden sie mit der rituellen Formel befragten: (Wegen dem Anliegen XY)... »nahen wir dir, erhabne Schildkröte, die du ewiges Wissen hast«.**

8. Sie kann extrem lange Zeitspannen ohne Nahrung auskommen. Praktisch bedarf sie keiner irdischen Nahrung, »sondern sie kann sich von Luft ernähren.«*** Nicht Sauerstoff ist damit

---

* Forke 1934, S. 184; vgl. auch Unschuld, 1973, S. 24.

** R. Wilhelm: *Li Gi*, 1958, S. 309; ähnl. auch Grube, 1910, S. 49.

*** *I Ging*, S. 469; vgl. Lindqvist, 1990, S. 87 ff.

gemeint, sondern der nur schwer definierbare Begriff des Chi (Tschi), eine Kraft, bei der wir Europäer vielleicht an »Krafthauch« oder »Pneuma« denken, das allen Wesen und Dingen inhärent ist. Wie eine Art dynamischer Vektor, der die polare Dynamik von Yin und Yang in sich trägt, kann Chi in einem Wesen angehäuft oder verdichtet werden. Geballtes Chi befähigt das jeweilige Wesen zu außergewöhnlichen Wirkungen. So sind die magischen Besonderheiten und Qualitäten, die der Schildkröte eigen sind, ein Ergebnis ihres ungemein reichen Gehaltes an Chi-Kraft, die sie seit ältester Zeit in sich angesammelt hat.

9. Ihr äußeres Erscheinungsbild mit runzliger Haut, Panzerung und kahlem, urzeitlich wirkendem Kopf zeigt sie als eine bis in heutige Zeiten überkommene Botin aus archaischen, längst vergangenen Urzeitaltern. Nach traditioneller Überlieferung war sie an der Erschaffung des Kosmos beteiligt. Ihrer Ausdauer, Geduld und ihrem starken Panzer entsprechend, wurde sie damals auserkoren, die Grundpfeiler des Universums auf ihrem Rücken zu tragen. Und da sie die magische Kraft besitzt, den Verfaulungsprozeß von Holz zu unterbinden, wird berichtet, »man habe die Pfeiler, die den Himmelstempel von Beijing (Peking) tragen sollten, auf lebende Schildkröten gestellt.«*

10. Darüber hinaus gilt Shen-kuei, die geister oder engelhafte Schildkröte, als Oberhaupt aller gepanzerten Tierarten der Erde, denn sie ist die Emanation eines der Sterne aus dem zirkumpolaren Sternbild des Großen Wagens. Die Erdgöttin Yü empfing von ihr das Urmodell, nach der sie die Erde gestaltete.**

Einige weitere mythische oder ikonographische Kennzeichen ließen sich anführen.*** Doch halten wir fest: die Schildkröte ist

---

* Lindqvist, 1990, S. 89. Der Gedanke der »alles tragenden Funktion« liegt im übrigen auch mancher Verwendung der Scapulae-Orakel zugrunde: Erhitzung von Schulterblättern (meist von Rind oder Hirsch), wie sie ursprünglich besonders im tibetisch-mongolisch-sibirischen Raum üblich waren. Der philosophische Hintergrund dieser Knochensymbolik fand noch Jahrtausende später seinen Niederschlag in der tibetisch-lamaistischen Medizinphilosophie. Vgl. Korvin-Krasinski, 1953, S. 234.
** Vgl. Münke, 1976, S. 275 f.
*** Eine breite Palette bietet z. B. Eberhard, 1942a, S. 239, und 1983, S. 252 f.

schon vor Jahrtausenden zum geheiligten Wesen, zur Völker und Stämme übergreifenden und überdauernden religiösen Botin geworden. Ein die Kontinente überspannender Bogen reicht von den Mythen und Sagen Amerikas und Afrikas über die Fundstücke in Nevali Cori, Kleinasien, bis nach Indien (Yoga*), Ozeanien und natürlich nach China und in die Mongolei. Diese »Schildkröten-Melodie« zeigt lokale Variationen. Doch die global nachweisbaren Zeugnisse stützen die Vermutung, daß es vor langen, langen Zeiten eine die einzelnen Menschengruppen übergreifende Kosmogonie gab, zu der das Urbild der Schildkröte als kosmisch-magisches Wesen, als Vertreterin einer göttlichen Kraft oder Macht wie selbstverständlich dazugehörte.

Das TAO oder die kündende Schildkröte

Besonders zu Zeiten der Shang-Dynastie (um 1500 v. Chr.) wurde für alle kultischen und staatlichen Belange der Regierenden regelmäßig die Befragung der Schildkröte vorgenommen. Wie aber kann der Himmel seinen Willen, wie kann das TAO den Sinn des Weltenlaufs der fragenden Menschheit kundtun?

Obwohl die auf den Knochen durch Erhitzung entstehenden Risse und Linien ja etwas Sichtbares darstellen, war der Empfang der eigentlichen Botschaft des Himmels ein zu Hörendes, ein auf Sprechen, dem *Wort* beruhendes Phänomen! Die Orakelpriester der Shang ritzten ihre jeweiligen Fragen nicht nur in die Knochenplatte ein, bevor sie sie mit einer glühenden Bronzenadel an bestimmten, vorher dünner geschliffenen Punkten erhitzten. Sie trugen sie auch mit lauter, rezitierender Stimme der im Raum als anwesend betrachteten magischen Kraft des Orakels vor. Und der

---

* Er kennt nicht nur mit der »Kurmasana« eine spezielle Schildkröten-Körperhaltung; die achtstufige Yogalehre des Patanjali beschreibt auch auf fünfter Stufe des »Pratyahara«, das Lösen der Aufmerksamkeit von den äußeren Sinneseindrücken. Es ist der Zustand der Schildkröte, die sich in ihr Gehäuse zurückzieht. Für den Yogi gleichbedeutend der Fähigkeit zur Introversion: die inneren Bilder und Assoziationen werden gleichmütig beobachtet; die eigene Vergangenheit wird vom inneren Zeugen aus betrachtet, ohne sie positiv oder negativ zu bewerten. Vgl. A. Keyserling, 1982, S. 226; A. u. W. Keyserling, 1982, S. 97.

nachfolgende Augenblick des Knochenerhitzens führte zu einem eigentümlichen Geräusch des Knisterns, ausgelöst durch das in verschiedene Muster berstende Knochenstück. Dieser heilige Moment gab die Antwort. Man nannte diesen Vorgang: die »Schildkröte redete«!* So ergab sich ein Wechselspiel von Künden und Verkünden – ein Dialog in kultischer Rede. Auch das Schriftzeichen für »Shang«, den Namen der Dynastie, weist in diese Richtung. Es setzt sich aus zwei Partikeln zusammen: aus »ti« (der Gott der Höchsten Höhe) und »kou« dem Zeichen für Mund.** Die Shang sind die Menschen, zu denen der Höchste spricht. Sie *hören*, was aus dem Mund der Wesenheit in der höchsten Himmelshöhe offenbar wird. Und es liegt nicht fern, in diesem Umfeld von Hören, Sprache, Wort eine der Urbedeutungen des nur schwer übersetzbaren, aber seit frühester Zeit schon im chinesischen Kulturkreis so wichtigen Begriffs des TAO zu suchen.

Im Westen bekannt geworden ist vor allem die seit der klassischen Zeit immer wieder tradierte Bedeutung von TAO als »Weg«, als »Gehen« oder später davon abgeleitet und ausgeweitet die Bedeutungsebene des »Rechten Weges« (im Sinne z. B. von lenken, bewußt schreiten, regieren). Der Sinologe Ernst Schwarz*** weist jedoch auf zwei noch frühere Wurzeln des Begriffs TAO hin:

In alten Zeiten verstand man unter TAO auch ein Ahnenopfer bzw. ein Opfer für die mit besonderer magischer Kraft verhafteten Geister der Wegkreuzungen.

Das Schriftzeichen TAO verzweigt seinen Interpretationsbereich über diesen Motivkreis hinaus auch noch in die Bedeutung

---

* Vgl. Lindqvist, 1990, S. 17; dort auch der Hinweis auf das seit 3000 Jahren unveränderte Schriftzeichen für »wahrsagen«, das in der Frühzeit »puk« ausgesprochen wurde, in Anlehnung an das typische Geräusch der knisternden Schale. Im ebenfalls uralten Schulterblatt-Orakel findet sich Gleichsinniges: »Das Verhalten des Knochens während des Ansengens ist bezeichnend. Wenn er knackt, dann streifen die Dämonen umher.« (Bawden, 1989, S. 227.) Auch hier die Verknüpfung des magisch-heiligsten Momentes mit dem akustischen (!) Phänomen, durch das sich die Antwort manifestiert.
** Vgl. Hentze, 1967, S. 87.
*** Vgl. E. Schwarz, 1980, S. 7–12, und 1991a; ebenso R. Wilhelm, 1948, S. 34.

von *sprechen, sagen.* Diese Auffassung hat sich beharrlich durch die Jahrtausende bis heute erhalten.

Im Zusammenhang mit kultischen Handlungen präzisiert sich TAO zum Prozeß der kultischen Rede: die Wirksamkeit eines spirituellen Dialogs des »Höchsten Einen« oben mit den Menschen unten, wie auch umgekehrt von unten nach oben, steht und fällt mit dem TAO, mit der kultisch richtigen und »magisch« überhöhten Rede. Die Kommunion mit dem »Höchsten Wesen« kann nicht auf »falscher Rede« beruhen! Für beide Beteiligten an dieser Kommunion gilt: Nur wer in Momenten der heiligsten Verbindung zwischen Oben und Unten Wahres redet, fragt und ausspricht, findet zurück zu den mythischen Urzeiten des frag- und klaglosen Einsseins mit All und allem.* Nur wer das *Wahre* sagt, ist *Wahrsager* – ist TAOIST!

So kündet die Schildkröte, so kündet das TAO vom tiefgründigsten Aspekt des Menschen: er ist zum Hören und Sprechen, zur Sprache – ja zu *Wort* und *Antwort* geboren. Hier liegt sein Anfang, der Wechsel vom *homo faber* zum *homo sapiens.* Alles Wahrsagen ist sein Versuch zurückzufinden in die Zeit und in die Welt der *Ur-Worte.* Denn die Sphäre der Urworte beherbergt eine eigentümliche Macht: die Macht zur Religionsfindung und Kulturblüte.** Darauf und auf den engen Zusammenhang von *Wort*

---

* Vgl. die Parallele zu uralten tantrischen Überzeugungen in Indien: »Von den verschiedenen Aktivitäten des Menschen sei hier nur eine hervorgehoben: das Sprechen, das für den Tantriker von zentraler Bedeutung ist. Selbstverständlich geht es hierbei nicht um das profane Sprechen, sondern um das Betätigen des Sprechorgans nach den göttlichen Gestaltungsgesetzen. Dies kann auf drei Weisen geschehen: hörbar sprechend, unhörbar sprechend (dabei nur die Lippen bewegend) und nur in Gedanken. Ein Wort, dessen Konsonanten und Vokale entsprechend solcher Gesetze geordnet sind, das außerdem nach Klang, Tonhöhe und Rhythmus richtig ausgesprochen werden muß, wird ein Mantra genannt. Jedes Mantra bringt eine bestimmte Gottheit zum Ausdruck. Dies sollte man aber richtig verstehen: wenn auch die Rede von vielen Göttern ist, so handelt es sich in Wirklichkeit immer nur um die eine höchste Gottheit, (...).« Hinze, 1968, S. 263.

** Das wußten selbst noch die Konfuzianisten, die ihrem Meister auf die Frage, was ein Fürst zur Gesundung seines Reiches unternehmen müsse, die Antwort in den Mund legten: An erster Stelle steht die Richtigstellung der Worte (Begriffe). Denn wenn die Worte nicht mehr der Wahrheit

und *Bild* hat vor allem der Sprachforscher und Goetheaner Alfred Zastrau hingewiesen und am Grundwort »Mythos«, dem Urwort unserer abendländisch-europäischen Kultur und Religion, aufgezeigt:

> ... (Mythos) bedeutete eben in allen Anfängen durchaus nicht Phantasie, Fabel, Gefasel, Gerede usw. »Mythos« war und bedeutete »Wort, Rede, Geheiß, Auftrag, Gespräch, Unterredung, Rat, Beschluß, Erzählung, Nachricht, Bericht, Kunde«. Zugleich aber auch »Gegenstand einer Rede = Sache«. (...) Auf dieser Basis entwickelte der »Mythos« einen Zusammenhang seiner Redeformen und Vorstellungsweisen allein durch Bilder. Die Folgerichtigkeit des »Mythos« drückte sich nur in der Reihe, in dem Miteinander und Nacheinander, in dem Zusammenhang von Bildern aus.*

Das TAO spricht; im Sprechen ist es Stimme und Vision! Hören und Sehen, Wort und Bild sind in der Sphäre des Uranfangs kongruent mit der Wirklichkeit und Wahrheit. TAO – ist das nicht der Weg des *Wahr-Sagens* in dem Sinn, der zwischen Wort und Sein nicht unterscheidet, der zwischen meinem Bild in mir und meiner Wirklichkeit außer mir keine Kluft kennt? Aber wer sieht heute noch das Bild der Wahrheit, das *wahre Bild;* wer hört heute noch das Wort der Wahrheit, das *wahre Wort?* Ist nicht *Welt-Anschauung* (Aisthesis) verkommen zur Weltanschauung und *Welt-Anhörung* (Akorasis), vertauscht mit Welthörigkeit, von »Wahrsagern« ganz zu schweigen? Dabei liegen hierin die archaistischen Wurzeln verborgen, läßt sich doch seit kurzem ein unzweifelhafter Bogen von der knisternd-kündenden Schildkröte und dem sprechenden Schulterblatt zurück zu den 26 000 Jahre alten prähistorischen Tierfigurinen und altsteinzeitlichen »Venus«-Statuetten schlagen. Diese Objekte wurden bewußt zu rituell-divinatorischen Zwecken aus Lehm geformt und noch im halbfeuchten Zustand ins Feuer eines Brennofens gegeben. Der thermische Schock ließ die Objekte unter eigentümlichem Knall platzen und einreißen, so daß sich spezifische, nur auf diese Art

---

(Wirklichkeit) entsprechen, können die Menschen nicht zum SINN durchstoßen.

* Zastrau, 1983, S. 35 f.

entstehende Rißstrukturen bildeten. Berühmte prähistorische Funde, wie die Venus von Dolni Vestonicé/Mähren (um 23 000 v. Chr.) sind seinerzeit einzig zu diesem Zweck modelliert worden. Diesen Schluß belegen Experimente und Forschungsergebnisse eines Archäologenteams, das der Frage nachging, warum man in Dolni Vestonicé in einer kleinen, abseits auf einer Bergkuppe gelegenen Rundhütte mehr als 2300 gerissene oder zersplitterte Keramikfragmente aus einem kuppelförmigen Brennofen bergen konnte.* Ganz offensichtlich gehört die mantische Praxis: Feuer – Anrufung – Antwortknall – Rißsignaturen zu den elementarsten Umgangsformen des Menschen mit dem Göttlichen.

Ein letzter Blick zurück auf die kündende Schildkröte. Unversehens lehrt sie ein Doppeltes: TAO – der Name des »Unnennbaren« – offenbart sich als *wahres Sagen* und im *wahren Sagen*, im *Weis(e)-Sagen*. Jede *Sage* aber ist ein Kind des *Hörens*. Und jedes Menschenkind gebiert am Anfang sein Sprechen nur durch Hören und findet später sein *Wort* nur durch *Horchen*.

Hören – Hellhören – Horchen / Sehen – Hellsehen – Schauen:

In diesen Steigerungsstufen und dieser Reihenfolge (vom Ohr zum Auge, vom *Wort* zum *Bild*) steht die Menschwerdung. Das ist nicht nur in der embryonalen Entwicklung des einzelnen Menschen nachweisbar. (Bereits sehr früh, noch innerhalb des Mutterleibes, hört der Mensch, z. B. Herzschlag und besonders Stimme der Mutter.)** Daher die Spruchweisheit: »Der Mensch lebt durch die Stimme.« Das Wort ist eigentlich nur die Schale um die Stimme herum. Erst Eindruck – dann Ausdruck. Hören steht am Beginn der Bewußtseinsentwicklung, auch der ganzen Menschheit, wie manche Bewußtseinsforscher annehmen.*** Hören –

---

* Vgl. Soffer u. a. 1993, S. 36–39.
** Unser Ohr bildet die erste und letzte Brücke zur Welt. Es hört bereits ab der neunten Schwangerschaftswoche, und es ist das letzte Sinnesorgan, das beim sterbenden Menschen die Funktion einstellt.
*** So Julian Jaynes (1988), der in seinem Buch über das Bewußtsein der Frühmenschen auf die große Bedeutung des Hörens von inneren Stimmen hinweist, die den vorbewußten Geist noch prägten. Seine Grundfrage: »Hatten unsere Vorfahren einen von göttlichen Stimmen gelenkten Geist?« Vgl. auch Ch. Hampden-Turner, 1986, S. 90 ff.; J. Holler, 1991.

nein HÖREN! ist *der* spirituelle Erfahrungsweg: Abstandnehmen von geistbetäubender Geräuschfülle, Finden des geistklärenden »Einen Weltentons«, Innewerden des »Nicht-Tons«, der Ewigkeit der Ur-Stille – so geht der Weg zur zweiten, zur mystischen Geburt, zur Buddhaschaft des Menschen. (Die überproportional dargestellten Ohrmuscheln Buddhas sind z. B. ein bewußter Hinweis auf dieses Geheimnis in der buddhistischen Ikonographie.)*

---

* Welch entscheidende Rolle der Gehörsinn – die Welt-*Anhörung* spielt, kann hier nur angedeutet bleiben (vgl. Kükelhaus, 1981). Es würde uns direkt zum Urerlebnis des Pythagoras und zum Bau des Monochords oder des klingenden Lambdomas führen. Das »heilig-öffentliche Geheimnis« (Goethe) liegt darin verborgen, daß ein mit dem Gehör wahrnehmbares Geschehen sich als sinnlich-konkrete, »hörbare« Mathematik darstellt und der Urbeginn der Mathematik, die natürlichen Zahlen (die zehn Ziffern von 0, 1, 2, 3 . . . bis 9), am Quellgrund des Göttlichen stehen. Der Urgrund der Welt ist *Zahl!* Warum? Ein Ton, erzeugt z. B. durch Teilung einer Saite auf dem Monochord, hat *Zahl*charakter (arithmetisch). Die Zahl ihrerseits ist ein durch Streckenteilung ausgelöstes Phänomen (Saitenhalbierung, geometrisch). Arithmetik (Schwingungszahl) steht im reziproken Verhältnis zur Geometrie (Saitenlänge). Töne und Intervalle sind *qualitativ*, in ihrem Beziehungsgefüge zueinander, zahlhaft bestimmt. Auf den Punkt gebracht: Hören bedeutet das Gewahrwerden von Zahlen in ihrer räumlichen und zeitlichen, geometrischen und arithmetischen Auswirkung. Zahlen, das zeigen seit altersher viele Traditionen, sind die Schöpfungsprinzipien Gottes. Zahlen sind *Wesen!* Hören bedeutet Erleben des Zahlwesens. Außerdem: Zahl ist Verbindungsmöglichkeit (Beispiel: die Valenz im Bereich der chemischen Verbindungsfähigkeit). Zahl schafft Grenze. Sie begrenzt das bezifferbare und qualifizierbare Etwas von dem allumfassenden, also nicht bezifferbaren, nicht qualifizierbaren großen Ganzen. Beziehungen entstehen, Bezüge werden aufgebaut; Zahlen sind der Ursprung aller Qualität und bilden im ewigen Strom vom *Nichts* zum *Etwas* die numinose Geburtsschwelle, durch die das Unbegrenzte im Begrenzten, das Unendliche im Endlichen, das Göttliche im Irdischen erscheint. Vgl. auch Keyserling, 1987; Kolk, 1991, S. 242.

Das Schafgarbenorakel

Etwa um 1050 v. Chr. findet in den politischen und sozialen Verhältnissen des damaligen China eine nachhaltige Revolution statt. Der erstarkten Dschou-Dynastie gelingt es, die Shang-Herrscher vom Thron zu stoßen. Ein tiefgreifender kultureller Umbruch setzt ein. Das matriarchal geprägte Weltbild und Sozialgefüge der Shang wird patriarchalisiert. Die neuen Herren errichten einen Feudalstaat auf Familienbasis im Unterschied zur eher losen Konföderation von Sippendomänen im Shang-Reich, von denen manche lediglich den Umfang eines Dorfes besaßen. Es ist zugleich der Anfang vom Ende des Schildkrötenorakels, das zwar noch lange Zeit parallel zu anderen Orakelmethoden Verwendung findet, aber innerhalb des offiziellen Kultus vom Schafgarbenorakel verdrängt wird. Es ist nicht nur ein kultureller Wechsel vom Tier und Blutopfer hin zur Pflanze und Weindarbringung. Es bedingt auch einen spektakulären Machtwechsel in den mit religiösen Aufgaben betreuten Herrschaftsschichten. Von nun an betreut der König selbst das Orakel, die Kaste der Shang-Orakelpriester mit ihrem Durchführungs- und Ausdeutungsmonopol beim Knochenorakel wird entmachtet.[*]

Das Volk der Dschou unterscheidet sich ethnisch weitgehend von den bisherigen Machthabern. Die Dschou sind Eindringlinge aus den westlichen Randgebieten und entstammen hirtennomadischen Geschlechtern aus der Linie der Prototurk-Völker.[**] Ihre Machtausbreitung gelingt ihnen im übrigen nur durch Unterstützung von ebenfalls westlich siedelnden Hilfsvölkern, vor allem Tibeter und verwandte Völker.[***] Das von ihnen kontrapunktisch dem Schildkrötenorakel gegenübergestellte Pflanzenstengel-Orakel hat unter den Anrainern des chinesischen Großraums eine längere Tradition aufzuweisen als im eigentlichen China. So brach man am Fest des Erdgottes Bambus zu Orakelzwecken oder gebrauchte »mao«, heiliges Schilf, oder Dorfschamanen bogen

---

[*]   Zur ausführlichen Darstellung dieses »Kulturschocks« vgl. W. Bauer, 1971, S. 33–41; vgl. auch Seiwert, 1979, S. 19–80.
[**] W. Bauer, 1980, S. 239.
[***] Eberhard, 1942a, S. 287: »Die Chou hatten zahlreiche tibetische Hilfsvölker, als sie das Shangreich zerstörten. Tibetisches Kulturgut hatten die Chou selbst viel.« Vgl. auch 1942b, S. 86.

unter Beschwörungen hölzerne Stäbchen, um dann aus Gestalt und Konfiguration zu orakeln. Die Spuren rund um das *I Ging* als ein Pflanzenstengel-Orakel führen jedenfalls immer wieder nach Westen, genauer in Regionen, die vor allem von Tibetern und von durch tibetische Kultur geprägten Volksgruppen besiedelt sind. So belegt der Sinologe Wolfgang Eberhard:

> ...das Orakel mit Holzstücken, die ausgezählt werden, ist in späterer Zeit bei zahlreichen tibetischen oder tibetisch beeinflußten Völkern des Südwestens und Westens verbreitet. Das Verfahren ist dem beim I-Ching-Orakel außerordentlich ähnlich. Diese Methode muß also wohl demnach auch mit den tibetischen Völkern zusammengebracht werden...*

Seine Spurensuche faßt er abschließend in der Aussage zusammen:

> Das Wenige, was hier zusammengestellt ist, kann nur hinreichen, es wahrscheinlich zu machen, daß sowohl das I-Ching wie die spezielle Orakelmethode, die damit verbunden ist, aus der tibetischen Kultur und deren Voraussetzungen erwachsen sind – nicht im heutigen Zustand, der weitgehend durch spätere astronomische und andere Spekulationen verändert ist, sondern in einem nicht mehr bekannten Urzustand.**

Die Wurzeln des *I Ging* in Tibet, dem »Altar der Erde« – der Himalaya, »Dach der Welt«, als Geburtsort der *I Ging*-Vorläufer? Jedenfalls ist die Auswahl der Schafgarbe zu kultischen Zwecken keine Erfindung der Chinesen und auch keine Erfindung der Tibeter. Schon erheblich früher haben die Menschen Heilkraft, magische Wirkung und ähnliche Besonderheiten mit dieser Pflanze verbunden.

---

* Eberhard, 1942a, S. 293.
** Eberhard, 1942a, S. 294; vgl. auch W. Münke, 1976, S. 276 und 302. Er macht die Entwicklung des Schafgarbenorakels bei Prototanguten-Völkern (z. B. dem Stamm der K'iang) fest; ebenfalls also im Westen. Und auch der Ehrentitel des Reichsgründers und Kulturkönigs der Dschou – Wen-Wang = »Ältester des Westens« – zeigt in diese Richtung.

Achillea: die Gattung der Schafgarbenarten

Ob Achillea milleforum, die Gemeine Schafgarbe oder Achillea ptarmica, die Sumpfschafgarbe und andere Verwandte wie A. sibirica, A. fragrantissima, A. setacea etc.: die Verbreitung dieser Pflanzengattung erstreckt sich weltweit über alle gemäßigten Zonen. Allein von Europa bis Turkestan sind mehr als 20 Arten nachgewiesen. Die Völker in diesen Lebensräumen nahmen sie seit uralten Zeiten in ihre Pflanzenapotheke auf. Gebrauch und Wertschätzung aufgrund des Gehalts an ätherischem Öl, der Fähigkeit, wundstillend zu wirken, und vieler weiterer nützlicher Anwendungen bei Krankheiten und in der Ernährung sind für die unterschiedlichsten Kulturen (Indianer, Ägypter, Perser, Inder, Tibeter, Mongolen etc.) belegt.[*] Neben der medizinischen Bedeutung läßt sich aber auch eine kultische Funktion und Bedeutung nachweisen, und das bereits für die Frühzeit des Menschen.

Schafgarbe wurde für wert befunden, als Grabbeigabe zu dienen, vermutlich also als nötig erachtet, einen Verstorbenen auf seiner Reise in ein anderes Dasein zu begleiten, ihm sozusagen »griffbereit« zur Seite zu sein. Man fand bei Shanidar im Nordirak Reste der Schafgarbe zusammen mit sechs weiteren heilkräftigen, lebenfördernden Pflanzen in einer Grabanlage aus der Zeit des Neandertal-Menschen. Die Untersuchung dieser Reste ergab ein Alter von ungefähr 48 000 Jahren.[**] Angesichts solch langer Gebrauchstraditionen stellt sich, ähnlich wie bei der Schildkröte, die Frage nach dem Qualitätsprofil dieser Pflanzengattung. Was zeichnete sie im besonderen aus, daß die Menschen im frühen Tibet und dann in China gerade sie zum Medium erkoren, um durch gewisse Manipulationen der Stengel die Offenbarungen des Höchsten Einen zu erfahren?

Die zum *I Ging*-Orakel benutzte Sumpfschafgarbe zeigt tatsächlich eine Reihe von Eigenschaften, die schon bei der Schildkröte zu finden waren. Auch die Schafgarbe ist ganz offensichtlich mit übernatürlicher Lebenskraft begabt, denn sie hält sich selbst unter widrigsten Umständen zäh und ausdauernd am Leben. Rühmend sprach man von ihr: Die Schafgarbe »bringt mit hun-

---

* Vgl. H. de Vries, 1989, S. 173–75.
** H. Uhlig, 1992, S. 25 f.

dert Jahren noch hundert Stengel aus einer Wurzel hervor«.* Nur Wesen, die unerhört viel Chi-Kraft ansammeln können, vermögen dies zu leisten. Als Sumpfschafgarbe bevorzugt auch sie gerade denjenigen Ort, an dem das Tao seinen Quellgrund hat. Eine Pflanze, die sich mit Vorliebe an den tiefsten Stellen der Erdkrume, im Morast und Schlamm der Tal- und Feuchtgebiete verwurzelt, deren kriechender Wurzelstock höchst langlebige Vitalität beherbergt, eine solche Pflanze ist prädestiniert, die Antworten des Tao zu verkünden. Das Runde und das Eckige, die Eigenschaften von Himmel und Erde, spiegeln sich in ihrem Stengel wider. Sein Querschnitt zeigt innen den runden Saftkanal und außen eine eckig profilierte Wuchsstruktur. In der Urform des Orakels sind die Linien, die zum Aufbau von Trigrammen oder Hexagrammen nötig sind, noch unmittelbar aus geknickten und ungeknickten Stengeln der Pflanze herausgelesen worden. Das zeigt noch sehr schön die Wiedergabe eines alten Hexagramms, das sich auf der Innenseite eines aus der frühen Dschou-Zeit stammenden Bronzetiegels erkennen läßt. Es handelt sich um einen 1978 im Kreis Qishan ausgegrabenen Dreifuß-Dämpfkessel vom Typ *Yan*, der zur Zubereitung von Opferspeisen in zwei Funktionsteile gegliedert war. Der untere Teil wurde mit Wasser gefüllt, darüber klappte man ein durch Scharnier befestigtes Gitter, auf das die jeweilige Opferspeise gelegt wurde. Hineingestellt in eine Feuerstelle, erhitzte sich das Wasser im Kessel, und die Opfergaben konnten gedämpft werden.

Im Inneren des Bronzekessels fand sich über dem Scharnier ein Hexagramm eingraviert, das wir in R. Wilhelms *I Ging*-Übersetzung als Hex. 51 *Donner, Erregen, Erschüttern* wiederfinden.** Im Unterschied zur heutigen Notationspraxis aber sind die vier Yin-Linien in diesem auf das 11. Jh. v. Chr. datierten Gefäß in geknickter Form, noch dazu im 90°-Winkel, also exakt recht-

---

* Hackmann, 1927, S. 28.
** Die Wahl des aus dem verdoppelten Trigramm *Dschen* bestehenden Zeichens 51 ist keine Zufälligkeit, heißt es doch in einem alten Zauberspruch zu den acht Trigrammen beschwörend: »Der *Höchste Eine*/Gott tritt mit Macht hervor im Zeichen des Erregenden.« So unterstützt dieses Hexagramm an der Innenseite auf magische Weise noch die beabsichtigte Wirkung der aus dem Kessel aufsteigenden Dämpfe: das Herbeilocken der Ahnen und Geister zum Opfermahl.

Hexagramm 51; Abreibung von einem Tiegel aus dem 11. Jh. v. Chr.

winklig, abgebildet.* So erinnert diese ursprünglichere Schreibweise eines Hexagramms an die altertümlichen Auffassungen über die mit der Erde assoziierten Yin-Qualitäten, wie sie z. B. das *I Ging* in Hex. 2.2 charakterisiert. Richard Wilhelm in seinem Kommentar: »Der Himmel hat als Symbol den Kreis, die Erde das rechtwinklige Quadrat. Somit ist das Rechtwinklige eine ursprüngliche Eigenschaft der Erde.«**

---

* Ein Befund in Widerspruch zu Fiedelers Erklärungsschema, demzufolge die in der Mitte leer, waagerecht notierte Yin-Linie aus dem an Schwarzmond (Neumond) drei Tage unsichtbar-verdunkelten Mondbild abgeleitet wurde. Vgl. Fiedeler, 1989, S. 425.

** R. Wilhelm, *I Ging*, S. 33. Angemerkt sei, daß hier eigentlich neben dem Phänomen *Zeit* (Bewegung der Himmelskörper), die Erde als *Raum*-Phänomen ins Spiel kommt. Das ist ja das Geheimnis des rechten Winkels, nämlich die Erzeugung des dimensionalen Übergangs, eines »Quantensprungs« in eine ganz andere Dimension! Von einem Nullpunkt aus das Lot fällen ergibt die Gerade (Gewinn der ersten Dimension); von einer Geraden aus das Lot (= rechter Winkel) fällen ergibt die Fläche (Gewinn der zweiten Dimension), von einer Fläche aus das Lot fällen führt zum Kubus (Gewinn der Dreidimensionalität).

So muß man zumindest für die frühe Zeit des *I Ging*-Orakels und für die Urform, die es anfangs, vielleicht in Tibet, noch gehabt haben mag, annehmen, daß zur Auslosung eines Trigramms/ Hexagramms nur geknickte und ungeknickte Schafgarbenstengel Verwendung fanden. Eine sehr verwandte Art des einfachen Stäbchen-Orakels, von der uns Wolfgang Eberhard berichtet, läßt erahnen, in welcher Form die Stengel der Schafgarbe vielleicht manipuliert worden sind und welche Abläufe und Prozeduren in der Elementarform der Orakelbefragung stattfanden:

> Der Verfasser des Ling-wai tai-ta weist darauf hin, daß es im alten Staate Ch'u eine anscheinend ganz ähnliche Art Orakel gegeben habe. Auf dieses Orakel von Ch'u bezieht sich auch das Cho-keng-lu (...) mit seiner Beschreibung von Stäbchenorakeln. Es sagt, daß in Wu (Kiangsu) und Ch'u (Hunan) die Dorfschamanen und -schamaninnen vielfach das Orakel der Chiu-ku (des 9. Mädchens) anwenden. Hierzu nehmen sie neun Stengel in die Hand, die sie biegen, so daß es 18 Stengel werden. Unter Beschwörungen ziehen sie diese nacheinander heraus, bis nur ein Paar bleibt. Aus dessen Gestalt wahrsagen sie dann.[*]

An dieser Schilderung sind mehrere Aspekte beachtenswert. Sie zeigt zunächst einmal, wie eng ursprünglich die Rolle der Schamanen beiderlei Geschlechts mit der Aufgabe der Losbefragung verkoppelt war. (Vgl. »Die Schamanen und das *I Ging*«, S. 68 ff.). Die Schilderung zeigt darüber hinaus ein Stück des alten Ideenhintergrundes: Nicht durch subjektive willkürliche Manipulation, sondern durch den »Zufall« – also außermenschlichen Kräften gehorchend – biegen und knicken sich die Stengel in der Hand des Schamanen. Er selbst befindet sich in einem religiös überhöhten, andersartigen Bewußtseinszustand, in dem allein er zu wirksamen Beschwörungen fähig ist. Schließlich zeigt sich auch hier wieder – vergleichbar der »Zauberschildkröte« und dem Schulterblattorakel, daß auf das beschwörende Sprechen des Losbefragers der Himmel im Knicken und Knistern hörbar antwortet: die Schafgarbenstengel »reden«! Die daraus entstehenden Konfigurationen an gebrochenen oder auch nicht gebrochenen Stäbchen können anschließend als sichtbare Omina gedeutet werden. Dabei wird

---

[*] Eberhard, 1942a, S. 292.

ein *Ja* zu der gestellten Frage von der Länge oder Geradlinigkeit und ein *Nein* von der Kürze und vom Ausmaß der Zersplitterung eines Stengels abgeleitet worden sein. Eine weitere Parallele zu den Kriterien, die das Knochen-Orakel entwickelt hatte. Ein der Länge nach in klarer Linie aufgerissenes Schulterblatt war ein eindeutiges Zeichen für den Fragenden, daß es zu handeln galt. Wenn aber die Linien »von einer Seite zur anderen gerissen waren oder wenn kleine Stücke davon abgesprengt waren, dann ließ er die geplante Aktion bleiben«.*

Es bleibt festzuhalten: Diese Gedanken führen uns weit zurück in die Anfänge – nicht des *I Ging* der Dschou-Dynastie, sondern viel früher zu den Elementarformen der Schafgarben- bzw. Pflanzenstengel-Orakel. Gesicherte eintausend Jahre, wahrscheinlich aber sogar zwei- und mehrtausend Jahre lang blieben diese Formen geübte Praxis. Erst dann begegnet uns am anderen Ende der Zeitachse bei den Han-Chinesen eine erneute Veränderung in der Technik der *I Ging*-Befragung: die Verwendung von Münzen.

Das Münzenorakel

Das Orakelnehmen mittels Schafgarbenstengel wurde in späterer Zeit durch den sechsmaligen Wurf von Geldstücken vereinfacht. Urheber dieser Umgestaltung sollen die *I Ging*-Spezialisten Chiao Yen-shou sowie Ching Fang am Ende der ersten Han-Zeit (um Christi Geburt) gewesen sein. Seither wurde neben der Methode des Abzählens einer bestimmten (durch astronomische Bezüge geprägten) Anzahl der Pflanzenstengel auch folgender Weg beschritten:

Man nahm drei sich in Gewicht und Beschaffenheit gleichende Münzen und bestimmte deren eine Seite mit einem Yang-Zahlenwert und die andere Seite mit einem Yin-Zahlenwert. Vielfach war es Brauch, tangzeitliche, nur auf einer Seite beschriftete Münzen zu verwenden, diese in eine Schildkrötenschale zu legen, zu mischen und umzustülpen.** Durch sechsmaliges Werfen dieser

---

* Bawden, 1989, S. 227.
** Doré, 1966, First Part, Vol. IV, S. 340.

drei Münzen und durch die Auswertung der dabei jeweils erhalte-
nen, codifizierten Münzseiten, erhielt man die sechs Linien eines *I
Ging*-Hexagramms.

Diese Art des Orakelnehmens ist also eine Spätform, die man
sogar in tangzeitlichen Gedichten (618–906) dargestellt findet und
die heute wohl weltweit zur überwiegenden Regelform der *I
Ging*-Befragung geworden sein dürfte.*

---

* Zum Wechsel vom Schafgarben- zum Geldorakel vgl. Eberhard, 1942a,
S. 292.

4. Die Orakeltexte:
Rätsel, Allegorie oder Kunde vom urreligiösen Menschen?

Ein besonders sumpfiges Terrain scheint man zu betreten, wenn man das *I Ging* nicht lediglich als frühchinesische Orakeleinrichtung abtut, sondern darüber hinausgeht und im Detail den Inhalt und die Textauswahl, die es in seinen 64 Tafeln anbietet, kritisch beleuchtet. Auffällig auch, wie groß der Bogen ist, den die weitaus meisten Untersuchungen zum *I Ging* um dieses »Gelände« machen. Da keine historischen Originalberichte über die Abfassungsweise und ursprünglichen Quellen dieser Texte bekannt sind, schossen bei den westlichen Forschern, denen das »Buch der Wandlungen« in den Gesichtskreis kam, schon bald diverse Vermutungen ins Kraut:

... ein Rätselbuch, in welchem zu den Figuren, welche aus Linien zusammengestellt sind, unzusammenhängende Sätze geschrieben sind.* – ... ich glaube, (...), daß es nichts anderes als ein Wörterbuch von 64 Begriffen, ein Staatshandbuch in 64 Stichworten ist, die ganz die moralpolitischen Anschauungen der älteren Tschou-Zeit wiedergeben, und daß seine Hexagramme vielleicht die Stilisierung einer alten Knotenschrift (Quippu) repräsentieren.** – Wahrscheinlich wurden zur Erklärung auch sehr alte Sprüche und Bruchstücke von Liedern herangezogen.*** – Auch Erinnerungen aus der Frühzeit der Dschou sind hineinverarbeitet worden. Daneben hat man oft den Eindruck, als ob auch im Volke lebendiges Gut, Bauernsprüche und Prognosen, Aufnahme gefunden hätten.**** – Viele der im Yijing enthaltenen Sprüche lassen uns an bäuerliche Spruchweisheiten denken (...). Neben Spruchweisheiten und Rätseln findet sich aber auch eine Vielzahl historischer Anspielungen, so daß am Yijing, das auch als »ältestes Buch der

---

*   Wassiljew, 1909, S. 38.
**   Conrady, in: Wassiljew, 1909, S. 196.
***   E. Schwarz, 1988, S. 408.
**** H. Wilhelm, 1985, S. 29.

Chinesen« bezeichnet worden ist, in seiner Einzigkeit jeder Klassifizierungsversuch abprallt.*

Selbstkritisch zog schon 1927 der Sinologe Alfred Forke einen Schlußstrich unter die vielen Versuche, die Unklarheiten rund um Bedeutung und Textentstehung des »Buchs der Wandlungen« zu beseitigen: »Das Yiking ist nicht nur bei Chinesen, sondern auch bei europäischen Gelehrten der Tummelplatz für die wildesten Spekulationen geworden.«** Dieses Fazit gilt zu einem guten Stück auch heute noch. Aber muß man deswegen dem Buch gram sein und ihm »üble Auswirkungen auf das chinesische wissenschaftliche Denken« attestieren*** oder das *I Ging* mit resignierendem Unterton ins wissenschaftliche Abseits schießen? Motto: »Wahrsagebücher pflegen sich nicht durch besondere Klarheit auszuzeichnen!«**** Eher muß man nach den bislang angewandten Diagnosekriterien der Sinologie fragen. Das »Buch der Wandlungen« ist schließlich unbestreitbar aus einer spirituellen Lebenspraxis der frühen Chinesen erwachsen. Da greifen die Instrumentarien der Historiker und Philologen, der Orientalisten und Ethnologen nur bedingt. Ihnen allen und selbst den ostasiatisch orientierten Religionsforschern sollte im speziellen Falle des *I Ging* zu denken geben, was Mircea Eliade mit kritischem Blick auf die Art und Weise, wie an westlichen Universitäten religionsgeschichtliche Forschung betrieben wird, offen ausspricht:

...man vernachlässigte ein entscheidendes Faktum: daß beim Begriff »*Religionsgeschichte*« der Akzent nicht das Wort *Geschichte*, sondern das Wort *Religion* hervorzuheben hat. Man verfügt nämlich über sehr viele Methoden, *Geschichte* zu betreiben – von der Geschichte der Technik bis zur Geschichte des menschlichen Denkens –, aber nur über eine einzige an *Religion* herangelangende Methode: und diese besteht in der Kontaktnahme mit den Tatsachen des Religiösen. Bevor man die *Geschichte* irgendeines Sachverhalts behandelt, hat man erst diesen Sachverhalt richtig zu begreifen: an sich und für sich.*****

---

* Schmidt-Glintzer, 1990, S. 60f.
** Forke, 1927b, S. 11.
*** Needham, 1984, S. 248.
**** Forke, 1927b, S. 10.
***** Eliade, 1988, S. 31f.

Dieser Fährte des Religiösen folgend, führen uns die belegbaren Tatsachen der Religionsgeschichte schnell zu dem Humusboden, der seit den Zeiten des Neolithikums auch das prähistorische China prägte: Schamanismus – die erste religiöse Praxis des Menschen. Schamanische Erfahrungswelten bilden den Mantel, unter dem vielleicht nicht alle, aber doch bemerkenswert viele Texte zu den einzelnen Hexagrammen heranreiften. Trotz der Kürze und oftmals fragmentarischen Qualität der Orakelsprüche: eine Vielzahl von Bildern und Erzählmotiven ist praktisch deckungsgleich mit den typischen Erlebnissen, von denen Schamanen seit alters her berichtet haben. Doch bevor dazu der Nachweis im einzelnen erbracht werden kann, werfen wir einen Blick auf die wesentlichen Elemente des Schamanismus. Diffamiert als Primitivreligion kulturell niedrigstehender Völker, entpuppt er sich bei näherem Betrachten als eine in Wirklichkeit großartige Schöpfung, die es lohnt, sich zum inneren Eigentum zu machen. Mit einem Male tritt uns eine uralte, seelisch-geistig bis an den Rand mit Erleben angefüllte, wahre »Inspirationskultur«* entgegen.

---

* Findeisen/Gehrts, 1983.

Die Schamanen und das *I Ging*

> Aber wie Gott der Hand
> verschiedene Finger gegeben hat,
> so hat er den Menschen
> verschiedene Wege gegeben...
>
> Euch nun hat Gott
> verschiedene Schriften gegeben,
> ihr aber befolgt sie nicht;
>
> uns aber hat er SEHER gegeben,
> und wir tun, was sie sagen,
> und leben in Frieden.*

Schamanismus in seiner Urform findet sich weltweit und zeitlich jeweils dicht am Beginn der menschheitlichen Kultur- und Zivilisationsbestrebungen im Übergang von der Alt- zur Jungsteinzeit. Von Südpatagonien bis Nordlappland, von Westspanien bis Ostsibirien ziehen sich die Spuren dieser Tradition archaischer, religiös verwurzelter Praxis. Im nördlichen Sibirien nahe der Grenze zum Eismeer leben die Völker der Jakuten und Tungusen. Die tungusische Sprache kennt das Wort *saman*, auf das die Bezeichnung Schamane ursprünglich zurückgeht und das seit dem 17. Jahrhundert über russische und deutsche Reiseberichte und die anschließenden Übersetzungen ins Englische zu einem bekannten Fachbegriff geworden ist. In dem Wort *saman*, so vermutet der ungarische Ethnologe Vilmos Diószegi, steckt als Wurzel das Verb *sa – wissen*.** Der Kristallisationspunkt allen Schamanentums, so läßt sich unschwer ableiten, ist also der *Sa – Man*: der *Wissende* unter den Menschen, der *Man* (= Mensch), der *(auch von etwas anderem) weiß*... Welches, anderen Menschen offenbar nicht so ohne weiteres zugängliche Wissen kann damit angesprochen sein? Diese Frage rührt an die geistigen Wurzeln und den geschichtlichen Beginn des Schamanismus, der sich in späte-

---

* Möngke Khagan (1251–59), letzter Herrscher des mongolischen Großreichs, zu dem christlichen Missionar Wilhelm von Rubruk (flämischer Minorit); vgl. Weiers, 1986, S. IXf.
** Vgl. Bauer, Klapp, Rosenbohm, 1991, S. 163.

rer Zeit mit großer Geschmeidigkeit an die Sitten und Bräuche der jeweilig aufkommenden Kulturen angepaßt hat. Obwohl heute eine große Variabilität schamanistischer Erscheinungsformen auf dem Globus anzutreffen ist – im einen Fall steht der Schamane im Zentrum, im anderen in den abgedunkelten Randzonen einer Gesellschaft –, können überall recht ähnliche Grundzüge schamanistischen Wissens und Erfahrens beobachtet werden.

Das Goldene Zeitalter

Am Anfang der für den *homo sapiens* maßgeblichen Zeiten, so erzählt die Sage, muß es eine Epoche gegeben haben, in der jeder Mensch in ursprünglicher, direkter und unmittelbarer Verbindung mit dem Göttlichen stand. Häufig in den Mythen beschrieben als »Goldenes Zeitalter«, »die Zeit des Großen Raben« oder als »Paradies-Zeit« betitelt, können wir heute mit Blick auf die Erkenntnisse der Gehirnforschung vermuten, daß dieses Paradies des frag- und klaglosen Einklangs mit All und allem zeitlich vor der Spezialisierung und Trennung der beiden Hälften des Neocortex (Großhirn) gelegen haben wird. Damals dürfte der Mensch, wie jedes Tier auch, in seiner ganzen Persönlichkeit unmittelbar in das allen gemeinsame Instinkterbe, das Gattungsbewußtsein oder das global wirksame morphogenetische Feld eingebunden gewesen sein. Folgt man den Thesen Julian Jaynes, so besaß der Frühmensch die Gabe, in jeder neu auftretenden, ihm bisher unbekannten Situation unmittelbar eine innere Stimme zu hören, die sein Bewußtsein und Handeln prägte. In jeder plötzlich auftauchenden Lebenslage, für deren Bewältigung er bisher über noch kein geeignetes Handlungskonzept verfügte, lokalisierte er in der rechten Hirnhälfte die Stimme des *Einen* oder Stimmen des Göttlichen und handelte linkshirnig danach.

Verlust des Einklangs

Die mit dem Stichwort »neolithische Revolution« bezeichnete Entwicklung des menschlichen Bewußtseins brachte einen radikalen Einschnitt in der Kommunion des Menschen mit dem Göttlichen. Wir stehen am Ende einer langen Kette von nicht zuletzt physiologisch und neurologisch verursachten Veränderungen:

Sibirischer Schamane.

– Tieferrutschen des Kehlkopfes,
– Ausdifferenzierung des Neocortex mit
– Dominanz einer der beiden Hirnhemisphären; dadurch
– Entwicklung der nicht instinktgebundenen Denkfunktion,
– hochkomplexe Sprach- und schließlich Schriftstrukturen.

Der Gewinn eines auf Sprache basierenden Bewußtseins, eines individuellen *Selbst*-Bewußtseins und Intellekts versetzte die Menschheit erst in die Lage, Zivilisation und Hochkultur zu entwickeln. Denn erst durch die Sprache kann Erkenntnis und Ereignis festgehalten und an nachfolgende Generationen weitergegeben werden: das kulturelle Gedächtnis der Menschen. Diesem Gewinn steht aber ein großer Verlust gegenüber. Um Sprachschöpfung und Zeichenkunde zu erringen, muß der Mensch die traum- und bildhaft geprägte »musikalische« Hirnhälfte (rechtsseitig) unterdrücken, um der logisch-zahlhaft geprägten »rationalen« Hirnhälfte (linksseitig) das Schwergewicht zu überlassen. So ist der rationale, sprachbetonte Verstand zum Schlüssel geworden, mit dem der Mensch sich selbst die Tür zu den »Stimmen«, zu den auf rechtshirniger Offenheit basierenden unmittelbaren Gotteserfahrungen versperrt hat. Seither betrauert er diesen Verlust des Einklangs mit allem, das Isoliertsein, ja sein Aus-Gesetztsein (lat.: *exsistere*/Existenz) in diese Welt, in der alle anderen Wesenheiten, vom Kristall über die Pflanze bis zum Tier, niemals die Verbindung mit dem Großen Ganzen verloren haben. In diesem Schicksal wurzelt die menschliche Religionssuche: Nur durch Suche nach Rück-Bindung (lat.: *re-ligio*) an das ungetrennte, ursprüngliche *Eine* gelingt die letzte, die Große Wandlung. Durch die Beschränkung des lebenslangen mit sich Alleinseins hindurch, bricht die mystische Erfahrung des unbeschränkten, unbeschreibbaren All-Eins-Seins, von der die Mystiker aller Zeitepochen berichtet haben.

Das Ergreifen der letzten Realität

Die erste religiöse Antwort, die der in Sprache und Logos eingeschlossene Mensch fand, war eine schamanistische. Getragen von dem Willen, die eigene profane und begrenzte Verfassung zu überschreiten, entdeckten die Menschen eine Schlüsseltechnik, die ihnen die zugesperrten Erfahrungswelten wieder erschloß – im Gegensatz zu den »goldenen Zeiten« immer nur für begrenzte Dauer. Diese Schlüsseltechnik ist nichts anderes als die Fähigkeit der Schamanen, sich in Trance- oder Ekstasezustand zu versetzen, sei es durch Fasten, Trommeln, Tanzen oder mittels zusätzlicher

Unterstützung durch entheogene Substanzen* Obwohl auf verschiedenste Weise erzeugt, führt das Phänomen der Ekstase und Trance zu völlig veränderten, neuen Bewußtseinszuständen, bei denen der Mensch seine individuelle, alltägliche Lebensverfassung gänzlich hinter sich läßt und eine Art überzeitliche, kosmische Schau und Perspektive gewinnt. Es gibt darüber eine ungezählte Fülle an Erlebnisberichten aus der ganzen Welt. Übereinstimmend schildern sie, wie sich der Mensch in der ekstatischen Trance als genaues Abbild seiner selbst, als eine Art Duplikat seiner eigenen Person, aus seinem Körper herausheben und in alle Himmel und alle Welten »reisen« kann: die Erfahrung des Fliegens, wie vor zehntausend Jahren schon die Skulpturen von Nevali Cori – halb Vogel/halb Mensch – lebendig bezeugten.

Mit der zum Geist befreiten Seele gelingt der magische Flug zurück zur verlorenen Quelle allen wahren Lebens, der Aufstieg zum obersten Himmelspunkt: dem Polarstern, dem First am Himmelsdach. Er ist der Ort der höchsten Himmelshöhe und damit in Personal- und Wirkunion Heimstatt des heiligsten himmlischen Wesens. Um ihn kreist in dauernder, regelmäßiger Bahn der gesamte gestirnte Himmel und an prominenter Stelle die niemals untergehenden, dauernd beobachtbaren zirkumpolaren Sternbilder im »Zentralpalast« des Nachthimmels.** Wessen Seelenfahrt bis in diese Residenz des Höchsten Einen (Shang-ti) oder zur Begegnung mit seinem göttlichen »Gefolge«, den Sternbildern und Planeten Sonne und Mond, Donner-, Regen- und Windgeistern führte, dessen ekstatische Reise und visionäre Schau gebar

---

* *entheogen* – »Gott in uns erzeugend«; ein anstelle des diskriminierenden Ausdrucks »halluzinogen« in die Forschung eingebrachter, viel treffenderer Begriff des Amerikaners Gordon Wasson, Pionier auf dem Gebiet entheogener Substanzen (wie z. B. bestimmter Pilze, Gräser oder anderer geistbewegender Pflanzenteile), der im übrigen die Auffassung vertrat, daß alle großen Religionen und vielleicht sogar Zivilisationen hierin ihren Anfangspunkt haben; in *Visionen*, nach dem Gebrauch bestimmter Substanzen, die »Gott enthaltend« sind. Vgl. Horowitz, 1991, S. 5.
** Vgl. Lübke, 1931, S. 19 f; Diesen komischen Bezügen gemäß waren die frühen Schamanen immer auch »Himmelskundige«: sie betrieben Sternbeobachtung (Astronomie) und Sterndeutung (Astrologie) und vereinten beides in der ekstatischen Kommunion mit den Wesenheiten, den »Persönlichkeiten«, die sich in jedem materialisierten Stern, besser in der von ihm durch seine Bahn erzeugten Sphäre, verbergen.

einen neuen Menschen in ihm. Fortan ein *sa-man*, ein initiierter und wissender Mensch, hatte er mit einem Male eine letzte Realität des Menschseins ergriffen:

> Nur durch die Ekstase gelangt der Mensch zur vollen Realisierung seiner Situation in der Welt und seines endlichen Schicksals. Man könnte fast von einem Archetyp »existentiellen Bewußtwerdens« sprechen, der in der Ekstase eines primitiven Schamanen oder Mystikers ebenso vorhanden ist wie in dem Erlebnis (...) aller anderen Visionäre der alten Welt, die schon hienieden das Los des Menschen jenseits des Grabes erfahren haben.[*]

Alte Aufnahme einer kirgisischen Schamanin, in ihrer Hand die zauberkräftige, zur Trance und Ekstase verhelfende Trommel.

---

[*] Eliade, 1989, S. 375.

Seher im Jenseitsland

Ekstase und Vision sind keine nur bei bestimmten, medial veran-
lagten Menschen auftretende Einzelerscheinung und kein Produkt einer begrenzten Kulturepoche. Vielmehr handelt es sich um
Urphänomene und eine Urgegebenheit der menschlichen Verfassung. Die Begabung zu Trancereisen und ekstatischen Erlebnissen
läßt sich bei jedem Menschen erschließen. Den interessantesten
Ansatz dazu verdanken wir der langjährigen Forschungsarbeit
von Felicitas Goodman.* Sie deckte den Zusammenhang und die
Wechselbeziehungen zwischen der Einnahme bestimmter Körperhaltungen und entsprechenden visionären Erlebnissen spiritu-
ell-religiöser Trancephänomene auf. Während die Feldforschung
bislang die Mimik, Gestik und Körperstellung auf archaischen
Gemälden, Steinritzungen, Höhlenmalereien oder Skulpturen
nicht weiter beachtete, entschlüsselte Goodman das Rätsel,
warum bei aller Verschiedenheit der Funde eine überraschende
Homogenität spezifischer Körperhaltungen zu beobachten ist.
Goodmans Antwort: Alle diese Haltungen – z. B. in einer Holz-
schnitzerei, wo ein kleiner Schamane von hinten von einem mäch-
tigen Bärengeist umarmt wird, oder die sechzehn- bis siebzehn-
tausend Jahre alte Zeichnung eines Vogelkopfmenschen aus der
Höhle von Lascaux tragen ganz offensichtlich rituellen Charakter. Sie stellen eine religiöse Szene dar und wollen dem Betrachter
von Schlüsselerfahrungen berichten, die zugänglich werden,
wenn man in ritueller Weise diese Körperhaltung exakt nachahmt.

Beispiel: Die Felsmalerei aus der Grotte von Lascaux

Man sieht an einer Stelle der altsteinzeitlichen Höhle die Strich-
zeichnung eines Mannes, der mit einem Vogelkopf versehen
wurde. Oberflächlich betrachtet, scheint er unmittelbar vor einem
verwundeten Auerochsen auf dem Boden zu liegen, vielleicht von
diesem zu Boden geschleudert. Schon aufgrund der völlig unterschiedlichen Maltechnik ist diese Deutung aber nicht wahrscheinlich. Bei genauerem Hinsehen spricht die Abbildung eine ganz
andere Sprache. Goodman fand heraus: Der Mann liegt gar nicht

---

* Goodman, 1988, 1989, 1991.

flach auf dem Boden, sondern im Winkel von 37 Grad. Seine Darstellung hat unmittelbaren Bezug zu dem neben ihm gemalten, senkrecht in der Erde steckenden Stab, auf dem ein Vogel thront. Außer der Schrägstellung des Körpers nehmen die Arme des Mannes und seine Finger ganz spezielle Positionen, »Verrenkungen« und Streckungen ein.

Goodman nahm diese und etwa dreißig andere Körperstellungen, die sie aus archaischem Bildmaterial als eindeutig rituelle Botschaft herauskristallisierte, zum Gegenstand zahlreicher praktischer Erprobungen und zum Anlaß für Versuchsreihen mit uninformierten, neutralen Probanden. So berichteten durchweg alle Versuchspersonen, die die in der Höhlenzeichnung dargestellte Haltung des Vogelkopfmenschen abbildgetreu nachahmten, von vergleichsweise ähnlichen Bewußtseinsveränderungen. Angeregt und gestützt vom einfachen Rhythmus einer Kürbisrassel, tauchten sie in einen Trancezustand ein, in dem sich ihr Selbst aus dem Körper herausschälte und sie sich wie ein Vogel im Himmel umherfliegen sahen. Sie erlebten an sich selbst unverkennbar das ekstatische Phänomen der Seelenfahrt.

Anders ausgedrückt hatten diese Versuchspersonen bei einem verhaltenswissenschaftlichen Projekt mit Hilfe von bisher unbemerkt gebliebenen traditionellen Körperhaltungen den Schritt von den körperlichen Veränderungen zum ekstatischen Erlebnis gemacht. Sie waren vom Diesseitigen, vom Profanen zum Heiligen gelangt.*

So führen die heutigen Forschungsansätze uns unversehens zurück in längst verschüttet geglaubte Erlebniswelten der altschamanistischen Zeiten. Sie erlauben bis zu einem gewissen Grade die Wiedergewinnung einer elementaren menschlichen Verfassung, wie sie noch vor dem Sturz aus dem Goldenen Zeitalter »normal« war. Bei aller Vielfalt bleibt das Schamanentum auf *eine* Botschaft rückführbar: Der Mensch hat teil an vielen Welten – Diesseits und Jenseits; er ist begabt für die Aufgabe des Schauens in alle Welten, ein Seher im jenseitigen Land.

---

* Goodman, 1989, S. 36; dort auch Beschreibungen ihrer neurophysiologischen Untersuchungen der Trancephänomene an den Instituten der Universitätskliniken München und Wien.

Schamanische Erzählmotive und ihre Parallelen im *I Ging*

Die Dramatik des Eintritts in die transzendenten geistig-göttlichen Himmelssphären mit dem nichtkörperlichen Teil der eigenen Person führte die derart initiierten *saman* in einen Zustand tiefster Seligkeit oder Ergriffenheit. Die menschlichen Grenzen und gewöhnlichen Maßstäbe überwindend, rangen sie nach der Rückkehr von ihren visionären Reisen um adäquaten Ausdruck für den unbeschreiblichen Eindruck. Neben den Skulpturen und Höhlenmalereien entstanden, meist an hochgelegenen Kultplätzen, zahlreiche Petrogylphen, Gravuren und Ritzungen in Felsgestein, die in ihrer Schlichtheit eine oftmals beeindruckend klare Sprache sprechen. So zeigt eine bronzezeitliche Petroglyphe aus den Gebirgsregionen Südostkasachstans die wahre Herkunft und Heimat eines Irdischen: der Mensch in der Plazenta der Gestirne.

Neolithische Felsgravur – der Mensch im Mutterschoß des gestirnten Himmels. Das Bild wurde oberhalb des west-östlich verlaufenden Tamgali-Flusses in eine nördlich aufsteigende 15 qm große Steilwand eingeritzt. Die Figur schaut also nach vorne in Richtung Süden (den Ort, an dem Sonne, Mond und Sterne kulminieren) und weiß hinter sich die Himmelstiefe mit der Polarsternregion.

Außerdem schlugen sich die Jenseitserfahrungen in der mündlichen Überlieferung der Menschen nieder. Verwunschene Erzählungen, Schamanengeschichten und elegische Gesänge wurden mit großem Pathos und deklamatorischer Kraft den Zurückgebliebenen vorgetragen. Einige wenige Zeugnisse, so die Neun Schamanengesänge* und andere Fragmente – oft versteckt in der apokryphen chinesischen Literatur –, sind den Säuberungsaktionen der späteren Konfuzianisten entgangen und uns bis heute erhalten geblieben. Im Vergleich mit verwandten Dokumenten aus dem gesamten zentralasiatischen Großraum lassen sich auffallend viele Erzählmotive herauskristallisieren, die ohne große Mühe auch als Texttypologien in einer Reihe von *I Ging*-Hexagrammen wiederzufinden sind. Und selbst die oberflächlich auf historische Begebenheiten Bezug nehmenden *I Ging*-Stellen zeigen ein verborgenes Antlitz aus neolithisch-schamanistischen Zeiten. So braucht man nur ein wenig Firnis von der Oberfläche des Hex. 46.4 zu kratzen, wo es mit vordergründig historischem Bezug lautet:»Der König bringt ihn dem Berg *Ki* dar«, und es tritt ein universelles archaisches Religionsdenken zutage. Die Gipfel der höchsten Berge sind die Stätten der Begegnung zwischen Himmel und Erde. Auf ihnen finden sich Kultstätten und Begräbnisplätze – weltweit, ob auf den Höhen des chinesischen Westgebirges, dem Hochplateau Tibets, der Black Mesa Nordamerikas, dem Upper Brandberg Namibias oder auf Ayers Rock in Australien. Eine urtümliche Gewißheit weiß um die spirituelle Verbindung zwischen Oben und Unten, die sich in der *axis mundi*, dem Gipfelpunkt des Bergmassivs am stärksten manifestiert. Megalithdenkmäler,»Himmelssteine«, Petroglyphen und die verschiedenen Grabhügel zeugen noch heute von dieser kultischen Tradition.** Hier liegt auch der Schlüssel, warum das verschollene, historisch vermutlich erste *I Ging*, die»Wandlungen der Dynastie Hsia« (um 1800 v. Chr.), mit dem Hex. 52 *Der Berg* begannen. Doch bleiben wir bei den von Richard Wilhelm übersetzten »Wandlungen der Dschou« und betrachten einige deutliche Motivparallelen.

---

* Vgl. Waley, 1957.
** Vgl. Tucci/Heissig, 1970, S. 249 u. 273 f.

Das Vogel-Motiv

Die Metamorphose des Menschen in einen Schamanen wird begleitet von einem zusätzlichen Vorgang: der Verwandlung in ein *alter ego*, oftmals in ein oder mehrere zoomorphe Wesen. Neben Pferd, Rentier, Drache etc. findet sich im gesamten asiatischen Großraum immer wieder das Motiv des fliegenden Vogels, zu dem der Schamane in der Ekstase geworden ist oder der ihn auf der Reise zum Himmel begleitet. Der Vogel hat Zutritt zu den höheren Regionen und besitzt vielfältige magische und prophezeiende Gaben. Er taucht auch als zentrales Motiv im *I Ging* auf: »Er flattert hernieder...« (Hex. 11.4), »Der fliegende Vogel bringt die Botschaft« (Hex. 62.U); aber auch Warnungen: »Der Vogel kommt durch Fliegen ins Unheil« (Hex. 62.1) oder »Der fliegende Vogel verläßt ihn. Unheil!« (Hex. 62.6)

Die Himmelsschwalbe im Mythos von T'ang dem Vollender: Seine Mutter empfing vom »Dunklen Vogel« ein Ei und verschluckte es. Daraufhin wurde sie schwanger und gebar T'ang.

Viele Belege zeigen, daß die legendären Kaiser (zugleich Schamanen) der Frühzeit als Stammväter eines dynastischen Geschlechts den Eiern des »Dunklen Vogels«, einer Schwalbe göttlicher Herkunft, entschlüpften. T'ang der Vollender, Begründer der Shang-Dynastie, besaß als Sohn der Gottesschwalbe einen Vogelnamen: T'ien-i, »Himmelsschwalbe«.* Shao Hoa, der göttliche »hohe Urahn« der Shang, erschuf nämlich eine »Vogelordnung« und benannte seine himmlischen Beamten nach Vögeln: »Herr Phönixvogel war Regent des Kalenders, Herr Dunkelvogel Aufseher der Tagundnachtgleichen, Herr Neuntöter Aufseher der Sonnenwenden, Herr Blauvogel Aufseher der Jahreseröffnung, Herr Zinnobervogel Aufseher des Jahresschlusses etc.«** – alles Funktionen also, die eindeutig astrologischen, die Qualität der Zeit betreffenden Bezug tragen.

Die Eier, aus denen zukünftige »obere« Schamanen (solche, die von Geistern des oberen himmlischen Bereichs geschaffen werden) schlüpfen, werden z. B. von einer Rabenmutter in einem Nest hoch oben in einer Lärche (männl. Schamanen) oder in einer Tanne (weibl. Schamanen) ausgebrütet. Die Tiermutter bebrütet die Seele des angehenden Schamanen.*** Sein Leben lang bleibt er

---

*   Vgl. Münke, 1976, S. 316; hinter dem Namen stehen »himmelskundliche« (astrologische) Vorstellungen: Das Leben der Schwalben ist nach alter chinesischer Ansicht ganz am Sonnenlauf orientiert, und man glaubte, daß die kalendarischen Daten der beiden Tagundnachtgleichen genau durch das Verhalten der Schwalben gekennzeichnet sind (Rhythmisierung der Zeit!); vgl. Granet, 1963, S. 97. Und im Buch der Lieder heißt es in einem der sehr alten Gesänge: »Gott sprach zum dunklen Vogel: ›Schwebe hinab und erzeuge mir Shang‹.« (R. Wilhelm, 1926b, S. 25; vgl. auch R. Wilhelm, 1928b, S. 72 u. 76).

**   Münke 1976, S. 280; Archäologische Funde bestätigen diesen religiösen Hintergrund. Das Vogel-Motiv taucht schon in frühen Sakralbronzen auf. Der Gefäßtyp »Tsun« ist eine Vogelskulptur, in deren Inneres Wein eingefüllt und geopfert wurde (vgl. z. B. Diez 1940, Abb. S. 299). Auch das Schwalbenei taucht in alten Riten wieder auf; vgl. Granet, 1985, S. 28.

***   »Je größer der Schamane nach Bedeutung und Kraft ist, um so höher liegt seine Seele auf dem Baum. Die Schamanen selbst sagen gewöhnlich, daß als Erzieher ein Rabe erscheint, der auf den Zweigen dieses Baumes sitzt und die Seele großzieht.« Friedrich/Buddruss, 1955, S. 158. Noch tiefer geht die Parallele im Bön-Po, der schamanischen Urreligion Tibets. Dort schlüpft aus einem weißen Ei der wohltätige Herr des Seins und aus einem schwarzen Ei der Herr des Nicht-Seins, Ursprung der dämonischen Mächte; vgl. Tucci/Heissig, 1970, S. 238.

Menschen im Vogelkleid. »Wenn die Menschen das Tao *erlangen, so wachsen ihnen Haare und Federn.«* (Shan-hai-king)

mit seiner Tiermutter, seinem Baum und seinem Nest schicksalhaft verbunden. »Ein rufender Kranich im Schatten. Sein Junges
antwortet ihm. Ich habe einen guten Becher. Ich will ihn mit dir
teilen.« (Hex. 61.1)

Zerstören außergewöhnliche Ereignisse, schädliche Geister
usw. den Baum oder »sein Nest«, so nimmt im gleichen Augenblick der Schamane großen Schaden, er wird sterbenskrank bzw.
findet innerhalb kürzester Zeit den Tod. Unter diesem Blickwinkel offenbart sich ein neuer Sinn der *I Ging*-Stelle: »Dem Vogel
verbrennt sein Nest« (Hex. 56.6). Und auch folgende Stelle macht
nachdenklich: »Der See geht über die Bäume hinweg.« Dem
Eingeweihten bleibt nichts anderes übrig, als unbesorgt und unverzagt zu sein, auch »wenn er auf die Welt verzichten *(also
sterben)* muß« (Hex. 28.B). Ähnliche Gefahr droht dem zum
Licht empor fliegenden Seelenvogel, wenn die Sonne verletzt,
verdunkelt wird: »Verfinsterung des Lichts (eigentlich: »Verwun-
dung des Hellen«) im Fluge. Er senkt seine Flügel« (Hex. 36.1).
Doch die Dramatik der vollkommenen Verdunkelung (Sonnenfinsternis) steigert sich bis zum bitteren Ende des Schamanen:
»Erst stieg er zum Himmel empor, dann stürzte er in die Tiefen
der Erde hinunter.« (Hex. 36.6)

Das Erotik-und-Ekstase-Motiv

Der vollkommene Herrscher vereinte in sich ein Doppeltes: er mußte die Fähigkeit eines Zauberer-Schamanen ebenso besitzen wie die Gabe einer klugen Regentschaft im profanen Weltbereich. Seine Autorität stützte sich auf seine Fähigkeit zur ekstatischen Vision, zu begeisterndem Tanz und Musikvortrag nicht weniger als auf seine politischen Talente. »Die Be-*Geist*-erung: So machten die alten Könige Musik... und brachten sie herrlich dem höchsten Gotte dar...« (Hex. 16.B). Kaiser Chuen (um 2000 v. Chr.) soll den chinesischen Quellen zufolge der erste Kaiser gewesen sein, der fliegen konnte. Dies wurde ihm jedoch von zwei Töchtern des Kaisers Yao beigebracht. Jede von ihnen war offensichtlich eine ausgebildete *wu*. Der Begriff *wu* bezeichnete anfangs die weiblichen (später unterschiedslos jeden) Mittler beim Geisterkult, also Regenmacherin, Zaubertänzerin, Schamanin, Beschwörerin, Heilerin, Besessenheitspriesterin oder Seherin. Darin liegt ein weiterer Hinweis auf die eigentliche Quelle dieser magischen Kraft, die nämlich in einer ursprünglichen Epoche in den Frauen gelegen haben muß.* Noch um 80 n. Chr. wird aus dem nördlichen Shantung berichtet: »Beim niederen Volk darf die älteste Tochter nicht heiraten. Sie heißt ›das Schamanenkind‹ (*wu-êrh*) und muß die religiösen Riten für die Familie vollziehen.«**

---

* Vgl. Eliade, 1989, S. 418 f.; dort auch folgende bezeichnende Anmerkung (S. 423): »Der Anteil der ›wu‹-Frauen war erdrückend (...) die Wundertaten der ›wu‹-Frauen waren damit noch nicht zu Ende; sie konnten sich unsichtbar machen, brachten sich mit Messern und Säbeln Schnitte bei, schnitten sich die Zunge ab, verschluckten Säbel und spuckten Feuer, ließen sich von einer Wolke davontragen, die glänzte wie vom Blitz entzündet. (...) Die ›wu‹-Frauen tanzten rund herum, sprachen die Sprache der Geister und lachten wie Gespenster, und um sie herum flogen die Gegenstände in die Luft, und einer stieß an den anderen.« Einen interessanten Aspekt in der Beziehung Schamanismus und Frauen zeigt auch die Feststellung, daß bei den Bujaten, Mongolen, Jakuten und Turkotataren ganz unterschiedliche Begriffe für den männlichen Schamanen existieren, es bei all diesen Völkern aber nur ein gemeinsames Wort für die Schamanin gibt: *odügan*. Vgl. Montal, 1985, S. 26.

** Waley, 1957, S. 10. Schamane zu werden war in den Augen mancher Stämme eine Frage der Vererbung. In einer alten Quelle heißt es: »Das 11. (Gewerbe) ist die erbliche Dienstleistung.« Zu dieser Rubrik zählten

Das Heiratsverbot für diese älteste Tochter entstammt einem sehr alten Denken. Die in der Ekstase zum Geist befreite Seele erlebt ihre Beziehung zum Großen Einen, zum himmlischen Gebieter oder Schicksalsgott wie eine verzückte Vereinigung mit dem Geliebten. Schamanin und GEIST verbindet eine tiefe Liebesbeziehung, die in den Momenten der Auffahrt zum Himmel als »Heilige Hochzeit« vollzogen wird. So auch im Hex. 53: die älteste Tochter (Trigramm *Sun*) findet in allmählicher Entwicklung (Ausbrütung) ihrer angehenden Schamanenseele auf einem herausragenden, besonderen Baum hoch auf einem besonderen, heiligen Berg* schließlich die Kommunion, die Vereinigung mit dem Geistigen. Die auch sexuell durchlebte Hoch-Zeit mit einem männlichen und zugleich wunderbar göttlichen Wesen (eine »himmlische«, die Person tiefgreifend verändernde Initiation) macht aus dem Mädchen eine *sa-man* – eine »wissende, geistgeschwängerte Frau«; doch erst wenn nach vielen Stufen des spirituellen Fortschritts schließlich der Vogel – hier: die Wildgans** – den Sphären oberhalb der Wolkenregion entgegenfliegt. »Das Mädchen wird verheiratet. Heil! (Hex. 53.U) – Auf dem Berg ist der Baum: das Bild der Entwicklung.« (Hex. 53.B) Ein allmähli-

---

Schamanen, Zauberer, Ärzte, Wahrsager und Zaubertänzerinnen. Schindler, 1918, S. 35.

* Der Baum: ihr Lebensbaum, auf dem sie dem Gott entgegensteigt; der Berg: ihr Schicksalsberg; ein lebendiges Wesen, in dem sich die schamanischen Errungenschaften vergangener Sippengenerationen akkumuliert haben. Dazu Friedrich/Buddruss, 1955, S. 85: »Der Berg ist der markanteste Teil der Landschaft, auf die die Sippe angewiesen ist. Sie weiß sich auf ihn gestellt, von ihm abhängig. Dieses Bewußtsein der Lebensgemeinschaft von Berg und Sippe chiffriert sich in der von totemistischen Gefühlen zeugenden Aussage der Wurzelgleichheit von Berg und Sippe.« So wurde Fu-hsi in vielen Abbildungen als Berg dargestellt. In Indien z. B. wurde die Beziehung zwischen Ramana Maharshi und dem Berg Arunachala sprichwörtlich.

** Zur altchinesischen Emblematik: Die Wildgans ist zum Symbol für das Heirats- und Ehegelöbnis schlechthin geworden. Als *Yang*-Vogel, der immer dem Licht folgt, zieht sie im Jahreslauf der Sonne hinterher. Die Wildgans heiratet nur einmal in ihrem Leben. Ihre eheliche Treue ist sprichwörtlich geworden; man sieht sie immer paarweise am Himmel vorüberziehen, und niemals verläßt sie ihren Partner. In den Ritenvorschriften der Dschou-Dynastie zählte die Wildgans zu den Verlobungsgeschenken. Vgl. Williams, S. 214 f.; E. Chou, 1971, s. 186.

cher Fortschritt, bis es schließlich auf oberster Linie heißt: »Die Wildgans zieht allmählich den Wolkenhöhen zu.« (Hex. 53.6)

Die erotischen und sexuellen Elemente, letztlich rückführbar auf die Polaritäten von *Yin* und *Yang*, ziehen sich durch das gesamte *I Ging**, denn alles in der Welt ist geschlechtlich. Eine Trennung zwischen sexuell geprägter Körperlichkeit und »rein geistiger« Spiritualität hat es weder im alten China, noch irgendwo sonst in den frühen Kulturen gegeben. In einem alten japanischen Schamanenlied heißt es gar ganz unverblümt: »Wenn du ein Gott bist, mit Schwingen und Schwirren geruhe herniederzukommen. Würde denn ein Gott in diesen Dingen schüchtern sein?«** Das Liebesverhältnis mit dem Göttlichen wurde vielmehr geradezu hymnisch gepriesen und zugleich wehmutsvoll besungen. Denn diese erotisch-ekstatische Beziehung kann keine dauernde Vereinigung sein. Das liegt in der Natur der Beteiligten. Der Mensch bleibt ein vom Paradies abgetrenntes, sterbliches Wesen, solange er auf dieser Erde inkarniert ist. Folgt man den Texten der Schamanengesänge, so gliederte sich die himmlische Hochzeitsreise in drei Hauptabschnitte:

Herabkunft des Geistes aus den höchsten Himmelshöhen, bemerkt von der Schamanin, sie eilt ihm entgegen, oft auf einem von mythischen Tieren (z. B. geflügelten Pferd) gezogenen Wagen.

Es folgt die Hauptphase der Entrückung, der ekstatische Haupttanz, die sehnsüchtig erwartete Vereinigung auf dem Höhepunkt der Trance, Keuchen, verzücktes Ausrufen und Trommelwirbeln.

Schließlich das Ausklingen der Ekstase: der Geist zieht sich zurück. Trotz Seufzer und Rufen, Umherwandern und Warten kehrt die Gottheit nicht zurück. Die enttäuschte Liebhaberin stürzt in kataleptischer Trance zu Boden; Trauer, Wehklagen drücken ihren Trennungsschmerz aus.***

---

*   Vgl. B. Harper, 1987, S. 570 ff.; Duca, 1969, S. 71; Needham, 1975, S. 212.
** Waley, 1957, S. 16.
*** Vgl. Waley, 1957, S. 16 f.

Für alle diese Phänomene der Trance-Ekstase finden sich auch im *I Ging*-Text Indizien. Da nähert sich vom Himmel in rasendem Tempo ein geflügeltes Pferd von besonderer Farbe: »Ein weißes Pferd kommt wie geflogen.« (Hex. 22.4)* Seine Absicht ist klar; die im Pferdesymbol verkleidete Gottheit sucht die Vereinigung mit der Schamanin. Freilich ohne Gewalt, die das ungestüme Heranbrausen einer überaus kraftvollen, überirdischen Göttergestalt vielleicht befürchten ließe, denn ursprünglich kam in alten Zeiten dem Mädchen, der *Yin*-Kraft, in der erotischen Beziehung die Initiative zu, wie es noch bei Hex. 44 und 54 durchschimmert. Darum heißt es auch gleich: »Nicht Räuber er ist, will freien zur Frist.« (Hex. 22.4; 3.2; 38.6) Andererseits ist er der wahre, der himmlische Gefährte, der der Schamanin von magischer Fügung bestimmt ward. Mag sie ihn auch anfangs erschrocken »wie ein schmutzbeladenes Schwein, wie einen Wagen voller Teufel« betrachten und sogar »den Bogen nach ihm spannen« (Hex. 38.6) – mag sie (wie in Hex. 53.5) der allmählichen Entwicklung einer »schamanischen Wildgans« gemäß sich erst zu ihrer Zeit** bereitfinden: »Die Frau bekommt drei Jahre lang kein Kind.« – Die Annäherung bringt letztlich den Gipfel dieser begnadeten Begegnung, die orgiastisch erlebte Verschmelzung mit dem Göttlichen: »Beim Hingehen fällt Regen, dann kommt Heil.« (Wiederum Hex. 38.6.) Das Entleeren der Wolke, der endlich fallende Regen – dieses Motiv ist seit altersher sexuell gefärbt. Ursprünglich ein Symbol des Himmels, der die Wassertropfen (seinen Samen) in die Erde einsinken läßt, findet es sich später in vielen Beispielen als poetische Chiffre für den Orgasmushöhepunkt in der erotischen Literatur Chinas wieder.*** So tanzt die *wu*-Zauberin »mit auf-

---

* Vgl. dazu Dittrich, 1981, S. 10; dort Abb. einer Grabbeigabe aus dem 1.–2. Jh. n. Chr.: ein fliegendes Pferd aus vergoldeter Bronze, das seine göttliche Herkunft noch dadurch unterstreicht, daß es mitten im Flug, freischwebend, nur mit einem Huf auf einer (Himmels-)Schwalbe ruhend, modelliert wurde.

** Vgl. dazu Granet, 1985, S. 30 – das Erscheinen der Wildgänse: Zeichen, daß die Verlobung nicht länger verzögert werden darf.

*** So z. B. in F. Kuhns Übersetzung des erotischen Romans King Ping Meh: »... da setzten die beiden drinnen das unterbrochene Spiel fort, bis die Wolke barst und den erlösenden Regen spendete.« (Kuhn, 1952, S. 460.) Nebenbei bemerkt haben die Chinesen Geburten und Regen allezeit gekoppelt und mit den gleichen Riten erfleht (vgl. Granet, 1985,

gelöstem Haar, ... operiert gänzlich unbekleidet«* und gilt aufgrund ihrer besonderen geschlechtlichen Beziehung zum Göttlichen als mächtig genug, durch ihren Tanz auch im meteorologischen Sinne Regen machen zu können.** »Dichte Wolken, kein Regen von unserm westlichen Gebiet.« (Hex. 9.U; 62.5) Schließlich: »Es kommt zum Regen, es kommt zur Ruhe.« (Hex. 9.6).

Der dritte, letzte Abschnitt der Ekstase bringt die schmerzliche Trennung. Vergeblich, weil nicht in des Menschen Macht stehend, wäre es, den vergänglichen Moment höchster Glückseligkeit festhalten zu wollen. Ein Gott läßt sich nicht in die Verfügungsgewalt eines Menschen zwingen. Der Geist weht, wann und wo er will. Nun herrscht wieder das »Kleine Übergewicht«, die alltäglichen, irdischen Verhältnisse der Sterblichen. Darum der Ruf des warnenden Vogels: »Des Kleinen Übergewicht. Gelingen. Fördernd ist Beharrlichkeit. Man mag kleine Dinge tun, man soll nicht große Dinge tun. Der fliegende Vogel bringt die Botschaft. Es ist nicht gut, nach oben zu streben, es ist gut, unten zu bleiben.« (Hex. 62.U) Wie groß aber der Trennungsschmerz, der Absturz aus den himmlischen Höhen, der Verlust des »Großen Einklangs« von den Schamanen erlebt wurde, kann ein »Nichtwissender« wohl kaum ermessen: »Klagen und Seufzen, Tränen in Strömen.« (Hex. 45.6) »... bald trommelt er, bald hört er auf. Bald schluchzt er, bald singt er.« (Hex. 61.3) »Weinend in Strömen, seufzend und klagend.« Ein letztes Mal greifen die Schamanen zur Trommel, die in alten Zeiten ein irdener Topf war, um ihrem Kummer über das enteilende Licht, das sonnenhafte göttliche Wesen Ausdruck zu verleihen: »Beim Schein der untergehenden Sonne (Symbol des Gottes) schlagen die Menschen entweder auf den Topf und singen, oder sie seufzen laut über das nahende Greisenalter.« (Hex. 30.3) Der wehmütige Gesang einer Schamanin:

Ich pflücke des Götterhanfs liebliche Blüte,
Sie jenem zu senden, von dem ich getrennt bin.
Schnell kriecht das Alter heran, bald ist alles vorüber.***

S. 37). Zu den Gründen für die metaphorische, kryptisch verschlüsselte Sprachcodierung im sexuellen Bereich siehe: Harper, 1987, S. 543f.
* Granet, 1963, S. 296.
** Vgl. Eichhorn, 1964, S. 26.
*** Waley, 1957, S. 55.

In jeder mystischen Gottesschau, jedem Orgasmus-Gipfelpunkt (»le petit mort«) steckt ein Blick »über den Zaun«, die Scheidewand zwischen Leben und Tod. Diesseits und Jenseits: »So erkennt der Edle durch die Ewigkeit des Endes das Vergängliche!« (Hex. 54.B)

Langsam lösen sich auch die medizinischen Erscheinungsbilder der Ekstase auf (zum Beispiel Formen der Katalepsie mit Speichelfluß, Schaum- und Blutaustritt, schweißgebadet im Erschöpfungszustand auf dem Boden liegend; oft schwerverständliche Rufe mit veränderter, hysterisch anmutender Stimme, Besessenheit). Verständlich, wenn es da heißt: »Blutige Tränen ergießen sich.« (Hex. 3.6) »Auflösend wie Schweiß sind seine lauten Rufe. Auflösung!« (Hex. 59.5) Und schlußendlich dann: »Er löst sein (durch Ekstase in Wallung geratenes) Blut auf. Weggehen, Sichfernhalten, Hinausgehen ist ohne Makel.« (Hex. 59.6)

Was aber bleibt dem Ekstatiker – nur ein flüchtiges Erlebnis visionärer Schau? Nein, er besitzt fortan ein unbezahlbares Juwel: Es ist das »Ergriffen-worden-Sein«, das unsagbare Wissen um die tiefste Dimension des Seins – Mensch zwischen Himmel und Erde, lebendiger Pfeiler und Brückenbauer zwischen Hüben und Drüben. Des heiligen Ursprungs des Menschen kundig zu sein verpflichtet. Der Ekstatiker hat seine zutiefst heilige »Innere Wahrheit« gefunden: »Er besitzt Wahrheit, die verkettet« (Hex. 61.5) – mit dem Göttlichen und mit dem Wissen um die letzte Realität.

Das Auffahrt-Motiv

Eng verbunden mit dem zum Himmel emporfliegenden Vogel sind in einer Art Motivparallele die Berichte von Pferd und Wagen als Himmelsgespann, mit dem die Schamanin oder der Schamane sich durch die jenseitigen Sphären galoppieren sieht. So heißt es beispielsweise im vierten und siebten der »Neun Gesänge«:

Auf den Wagen will ich mich schwingen, er bringe mich eilends zu ihr. ... Ich gebe den Rossen ein Zeichen und fahre gemächlich dahin. ... Im Mantel von dunklem Gewölk, im Schleier lichter Regenbogen ergreif' ich die Zügel, und gleich jagt mein Wagen empor.*

Die Auffahrt zum Göttlichen geht durch dunkle, regenreiche Gewitterwolken, die Anzeichen der Herabkunft des Gottes aus den höchsten Himmelsregionen, der durch Donnergeräusche seine unmittelbare Nähe ankündigt:

»Es donnert sein Wagen, schwarz ist die Luft rings von Regen.« – »Er schirrt seine Drachendeichsel, reitet auf Donnerrädern, trägt Wolkenbanner...« – »Laut rasselt das Drachengefährt, das er lenkt, hoch droben jagt er hinein in den Himmel.« – »Stoß auf Stoß stürmt der Ostwind, Geisterregen verbreitend.«**

Die Schwierigkeiten und Begleitumstände, die mit dieser Auffahrt verbunden sind, beschreibt das *I Ging* mehrfach. Das beginnt bereits mit den Anfangsschwierigkeiten, die sich auftürmen und den Schamanen an seiner Reiseabsicht hindern: »Schwierigkeiten türmen sich. Pferd und Wagen trennen sich.« (Hex. 3.2) Oder »Dem Wagen springen die Speichen ab« (Hex. 9.3) bzw. »Dem Wagen werden die Achsenlager abgenommen« (Hex. 26.2). Zumindest muß er damit rechnen, daß sein »Wagen nach hinten gezerrt« wird (Hex. 38.3) oder wie in einem Heer »der Wagen etwa Leichen mitführt« (Hex. 7.3). In solchen Lebenssituationen, in denen man sich um einen spirituellen Durchbruch bemüht (»Suche nach Vereinigung – trotz Trennung von Pferd und Wagen«; Hex. 3.4), ist der Mensch vollkommen auf sich alleine gestellt. »Er wandelt einsam und kommt in den Regen. Er wird bespritzt, und man murrt wider ihn.« (Hex. 43.3) Man sieht noch nicht einmal, an welchen Ort einen die Reise führt: »Empordringen im Dunkeln«, und dennoch: »Fördernd ist es, unablässig beharrlich zu sein.« (Hex. 46.6) Schließlich steht man unmittelbar vor der Begegnung mit dem vom Donner begleiteten göttlichen Wesen. Das ist ein durch und durch erschütterndes Erlebnis, das anfangs Furcht erzeugt, dann aber ein aufatmendes Lachen, beim

---

* Waley, 1957, S. 47 u. 69.
** Waley, 1957, S. 88, 69, 55, 87. »Geisterregen« (ling) = ein von Geistern gesandter Regen.

Schamanenauffahrt mit dem Himmelswagen.

Menschen Zeichen einer die Spannung lösenden Erkenntnis, mit
sich bringt: »Fortgesetzter Donner... das Erschüttern kommt:
Hu, Hu! – Lachende Worte: Ha, Ha!« (Hex. 51.U)

In diesen Abläufen liegt ein Schlüssel für die initiatorische
Kraft, die in einer solchen Auffahrt zum Himmel und einer Vereinigung mit dem Göttlichen verborgen ist. Das »Aha«-Erlebnis,
die lachenden Worte zeigen die Umwandlung des Menschen an.
Geistgeschwängert ist er fortan ein »Wissender« – er besitzt von
nun an große Klarheit über das vergängliche Leben, den dauernden Strom des Endens und Anfangens. Kurzum: die Kenntnis
über das Phänomen der *Wandlung* in der Zeit.

Indem der heilige Mensch große Klarheit hat über Ende und
Anfang und die Art, wie die sechs Stufen jede zu ihrer Zeit sich

vollenden, fährt er auf ihnen wie auf sechs Drachen gen Himmel.*

Hier begegnet uns der Weise, der »heilige, klare Mensch«, wie er schon im Anfangshexagramm der Wandlungen beschrieben wurde als »fliegender Drache am Himmel« (Hex. 1.5).

Das Magie-Motiv

Zum breiten Spektrum schamanistischer Fähigkeiten gehört vor allem auch die Gabe des Heilens. Der Schamane besitzt in der Regel die Kraft, in einer Art des Hellsehens, des mediumistischen Schauens, Krankheiten und ihre Ursachen im Körper eines Mitmenschen lokalisieren zu können. Der Krankheitsdämon, der z. B. auf schwarzmagische Weise oder aufgrund eines Fehlverhaltens der betroffenen Person von seinem Opfer Besitz ergriffen hat, muß im Körper oder im nächsten Umfeld des Kranken geortet werden. Erst dann gelingt es dem Schamanen, diesen finsteren Geist aus dem Verborgenen ans Licht zu ziehen, zu vertreiben oder unschädlich zu machen. Hinweise auf die magische Aufspürung und Bannung solcher, dem dunklen Prinzip zugehörenden Kräfte, finden sich auch im *I Ging*: »Er dringt in die linke Bauchhöhle ein. Man erhält das Herz der Verfinsterung...« (Hex. 36.4) »Eindringen unter das Bett. Man benützt Priester und Magier in großer Zahl.« (Hex. 57.2)

Ein mit dem »Himmlischen« verheirateter Schamane kann sich in diesen und ähnlich komplexen Fällen des Wirkens okkulter Kräfte in der Regel auf seine magischen Helfer, seine »Krafttiere«, das *mana*, kurz die Hilfe und den Segen des Göttlichen stützen. Fortune und Fügung sind nur zwei schwache Beschreibungen für diese dem Unsichtbaren entstammenden Phänomene: »Da fällt es einem vom Himmel her zu.« (Hex. 44.5) »Man bekommt großes Glück von seiner Ahnfrau.« (Hex. 35.2) »Vom Himmel her wird er gesegnet, Heil! Nichts, das nicht fördernd ist.« (Hex. 14.6) So stellt sich der *Besitz von Großem* (Hex. 14) in seiner vollen Bedeutung dar, die manchmal so weit gehen kann, daß das Empordringen eines Menschen in die vom Transzendenten geprägten Regio-

---

* *I Ging*, S. 342.

nen des Seins von Anfang an unter eine magisch-fördernde Obhut zu stehen kommt, wie es Hex. 46 andeutet: »Das Empordringen hat erhabenes Gelingen. ... Fürchte dich nicht, ... denn es bringt Segen.« (Hex. 46.K)*

Andere Stellen des *I Ging*-Textes belegen weitere magische Praktiken und Rituale, die eindeutig schamanische Wurzeln haben. Die Abhaltung spezieller Opfer, magische Rituale (»Der König stellt ihn dem Westberg vor«, Hex. 17.6 und 46.4; »der Hohe Ahn züchtigt das Teufelsland.« Hex. 63.3) und die große Bedeutung der Zeremonialtänze und -musik (vgl. Hex. 16.B; 53.6;) sind offensichtlich noch erheblich älteren Traditionen entlehnt, als denen der Dschou-Dynastie. Bemerkungen wie: »Du läßt deine Zauberschildkröte fahren... (Hex. 27.1); Zehn Paar Schildkröten können dem nicht widerstreben.« (Hex. 41.5 u. 42.2) geben diesen Gedanken weitere Nahrung. Magie durchtränkte das Leben aller frühzeitlichen Menschen von der Geburt bis zum Tode. Man darf nicht außer acht lassen, daß die vollkommene Ruhe und Gelassenheit, die große Stille und Unberührtheit der damaligen Landschaft zur Ausbildung visionärer und parapsychisch-okkulter Fähigkeiten besonders dienlich waren. Ohne Zweifel gab es bei den paläochinesischen, hirtennomadischen Völkern, die bei der Ausarbeitung der Frühformen des *I Ging* Pate standen, die verbreitete und selbstverständliche Vorstellung, daß jede Person mit einer Vielfalt von Seelen ausgestattet ist. In magischer Verwandlung kann der Schamane, ebenso wie ein Gott, mit einer oder mehreren seiner Seelen zoomorphe Gestalt annehmen, z. B. zum Falken, Adler, Rentier, Hirsch oder Fasan werden. So schwingt eine solche magische Dimension mit, wenn es heißt: »Er bringt Hilfe mit der Macht eines Pferdes« (Hex. 36.2 und 59.1); oder »Der Fürst schießt nach einem Habicht auf hoher Mauer.« (Hex. 40.6) und »Er schießt einen Fasan. Auf den ersten Pfeil fällt er.« (Hex. 56.5) Zuweilen wird das Motiv der zoomorphen Seele ganz weggelassen, und es heißt nur noch lapidar: »Der Fürst schießt und trifft jenen in der Höhle.« (Hex. 62.5) Manchmal ist die Motivkongruenz mit solchen schamanischen Weltvor-

---

* Auch Richard Wilhelm spricht von einer »aus dem Unsichtbaren stammenden Gunst der Verhältnisse«, von transzendenten und nicht sozialen Ursachen für das erfolgreiche Empordringen; vgl. *I Ging*, S. 551.

stellungen nur noch schwer auszumachen. So ist uns aus dem nordasiatischen Sprachraum der Tungusen eine Tiergeschichte überliefert, die noch in jener Zeit angesiedelt ist, in der die Tiere menschengestaltig waren. Sie beschreibt, wie der von einem Fuchs hintergangene Vogel »Kowschi« versucht, sich an seinem Gegner zu rächen, indem er ihn auf dünnes Eis führt. Dem Vogel selbst konnte das nicht gefährlich werden, weil er schon damals geflügelt war.

Sie liefen weiter, waren aber höchstens einige Dutzend Schritte weitergekommen, als das Eis unter dem Fuchs abbrach, und er im Wasser versank. »Kowschi, Kowschi, hilf mir, ich gehe unter!«, schrie der Fuchs. »Bringe doch eine Stange herbei!« – »Sofort!« Der Kowschitschan eilte ans Ufer und brachte von dort eine lange dünne Stange; nur daß er damit dem Fuchs nicht half, wieder aus dem Wasser herauszukommen, sondern im Gegenteil, den Versinkenden noch weiter hinabstieß. Der Fuchs strampelte und zappelte, aber schließlich wurde er doch müde und sank auf den Grund. Immerhin war er kein solcher Tropf, daß er dabei hätte zugrunde gehen müssen. (...)

Er geht auf dem Grund des Gewässers entlang, bis er zu einem Schwarm Fische gelangt, die in ihm auf Anhieb einen Schamanen erkennen und ihn umgehend für einen akuten Krankheitsfall vereinnahmen wollen.

»Du, Fuchs, bist du nicht ein Schamane? Unsere Mutter ist schwerkrank, und es müßte ein bißchen schamanisiert werden.« – »Jawohl, ich bin ein Schamane, und wenn ihr wollt, kann ich eure Mutter heilen.« – »Bitte, Fuchs, schamanisiere doch, und wir werden uns schon erkenntlich erzeigen, wenn du unsere Mutter wieder gesund machst.« – »Gut«, spricht der Fuchs, »in diesem Falle errichtet einen großen Turu, einen Schamanenbaum, durchschlagt das Eis auf dem See, und stellt den Turu so auf, daß er über das Eis hinausragt.«[*]

Nun, es kam wie es wohl kommen mußte: Der listige Fuchs klettert an seinem Schamanenbaum wieder zurück in die oberirdische Welt, nicht ohne zuvor geschickt und unbemerkt den kranken Fisch verspeist zu haben...

---

[*] Findeisen/Gehrts, 1983, S. 220 f.

In dieser alten Überlieferung findet sich mit dem ins Eis einbrechenden Fuchs eine erstaunliche Motivkongruenz mit einigen *I Ging*-Stellen, die ebenfalls von einem Fuchs berichten, der Gefahr läuft, beim wagemutigen Übergang über trügerisches Eis einzubrechen. Der Text in Hex. 64.U warnt noch: »Wenn aber der kleine Fuchs, wenn er beinahe den Übergang vollendet hat, mit dem Schwanz ins Wasser kommt«, ... dann wäre alles vergebens gewesen. In Hex. 63.1 und Hex. 64.1 ist er bereits mit dem Schwanz ins Wasser gerutscht, und in Hex. 63.6 kommt er gar mit dem Haupt ins Wasser. So haben wir im Vergleich mit der tungusischen Tiergeschichte hier zwar einen etwas veränderten Kontext vorliegen, doch die zum Teil identischen Erzählmotive – Fuchs, Übergang über das Eis, Einbruch ins Wasser – lassen den Schluß zu, daß auch der *I Ging*-Fuchs als magische Verkörperung eines Schamanen angesehen werden kann.

Schamanen-Insignien

Große geistig-symbolische Bedeutung für die magische Kraftentfaltung und für das Erringen der Ekstasefähigkeit kommt der Kleidung und den Ausrüstungsgegenständen der Schamanen zu. Ohne eine bestimmte Tracht und Ausstattung überzustreifen, wird kein Schamane sein Handwerk beginnen. Diese Tracht ist später – bedingt durch die lange Existenz des Schamanismus und durch die verschiedenen Stammestraditionen, sehr variantenreich gewesen. Immer aber stand sie in enger Beziehung mit den Grundkomponenten der schamanischen Kosmogonie. Sie brachte sichtbar zum Ausdruck, daß ihr Träger Flugvermögen und Himmelserfahrung besaß und mit bestimmten Tieren magisch verbunden war. So brachte ein Kostüm aus angebundenen Vogelfedern (Schwalbe, Rabe, Adler) die Beziehung zur mythischen Vogelmutter und zum Seelenflug zum Ausdruck, und ein aufgenähter mehrreihiger Kragenbesatz aus Kaurimuscheln zeigte die große Zauberkraft des Inhabers an.*

---

* Vgl. Abb. 5 in: Weiers, 1986, S. 639. Wie sehr sich Relikte aus dieser Tradition bis in unsere Tage – den meisten unbewußt – gerettet haben, zeigen manche neuzeitlichen Festrituale, in denen befrackte Herren den Ton angeben. Ihre Verkleidung, der Frack – schwarz und weiß mit

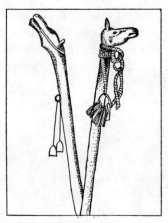

*Schamanenstöcke mit geschnitztem Pferdekopf, Zaumzeug und Steigbü-
gel zum Ritt durch die Sphären.*

In diesem Zusammenhang begegnet uns auch die Wildgans
wieder, das Urbild der zur Liebesvereinigung mit dem Göttlichen
strebenden Schamanin. Wenn die Wildgans die Wolkenhöhen
erreicht und die *hieros gamos*, die heilige Hochzeit, vollzogen hat,
ist es so weit: »Ihre Federn können zum heiligen Tanz verwendet
werden. Heil!« (Hex. 53.6) Mit solchen magisch aufgeladenen
Federn als Schmuck sind tatsächlich über lange Zeitspannen hinweg orgiastisch-rituelle Tänze aufgeführt worden. Noch am Hofe
des in Peking residierenden Kaisers Toghon temür (um 1350), der
sich den Geheimlehren taoistischen Sexualtantras verschrieben
hatte, wurde (ca. 2400 Jahre nach dem Entstehen des Dschou-*I*)
der Wildgänsetanz noch gepflegt:

> Der »Palast der tiefen Klarheit« hatte mehrere hundert Räume.
> Dort drehten sich die Mädchen im Tanz. »Vor dem Kaiser«, so
> erzählt der Zeitgenosse aus dem Jahre 1369, »verkehrten Män-
> ner und Frauen nackt miteinander. Manchmal waren Fürst und
> Untertan unter einer Decke. Manchmal verabredeten sie sich
> und überließen sich gegenseitig die Frauen.« (...) Sechzehn

---

»Schwalbenschwanz«, erinnert lebhaft an die schamanische Vogeltracht
des »Dunkelvogels«, der Himmelsschwalbe. Vgl. Korvin-Krasinski, 1960,
S. 71.

Haremsdamen tanzten für sie den Wildgänsetanz. »Sie ließen das Haar in mehreren Zöpfen vom Kopf fallen und trugen elfenbeinerne Kronen. Am Körper trugen sie Schmuckbänder und tiefrote, mit Gold gesprenkelte Priesterkleider.« (...) Als ihm die zweite Kaiserin Vorhaltungen machte und ihm sagte: »Du bist von der Schar der Wildgänsetänzerinnen betört. Warum schonst du nicht deinen erhabenen Körper«, sagte er nur: »Bin ich der Einzige? Kaiser gab es stets.«*

Das die Magie des Eros stimulierende Wildgans-Federkleid ist jedoch nur ein Beispiel unter vielen Utensilien, die mit ähnlich okkulten Kräften ausgestattet waren. Der aus Holz verfertigte Schamanenstock mit geschnitztem Pferdekopf und daran baumelnden Steigbügeln, auf dem der »Schamanenritt« durch die Lüfte gelingt, wäre ein weiteres Beispiel.

In jedem Fall gehören diverse Amulette und Anhängsel, die zum Schutz und zur Steigerung der ekstatischen Macht unentbehrlich sind, zum Zubehör eines gewappneten Schamanen. Manche tragen eine spezielle Maske vor dem Gesicht, die auf den Reisen in höhere Regionen besondere okkulte Effekte herbeiführen kann. Oft überreich mit kleinen Glöckchen, Metallpfeilen und Miniaturbogen versehen, ist seine »zweite Haut« schließlich gekennzeichnet:

(...) durch viele Stoffstreifen, die Flügel oder aber Schlangen symbolisieren sollen, und durch eine (vielleicht ein umgehängtes Tigerfell ersetzende) besondere Schürze sowie einen Gürtel, an dem mehrere Spiegel hängen, welche einerseits als Schutzschild zur Bannung der Geister, andererseits als »Fenster« in das Reich dieser Geister gedeutet werden.**

Geradezu als schamanisches »Handwerkszeug« schlechthin muß man die Trommel bezeichnen, denn sie steht im engsten Zusammenhang mit der Fähigkeit des Menschen, in Trance zu fallen und zu »fliegen«. Häufig mit zeremonieller, symbolischer Bemalung

---

* Heissig, 1979, S. 56 f.
** Weiers, 1986, S. 114 f.

Mandschu-Schamane. Solonen-Schamane. Beide in stammestypischer Schamanentracht mit schutz- und kraftspendenden Insignien.

versehen, gilt sie als »fliegendes Reittier«[*] des Schamanen. Auf der Suche nach seiner »Inneren Wahrheit« erzeugt er mit ihr die typischen Symptome der Ekstatik: »...bald trommelt er, bald hört er auf. Bald schluchzt er, bald singt er.« (Hex. 61.3)

Ihn, den in allen Welten erfahrenen Schamanen, kann man in der Tat als »Meister der enthusiastischen Weisheit«[**] ansprechen. Ihm standen von nun an besondere Insignien zu. »Der Edle erhält einen Wagen.« (Hex. 23.6), »...man bekommt einen gelben Pfeil« (Hex. 40.2) oder »erhält Metallpfeile«. (Hex. 21.4) Der gelb-goldene Pfeil, auch im alten Griechenland Symbol desjenigen, der

---

[*] Vgl. die astronomischen Bezüge bei Santillana/v. Dechend, 1993, S. 113f. sowie die bestechende Abhandlung zur Schamanentrommel in: Friedrich/Buddruss, 1955, S. 65ff. Heute sind die bei der Anwendung von intensivem Trommeln auftretenden neurophysiologischen und neurochemischen Veränderungen im menschlichen Gehirn genau untersucht; scherzhaft heißt es schon: die Trommel – »das LSD des kleinen Mannes«.

[**] Eliade, 1989, S. 371.

*Schamanentrommel mit ritueller Bemalung. Sie zeigt eine genaue Dar-
stellung der schamanischen Kosmogonie: Untere, mittlere und obere
Etagen des Kosmos spiegeln eigenständige Welten, reich bevölkert mit
den verschiedensten magischen Geisterwesen und Helfertieren. Die
senkrechte Achse (axis mundi) im Zentrum der mittleren Welt bildet den
einzigen Verbindungskanal zur Transzendenz. Durch ekstatisches
Trommeln beflügelt und mit magischem Pfeil ausgestattet, kann der
durch Vogelkopf als flugkundig gekennzeichnete Schamane die Auffahrt
vollziehen.*

von apollinischer (sonnenhafter) Art und Sendung war[*], zeigt die wahre Wesensnatur seines Trägers. Er ist der »Große Mann«, der in vollendeter Tugend mit Wirken und Wollen des Himmels übereinstimmt. Aus der Mythologie dieses »Gelben Pfeils« und seiner Fähigkeit des magischen Flugs leiteten die Stämme spirituell geprägte Prüfungen ab. Man veranstaltete ein Scheibenschießen. Nur die vom Himmel Berufenen, mit göttlichem Mandat betraut, trafen mit ihrem Pfeil die gelbe Mitte. Die Tugendlosen verfehlten das Ziel: ein Gottesurteil![**]

Folgende *I Ging*-Textstelle führt uns zu einer weiteren Insignie des Berufenen oder heiligen Menschen: »Er erlangt seinen Besitz und eine Axt.« (Hex. 56.4; polar zu Hex. 57.6) Wozu braucht ein »*Tönpa – Shenrab – Miwo*«, ein »Verkünder – vorzüglichster Schamane – Mann der Menschheit«[***] eine Axt? Sicher nicht zum Kampf oder zum Feuerholz spalten … Das Motiv der Axt hat kultische Funktion und findet sich seit den ältesten Zeiten als eines der zwölf Symbole eines wahrhaftigen »Himmelssohnes« auf dem Gewande des Kaisers eingestickt, wenn er die großen magischen Riten vollzog. Die bronzene Opferaxt *(fu)* stand nur jenem zu, der die Erleuchtung *(ming)* errungen hatte und zugleich der ist,

> der mit dem geistigen Ohre versteht und zu künden weiß, weil er auf dieser Erde feststeht und seinen himmlischen Auftrag ausübt. Er ist wie eine leuchtende und wärmende »zweite Sonne zwischen Himmel und Erde«.[****]

Das Schriftzeichen für *ming* – Erleuchtung zeigt nach alter Auslegung Sonne und Mond bzw. Auge und Mond (Symbol der »Wahrheit«). Es drückt knapp und klar das Wesentliche aus: *ming* ist das »Schauen der Wahrheit«. Es verändert jeden von Grund auf. Der alte, unwissende Mensch ist gestorben, ein neuer in ihm geboren, und die Ritualaxt in seiner Hand symbolisiert genau dies: »den Tod des unerleuchteten Menschen« (in ihm).[*****]

---

[*]   Eliade, 1989, S. 370.
[**]   Vgl. Forke, 1927b, S. 18.
[***]   Ehrentitel des legendären Urschamanen Tibets, des Gründers der schamanistischen Bön-po-Religion. Vgl. Essen/Thingo, 1989, Bd. II S. 215.
[****] Rousselle, 1962, S. 39f.
[*****] Rousselle, 1962, S. 37; vgl. auch insgesamt dazu S. 36–40.

Folgerungen

Aus welchen Quellen sprudelten die Orakeltexte? Nur eine von mehreren Antworten auf diese zentrale Frage können wir bis hierher geben. Mehrfach ist der Einfluß einer schamanisch geprägten Vorstellungs- und Erfahrungswelt auf die Betextung der 64 *I Ging*-Hexagramme nachweisbar. Die wesentlichsten Indizien für einen schamanistischen Religions- und Lebensbezug schimmern für den aufmerksamen westlichen Leser selbst noch durch die Richard-Wilhelm-Übersetzung der »Wandlungen« hindurch, obwohl dieses *I Ging* mindestens dreimal, wahrscheinlich aber noch häufiger »gefiltert« worden ist:

– Eine einschneidende Überarbeitung und Filterung geht dabei auf das Konto der Dschou-Dynastie, die ja nicht bei Null anfing, sondern schon an Vorläufer des *I Ging* anknüpfen konnte.

– Eine weitere Filterung ergab sich unvermeidlich durch den mehr als zweitausendjährigen Umgang verschiedenster Schulen mit den Texten, nicht zuletzt denen der Konfuzianisten einerseits und der Taoisten andererseits.

– Die zeitlich letzte Filterung geschah schließlich durch den Transfer des chinesischen Originals in eine westliche, indoeuropäisch geprägte Sprachstruktur, was in jedem Fall und unausweichlich eine gewisse Textverfärbung und Sinnbeugung nach sich zog.

Unter diesen Bedingungen ist eine Gewichtung des ursprünglichen schamanistischen Anteils an den *I Ging*-Texten nur behutsam vorzunehmen. Es ist nicht angezeigt, die uns erhalten gebliebenen »Wandlungen der Dschou« als eine Art »Schamanenbuch« zu etikettieren. Wenn man aber die Motivtypologie dieser *I Ging*-Fassung untersucht, so ist es durchaus legitim, von Textprototypen und Motivübernahmen zu sprechen, die eindeutig aus schamanistischen Quellen stammen.

Die Art der Aufteilung der Urteils- und Linientexte auf die 64 Zeichen, die Redaktion und wohl auch Säuberung durch König Wen und den Herzog von Dschou, bzw. wahrscheinlicher wohl durch die von ihnen beauftragten Orakelmeister, ist ein gänzlich neues, schwierig zu belegendes Kapitel der *I Ging*-Editionsgeschichte. Ein unbefangener *I Ging*-Interessent fragt sich doch irgendwann: Wieso eigentlich ist zu jedem der 64 Grundkomplexe und zu jeder der insgesamt 384 einzelnen Hexagrammlinien gerade diese oder jene Textauswahl niedergeschrieben worden? Hätte nicht mit Fug und Recht auch ein anderes Bildmotiv, eine andere Gedankenverbindung oder Sprachmetapher, sagen wir beispielsweise zum Zeichen Hex. 48 *Der Brunnen*, gepaßt? Oder muß es dort unbedingt auf der zweiten Linie heißen: »Am Brunnenloch schießt man Fische. Der Krug ist zerbrochen und rinnt«?

Kann man, überspitzt gesagt, tatsächlich vermuten, daß irgendwann einmal eine Person oder Personengruppe sich hinsetzte und, quasi in einem Anflug dichterischen Schaffens, zu jedem Hexagramm Texte »erfunden« hat?

Das läßt sich wohl kaum behaupten, zieht man allein schon die belegbaren schamanistischen Indizien in Betracht. Sie sind nicht aus purer Willkür über den Textkorpus des *I Ging* verstreut, wohl aber mit großer und bewußter Absicht. Denn die Editionsgeschichte des *I Ging* ist ja zu großen Teilen eine Überlieferungs-Geschichte: eine Geschichte der Überlieferung religiöser Ideen und Erfahrungen. Diese »Kunde vom jenseitigen Land« beruht ganz offensichtlich auf sehr alten, ursprünglich nur mündlichen Traditionen, die ausschließlich dem gesprochenen oder gesungenen Wort vertrauten.

Die beiden vermutlich schon vor dem *Dschou-I* existierenden Wandlungsbücher einmal außer acht lassend, führt die Frage nach der Quelle, Herkunft und Gliederung des *Dschou-I* auch zu einer noch tiefer gehenden Betrachtung. Welche Veränderungen brachte generell die Ausarbeitung, Erweiterung und schriftliche Fixierung von Orakeltexten mit sich? Es ist der einschneidende Schritt von der Aliteralität zur Literalität der Religion und des Kultes in einem Volk. Durch Schriftlichkeit gelingt es, eine Konformität von Kultur und Ritus über beeindruckende Distanzen zu wahren. Denn erst seitdem es ein Set von schriftlich ausgearbeiteten Orakeltexten gab, war es möglich, dieselben Texte über einen riesigen räumlichen und vor allem auch zeitlichen Bereich kontinuierlich zu verwenden. Und es wäre sicher bezeichnend, wenn sich heute noch feststellen ließe, welche das Orakel betreffenden Aspekte nicht der schriftlichen Fixierung anheimgegeben wurden und welche Gründe die Redaktoren damals zu einer solchen Selektion bewegten. Denn:

Es gibt natürlich große Unterschiede zwischen Gesellschaften in der Hinsicht, welche Teile eines Religionssystems schriftlich niedergelegt werden und was weiterhin einzig und allein durch den mündlichen Kanal kommuniziert wird. Die Teile, die der Schrift anvertraut werden, repräsentieren unterschiedliche Ausschnitte einer Totalität, so bei den kaiserlichen Weissagungen im frühen China.*

Welche Totalität, von der das I Ging nur einen, den in die Schriftform gebrachten Ausschnitt wiedergibt, lag als Matrix der Arbeit der Orakelpriester zugrunde?** Es ist die dem menschlichen Erkennen und menschlicher Erkenntnis zugängliche Totalität von *Raum* und *Zeit*, von *Erde* und *Himmel*, von *Materie* und *Energie*. Inmitten dieser Grundkomponenten des Seins entfaltet sich das *Leben*, entwickelt sich der *Mensch*. In das Wirkfeld zwischen Himmel und Erde mitten hineingestellt wie in das Kraftlinienfeld zwischen zwei Magneten verkörpert der Mensch – abgeschnitten und isoliert – ein Nichts. Als Bindeglied in der »Großen Triade« aber verkörpert er das *Ganze*: er wird zu einem Holon, einer Hagalrune, nach oben hin offen (die Vorgänge am Himmel), nach unten hin offen (die Vorgänge auf Erden) und in seiner Leibesmitte das LEBEN (die Synergie aller mikro- und makrokosmischen Prozesse) wie in einem Brennpunkt bündelnd.

So haben sich die Orakelpraktiker bei der Ausarbeitung der Systemik des *I Ging* dem in der Himmel-Erde-Sphäre Erkennbaren ebenso anvertraut wie dem in der »menschlichen Sphäre«

---

* Goody, 1990, S. 77.
** Wohlgemerkt: eine Totalität als Matrix zur Ausdeutung von Omina, also zur *Sinn*-Schöpfung, und nicht nur zur bloßen Text- bzw. Zeichenschöpfung, wie es Fiedeler vorschlägt. Er sieht im *I Ging* nur ein ganzheitliches Funktionsmodell der sprachlichen Semiose: »Die evolutive Logik dieses Modells und seine Begründung in der Fundamentalstruktur des natürlichen Umweltgeschehens auf dem Planeten Erde machen es zu einem zeitlosen Paradigma der Zeichenschöpfung.« (Fiedeler, 1991, S. 120). Aber die Totalität, die hinter der Geburt eines Orakelinstrumentariums wie des *I Ging* steht, ist eine Totalität des *Religiösen*, nicht bloß des Bemühens um Zeichen-, Wort- oder Sprachfindung.

Erkennbaren. Darüber hinaus wandten sie sich dem Erlebbaren in der Sphäre des Numinosen zu, diesseits und jenseits des Hags, jener seltsamen, magischen Scheidewand zwischen profaner und okkulter Welt. Die Betextung der 64 Hexagramme zeigt, daß die Autoren auf mindestens drei Gebieten Kenner waren: auf dem Gebiet

– der ekstatischen Weisheit (Urschamanismus),

– der Erdenkunde (Geomantie) und

– der Himmelskunde (Astrologie/Astronomie).

Sie führten damit eine Tradition weiter, die mindestens bis zu jenem legendären Zwillingspaar zurückreicht, mit dem die Geschichte Chinas und die Entstehungsgeschichte des *I Ging* langsam aus dem Mythos aufzutauchen begann: der zur kultischen Verehrung erhobene, irdische Kulturheroe und erste Orakelmeister Fu-hsi* und seine überirdische, als Göttin verehrte Partnerin Nü-kua.

---

* Eigentlich ein männlicher Zauberer und damit ein Mitglied jener Spezies, die man per se schon als »yin-yang«, also mit Zwillingsnatur begabt, ansah. Vgl. Granet, 1963, S. 210.

Geomantie, Astrologie und *I Ging*

Zwillinge: Himmelskunde, Erdenkunde – Nü-Kua, Fu-Hsi

Nicht nur in China, sondern in vielen frühen Kulturen stehen geheiligte Zwillinge am Anfang von Kult und Kultur. Dahinter steht das alte Weltbild einer Zwillingsgottheit, das die Einsicht verbirgt: Gott ist als Mann und Frau, als Yang- und Yin-Aspekt erkennbar. Davon zeugen die babylonischen Zwillinge Gilgamesch und Enkidu, die mythischen Zwillinge im griechisch-mediterranen Raum (Castor und Pollux ebenso wie Amphion und Zethus aus Theben oder Herakles und Iphikles), die Zwillinge im indischen Rig-Veda sowie die besonderen Rollen, die Zwillingen in vielen indianischen und afrikanischen Kulturen zukamen*, ebenso wie die verborgene Symbolik in den beiden Zwillingssäulen im Tempel Salomons. Sie alle verweisen auf ein Wissen über die Urpolaritäten des Seins, das unsere Vorfahren schon sehr früh erkannten.** Folgerichtig sind diese beiden Zwillingsgeschöpfe mit komplementärem Wesen und mit polaren Charaktereigenschaften bzw. diametral entgegengesetzten Befähigungen oder Abstammungen versehen. Sei es, daß ihre Erzeugung durch einen profanen, sichtbaren und einen spirituellen, unsichtbaren Vaterschaftsfaktor verursacht wurde; sei es, daß der eine Zwilling sterblich, der andere dagegen unsterblich bleibt; sei es, daß einer das dunkle, auf die Nacht bezogene Qualitätsspektrum verkörpert, der andere das lichte, auf den Tag bezogene Spektrum der Weisheit. Letztlich ist in vielen Fällen heute noch nachweisbar, daß die Himmelsvorgänge den Nährboden und Ausgangspunkt der Zwillingsmythologien bildeten. Man sah Sonne und Mond als Zwillingspaar, ebenso wie Abendstern und Morgenstern, die man als oppositionelles Sternenpaar identifizierte.*** Es verwundert nicht, daß Zwillinge oft als »Kinder des Himmels« verehrt wurden.

---

*   Z. B. findet sich bei den nordamerikanischen Irokesen ein Zwillingspaar als Wohltäter und Kulturbringer für die Menschen. Vgl. E. Schwarz, 1990, S. 19f.
**   Vgl. Harris, 1906.
***   Vgl. Harris, 1906, S. 7f.

Das chinesische mythische Zwillingsgespann, das die Bemühungen um kulturelle Entwicklung zu einer ersten legendären Blüte brachte, war den frühen Geschichtsschreibern zufolge Geschwisterpaar und Ehepaar zugleich.* Dieses »erste und geschwisterliche Paar«, der Magier Fu-hsi und seine göttliche Partnerin Nü-kua, trägt bereits alle Insignien der Kennerschaft in den drei, auch bei den späteren *I Ging*-Textgestaltern nachweisbaren Wissensgebieten: Schamanismus – Geomantie – Astrologie.

Man findet die Symbole dieser Kennerschaft auf vielen Abbildungen, die uns von diesem Paar überliefert worden sind. So z. B. auf einem Leichentuch, dem Türpfosten einer Grabkammer oder auf einem steinernen Relief in einem Tempel.**

Fu-hsis Emblem ist der rechte Winkel des Mantikers: »Das Winkelmaß ist das Symbol aller Künste, in erster Linie der heiligen und magischen Künste.«***

Nü-kuas Emblem ist der Zirkel, das Symbol der Himmels- und Sternkundigen.

Beide Embleme sind das Signum für diejenigen Menschen, die das Wissen von RAUM (Erde, rechtwinklig) und ZEIT (Himmel, zirkulär kreisend) errungen haben oder, anders gesagt: das Zeichen derjenigen, die im Raumquadrat und im Zeitkreis ihre Mitte als *axis mundi* zu wahren wissen. Heute wissen wir, daß hinter diesen Symbolen noch mehr steckt: der Ausdruck des linear, analytischen Denkens der linken Großhirnhemisphäre sowie das assoziativ kreisende Denken der rechten Hemisphäre. Linearität und Zirkularität als Signum für die gelungene Integration der beiden Hirnhälften zu einem ganzheitlichen Bewußtsein. Damals jedoch war dieses Bewußtsein Kennzeichen gerade jener Menschen, die die Bewegungsvorgänge und Verwandlungen auf Erden wie im Himmel zu erkennen und zu deuten vermochten: Geomanten und Astrologen.

---

* Vgl. Granet, 1963, S. 273.
** Vgl. z. B. entsprechende Abbildungen in R. Wilhelm, 1926b, S. 54 (auch in Fiedeler, 1976, 1988 bzw. Schönberger, 1981), R. Wilhelm, 1912, Frontispiz sowie Dittrich, 1981, Abb. 67 u. 98.
*** Granet, 1963, S. 273.

Von Sternbildern eingerahmt: Fu-hsi und Nü-kua mit den Insignien von Geomantie und Astrologie. G. de Santillana und H. v. Dechend (1993, Abb. 29) interpretieren die miteinander verdrillten Unterleiber ebenfalls himmelskundlich: »Die verflochtenen, schlangenartigen Körper der beiden Gottheiten deuten – wenn auch in einer uns nicht vertrauten ›Projektion‹ – auf kreisförmige Umlaufbahnen, die einander in regelmäßigen Intervallen schneiden.«

Fu-hsi und Nü-kua – ein »Sternen-Paar«, zwischen Sonne und Mond schwebend.

Die Wandlungen des Himmels verkörpern sich am auffälligsten in den Abläufen am gestirnten Firmament. So haben manche Darstellungen das Emblem Nü-kuas, den Zirkel, gleich durch eine Darstellung von Sonne und Sternen einerseits und dem Mond andererseits ersetzt, zwischen denen das himmlische Paar zu schweben scheint.

Und auch das dritte Emblem – die Flügel oder zwei Vögel als

Fu-hsi und Nü-kua dargestellt mit zwei Vögeln über ihren Köpfen.

Zeichen der ekstatischen Seelenreise in verschiedenen Welten – ist
sehr oft in den Darstellungen des altchinesischen Zwillingspaares
auszumachen.

Während wir auf die oftmals ineinander verschlungen dargestellten, an die Verdrillungen der Doppelhelix erinnernden Unterleiber der beiden noch einzugehen haben, läßt sich vorerst für das
unzertrennliche und zugleich doch gegensätzlich polare Paar festhalten:

Sie sind Stamm-Vater und Stamm-Mutter der Geomantie und
Astrologie, der Zauberkunst und Zukunftsdeutung. Beide Gestalten repräsentieren Urqualitäten, die auch alle Orakelmeister, Zauberer und Mantiker nach ihnen zu erringen suchten. Allen voran
gilt dies für »die Heiligen und Weisen«, von denen es in der
Großen Abhandlung heißt: »Göttlich waren sie, so daß sie die
Zukunft kannten; weise waren sie, so daß sie die Vergangenheit

bewahrten«*. Den *I Ging*-Meistern der frühen Zeit, die Auswahl, Redigierung und schriftliche Fixierung der Hexagrammtexte vornahmen, war es selbstverständliche, unverzichtbare Pflicht, dem von Nü-kua und Fu-hsi gewiesenen Pfad der Weisheit zu folgen und in eigener Person ein dreifaches Emblem der magischen Künste zu erringen:

– die der spirituellen Seele zur Verfügung stehenden Flügel für die Meisterschaft der ekstatischen Reise in allen Welten – den Weg des Schamanen;

– ein das Quadrat der Erde erzeugendes Richt- oder Winkelmaß für die Meisterschaft der Raumerfassung – den Weg des »Wind-Wasser«- (chin.: *Feng-Schui*) Geomanten**;

– einen den Kreis des Himmelsfirmaments erzeugenden Zirkel für die Meisterschaft der Zeiterfassung – den Weg des sternenkundigen Astrologen.

Die Kennerschaft in diesen magischen Künsten hat in der Textgestaltung des *I Ging* eine ganze Reihe von Spuren hinterlassen. Die schamanistischen Indizien im Orakeltext sind uns bereits offenkundig geworden. Lassen sich in den 64 Hexagrammen aber auch ebenso deutlich Indizien für erd- und himmelskundliche Erkenntnisse der *I Ging*-Autoren finden? Diese Frage eröffnet ein sehr komplexes Feld der Zusammenschau von geomantischem und astronomisch-astrologischem Wissen. Im *I Ging* spiegelt sich ein verzweigtes Netz von geomantischen und astrologischen Faktoren bzw. Signaturen. Beide Kategorien, Elemente des *Raum*- und *Zeit*-Wissens, sind neben vielen mit numinos-okkulten Kräften angereicherten Emblemen und Symbolen in die Hexagrammtexte hineinverwoben. Beobachtungen ungewöhnlicher Zeiten (»An den Oberschenkeln ist keine Haut...« Hex. 44.3) und seltener Phänomene in der Natur (»Am normalerweise hellen Mittag die Polsterne sehen...«, Hex. 55.2) runden eine Struktur ab, die zeigt: Alles in der Triade Himmel – Mensch – Erde lebt miteinander in dichtester Wechselwirkung, alles steht mit allem in Zusam-

---

*   Da Dschuan Kap. XI § 2 in: R. Wilhelm, *I Ging* S. 293.
**   Zum Feng-Schui vgl. z. B. Needham, 1984, S. 258 ff.; Skinner, 1983, Eitel, 1983, Dore, 1966, S. 402 ff.

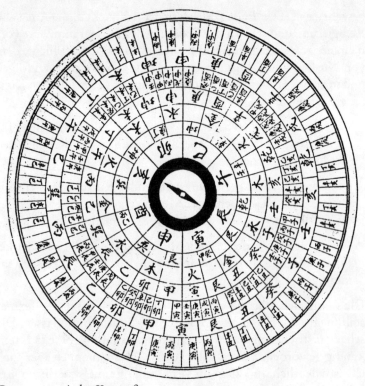

Der geomantische Kompaß.

menhang und alles erscheint dem erd- und himmelskundigen *I Ging*-Meister als potentiell aussagekräftig.

Einen Eindruck von der Fülle der je nach Situation ins Kalkül zu ziehenden Parameter vermitteln uns im Bereich der Geomantik noch heute die – zeitlich viel später als das *I Ging* entstandenen – Modelle der *Feng-Schui*-Kompasse aus bronzenen Platten und Ringen, die konzentrisch um eine Mitte herum angelegt sind. Himmelsplatte und Erdplatte sowie eine Reihe weiterer Ringe (zwischen 7 und 38 Stück!) tragen zahllose Gravierungen, mit Bezug auf Himmelsrichtungen, Trigramme, die fünf Wandlungselemente, die damals bekannten fünf Planeten, die 28 Häuser des Mondlaufs, die sogenannten zehn Himmlischen Stämme und die zwölf Irdischen Zweige, Tierkreiszeichen, bestimmte Fixsternkonstellationen, Kalenderelemente wie der 60er Zyklus, Magnetnadel, Windrose, 24 Sonnenzeitabschnitte und weitere Parameter.

Wir bleiben jedoch bei der Frühzeit des *I Ging* und gehen der Frage nach, wo in den uns überlieferten Texten der »Wandlungen« Gedanken, Bilder und Motive aufzuspüren sind, die aus unmittelbar erd- oder himmelskundlichem Denken entsprungen sein könnten.

Der Große Yü, legendärer Kaiser und Begründer der Hsia-Dynastie (ca. 1800 v. Chr.), wurde durch alle Zeiten für sein heroisches Werk gerühmt, die wilden, sintflutartig wütenden Gewässer Chinas durch Wasserbaumaßnahmen bezwungen zu haben. Yü verkörpert das Urbild eines Geomanten, hier dargestellt mit seiner Insignie, einer Wünschelrute, durch die das Netz der Wasserläufe auch in unterirdisch fließenden Abschnitten verfolgt werden kann.

Zeitzeichen: Wandlungen im Gefüge des Himmels

Wenn die Menschen
nicht mehr die Sterne beschauen,
werden sie vom Himmel fallen.
Altchinesischer Spruch

Es gibt nur wenige *I Ging*-Textstellen, die offen ihren himmelskundlichen Bezug durchscheinen lassen. Da heißt es z. B.: »Der
Mond, der beinahe voll ist.« (Hex. 9.6; 54.5; 61.4) An anderer
Stelle ist von der »untergehenden Sonne« (Hex. 30.3), der »über
die Erde emporsteigenden Sonne« (Hex. 35.B), von der »Sonnwendzeit« (Hex. 24.B), der »Sonne am Mittag« bzw. von den
»Pol- und kleinen Sternen« am Mittag die Rede (Hex. 55.U, 55.2/
3/4). Es wäre zu kurz gegriffen, würde man sich mit diesen
unmittelbar genannten astronomischen Bezügen zufriedengeben.
Die eigentliche Dimension der Himmelskunde für das »Buch der
Wandlungen« findet man im Kommentar zu Hex. 22 sogar direkt
angesprochen: »Wenn man die Form des Himmels betrachtet, so
kann man daraus die Veränderung der Zeiten erforschen.«
(Hex. 22.K) Ein deutlicher Hinweis auf die »Zeiten«-erzeugende
Funktion des auf allen Ebenen (Erde – Erdtrabant – Planeten –
Sonnensystem – Galaxie – Universum) in dauernder Bewegung
agierenden Kosmos, ganz gleich ob wir ihn aus geozentrischem
oder heliozentrischem Blickwinkel betrachten.

Man hat sich immer wieder vor Augen zu halten, daß der gesamte
gestirnte Himmel mit allen seinen Veränderungen und Wandlun-
gen dem Menschen die Totalität der Zeiterfahrung ermöglicht. Das
gilt nicht nur für den Mond, der mit seiner auffälligen Größe am
Nachthimmel und mit seiner zyklisch variierenden Gestalt zu den
allerersten Beobachtungsobjekten gehörte. Das gilt auch für den
Lauf der Sonne, den Lauf der fünf, mit bloßem Auge sichtbaren
Planeten (Merkur, Venus, Mars, Jupiter, Saturn) und den jede
Nacht und mit den Jahreszeiten sich in typischer Weise gliedernden
Fixsternhimmel. Sie alle zeigen Beispiele periodischer, regelmäßi-
ger Abläufe, wie sie deutlicher in der übrigen Natur kaum zu
beobachten sind, so daß man von natürlichen astronomischen
Uhren sprechen kann, die den Menschen des Altertums schon als
verläßliche Anzeiger des Zeitenwandels dienten.

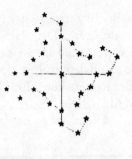

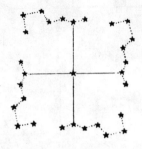

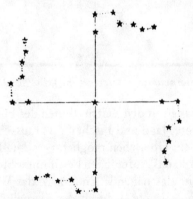

*Astronomische Uhr: Die vier Stellungen des Großen Wagens als Indika-
toren des Jahreszeitenwandels. Die Abbildung illustriert darüber hinaus,
daß die gesamte Polarregion des Himmels für die Menschen der Frühzeit
noch weitaus beeindruckender war, als sie es für uns heute ist. Denn von
oben nach unten dargestellt ist die relative Entfernung der Wagensterne
vom Polarstern um 2770 v. Chr., 1800 v. Chr. sowie im Jahr 2000 n. Chr.*

Die »Himmelsmechanik« ist geradezu der Prototyp der Veränderungen und Umgestaltungen. Der Himmel ist WANDLUNG schlechthin! Die in überwältigend großer Zahl am Firmament sich zeigenden Lichtpunkte sind dem frühen Menschen sehr bald Vorboten und Anzeiger des Kommenden. Er erkennt die Sternenlichter als Keime des Werdens. Der gestirnte, kreisende Himmel – niemals in Stagnation – bildet das Keimplasma, in dem alle Lebensvorgänge wurzeln.*

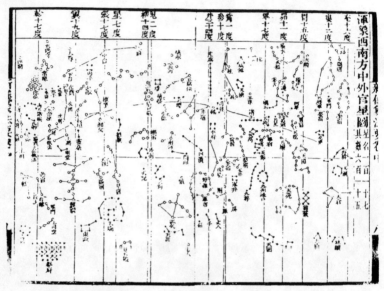

Alte chinesische Sternenkarte, skizziert im Jahre 1092.

Nur im Einklang mit den Zeitrhythmen des Himmels konnten Aussaat und Ernte, Jagd und Fischfang vorausschauend gestaltet werden, so daß ein Überleben möglich war. Die Bahn der Sonne durch die Ekliptik, das Auftauchen bestimmter Sternkonstellationen zeigte bereits das nahende Ende z. B. des Winters oder des Sommers und vermittelte dadurch der Gemeinschaft der Men-

---

* Wissenschaftshistoriker führen heute die Kulturgeschichte der Menschheit, gerade auch die Entstehung des wissenschaftlichen Denkens, auf einen Ursprung zurück, der nicht auf der Erde zu entdecken ist, sondern beim Blick auf den astronomischen Sternenhimmel. Vgl. die beeindruckende Studie *»Die Mühle des Hamlet«* der Professoren Giorgio de Santillana und Hertha von Dechend, 1993.

schen eine Botschaft zu demgemäßen, vorsorgenden Handlungen. Beispiel: Schon im 4. Jahrtausend v. Chr. kannten die Ägypter ein 365tägiges Sonnenjahr und wußten um die besondere Bedeutung des Fixsterns Sirius. Sein Frühaufgang, d. h. sein erstes Auftauchen in der Morgendämmerung nach seiner Unsichtbarkeitsperiode, fiel ursprünglich mit dem Einsetzen des Nilhochwassers zusammen. Die Überschwemmung weiter Landstriche mit dem fruchtbaren, zur natürlichen Düngung so notwendigen Nilschlamm stand unmittelbar bevor. Für Chinas Gelben Fluß gilt Gleichartiges.

Alten Quellen zufolge soll die Geschichte der chinesischen Astronomie bis ins 3. Jahrtausend v. Chr. zurückreichen und besonders die Beobachtung von Mond, zirkumpolaren Fundamentalsternörtern und allen außergewöhnlichen Himmelserscheinungen wie Finsternisse und das Auftreten von Kometen, neuen Sternen oder Supernovae, etc. umfaßt haben. Dabei weiche die altchinesische Sternbilderkunde stark von der babylonischen und abendländischen ab. Aber die chinesische Astrologie im Sinne der Beobachtung *und Deutung* des Himmels ist noch erheblich älter. Bereits der Himmel über dem Menschen der Steinzeit war Gegenstand intensiver Studien und kultischer Verehrung, von der Felszeichnungen, Gestirnsbeobachtungsstätten und Megalithbauten heute noch steinernes Zeugnis ablegen.* Auch in der chinesischen Frühzeit bestand ein Kultus

---

* Vgl. R. Müller, 1985. Auch hier gilt im übrigen ähnliches wie bei den Funden von Nevali Cori. Die weitaus meisten unserer heutigen Zeitgenossen, gerade auch Wissenschaftler, unterschätzen bei weitem den Kenntnis- und Kulturentwicklungsstand der Menschen der Frühzeit. Es hat z. B. Werner Papke (1989) in einer bisher nur von wenigen wahrgenommenen Arbeit das astronomische Wissen der Chaldäer Babylons ausgebreitet und dem Gilgamesch-Epos seine astronomischen Bezüge wiedergegeben. Anhand von wiedergefundenen Aufzeichnungen auf Keilschrift-Tontafeln aus Ninive weist er nach, daß die Chaldäer bereits um 2340 v. Chr. den zwölfteiligen Tierkreis besaßen, also um die Ekliptik, die jährliche Bahn der Sonne, relativ zum Fixsternhimmel wußten. Ebenso um die Präzession des Frühlingspunktes, die Jahreshauptpunkte und vieles mehr. So ist ein umfangreicher Sternenkatalog erhalten, in dem nicht weniger als 66 Sternbilder und Einzelsterne verzeichnet sind und im Anschluß daran für 34 Sternbilder, darunter elf Tierkreisbilder, genaue Daten ihrer Morgenerstaufgänge im Verlauf des Sonnenjahres zu finden sind. Rechnet man die

der Himmelskörper, der Erdformationen, der am Himmel und auf der Erde wirksamen Naturkräfte. So wurden die Sonne, der Mond, die Gestirne, Planeten (wuhsing) und feste Sternbilder (ch'en) verehrt. Man rief sie an und brachte ihnen Opfer. (...) In gleicher Weise wurden auf der Erde die Berge, Flüsse und die atmosphärischen Erscheinungen, Wind, Donner, Regen, verehrt.*

Damals wurden alle diese Dinge nicht als Objekte, sondern als Wesenheiten, als Lebewesen einer nichtmenschlichen Klasse, personifiziert. Es war selbstverständlich, daß man – sozusagen von Person zu Person – in Dialog miteinander treten konnte. Und es war zweifelsfrei, daß alles mit allem bzw. alle mit allen in Beziehung, Beeinflussung und Wechselwirkung standen. Sämtliche Bewegungen und Einflüsse der Bewohner der himmlischen Sphären führen zu entsprechenden Resonanzen in den irdischen und menschlichen Sphären. Fortschritt oder Rückschritt, Wohlwollen oder Mißfallen, Heil oder Unheil – der Himmel verströmt seine Potenzen in stetigem Fluß, dem Fluß der Zeit, gen Erde und Mensch.

Alle mantischen Künste sind Produkt des menschlichen Bemühens, das Zeitliche und das Überzeitliche, das Sich-Wandelnde und das Dauerhafte zu erfassen, damit der Mensch im Reich der Mitte seiner ihm zukommenden Aufgabe gerecht werden könne: der Hege, Pflege und Förderung des *Lebens*, mit der er in seiner eigenen Person zu beginnen hat. Es ist die Idee des »nurturing life concept«**, das auch das *I Ging* in Worte faßt: »So pflegten und

---

astronomischen Angaben nach, so bestätigt sich der Zeitraum 2340 v. Chr. – schon damals also besaßen die Chaldäer eine umfassende und ausgefeilte Uranographie und Kosmologie. Den eigentlichen Erwerb dieses enormen astronomischen Kenntnisstandes muß man daher in noch weit frühere Zeiten zurückverschieben. Aus den chinesischen Bambus-Annalen wissen wir beispielsweise von einer Sonnenfinsternis beim Sternbild Skorpion im Jahre 2155 v. Chr. Europäische Astronomen verifizierten mittlerweile die Angaben: Es ereignete sich tatsächlich am 12. 10. 2155 v. Chr. eine Sonnenfinsternis in China (vgl. Kremsmayer, 1947, S. 7).

* Krause, 1924, S. 30.

** Die Idee, daß das Leben, genauer das CHI (Lebenskraft, -potenz), gefördert und bekräftigt werden muß, um dem TAO, dem Sinn des Weltganzen, mehr und mehr zu entsprechen. In der eigenen Person beginnend,

nährten die alten Könige, reich an Tugend und entsprechend der Zeit, alle Wesen.« (Hex. 25.B) Will heißen:

> So förderten die heiligen Weisen, reich an gesammelter Chi-Kraft und wissend um die sich wandelnden Qualitäten der schöpferisch gebärenden und zyklisch fortschreitenden Zeit, alle Menschen, wie auch alle sonstigen spirituellen wie materiellen Geschöpfe des vom Tao durchdrungenen Universums.

Die Gesellen des Lebens

Die alten Könige verstanden sich nicht als »Gesellen des Todes/ der Zerstörung«, sondern als »Gesellen des Lebens«.* Das tausendfältig verwobene, dynamische Gewebe des Lebens stand im Mittelpunkt ihrer Aufmerksamkeit. Sie sahen sich als Träger eines vom Himmel verliehenen Mandats, welches sie zur Mitarbeit, Obwaltung und Förderung des Schöpfungsganzen verpflichtet. Ihre Mittel zur Kultivierung, Förderung und Nährung der Vitalkräfte und Lebenspotenzen entstammten niemals profanem Denken, sondern besaßen religiösen Wert und numinose Wurzeln, wie z. B.:

– Zelebrierung eines sakralen Opfers (vgl.: »Die Waschung ist geschehen, aber noch nicht die Darbringung. Vertrauensvoll blicken sie zu ihm auf.« Hex. 20.U; »... und er läßt nicht Opferlöffel und Kelch fallen«, Hex. 51.U; »Große Opfer zu bringen schafft Heil.« Hex. 45.U);

– Aufführung heiliger Tänze und Musik (»Ihre Federn zum heiligen Tanz verwenden«; Hex. 53.6; »So machten die alten Könige Musik, ... und brachten sie herrlich dem Höchsten dar...« Hex. 16.U);

– Pflege und Einrichtung geheiligter Orte, an denen man vom Numinosen in besonderer Weise ergriffen werden konnte (»Der König naht seinem Tempel...« Hex. 45.U/59.U; »... die Könige bauten Tempel.« Hex. 59.U; »solche Menschen kön-

---

hatte bereits der Chinese der alten Zeit zahlreiche physische und spirituelle, exoterische und esoterische Methoden der Kultivierung des Chi entwickelt. Vgl. Harper, 1987.

* Vgl. Tao Te King § 50, R. Wilhelm, 1911.

nen... hervortreten und Ahnentempel und Erdaltar bewahren und der Leiter der Opfer sein.« Hex. 51.K);

– Arbeit an sich selbst und an der Entwicklung des persönlichen Schicksals durch das Nähren des eigenen inneren Keims sowie Förderung der eigenen Körper – Seele – Geist – Dreifaltigkeit (»So macht der Edle unter Furcht und Zittern sein Leben recht und erforscht sich selbst.« Hex. 51.B; »So wendet sich der Edle seiner eigenen Person zu und bildet seinen Charakter.« Hex. 39.B; »... hat acht auf seine Worte und ist mäßig im Essen und Trinken.« Hex. 27.B; »... festigt durch Richtigmachung der Stellung das Schicksal.« Hex. 50.B);

– Arbeit an der Verbesserung von Moral und spirituellem Bewußtsein der Mitmenschen (»So rüttelt der Edle die Leute auf und stärkt ihren Geist.« Hex. 18.B; »... betrachtet das Volk und spendet Belehrung.« Hex. 20.B; »... hemmt das Böse und fördert das Gute...« Hex. 14.B; »... zieht sich – notfalls – auf seinen inneren Wert zurück/läßt sich nicht durch Einkünfte ehren.« Hex. 12.B);

– Pflege einer religiös verwurzelten Orakelpraxis, um durch solche mantische Kommunikation das Wollen und Streben des Himmels – den Sinn einer Zeit – restlos zu ergründen (»Ergrunde das Orakel nochmals...« Hex. 8.U; »Beim ersten Orakel gebe ich Auskunft/antworte ich...« Hex. 4.U/K).

Allein der Versuch des Kultivierens und Nährens aller Geschöpfe und Lebensprozesse greift fehl, wenn man nicht zugleich die Meisterschaft über Zirkel und Richtmaß gewinnt: jene Klarheit, die Wirkungsquanten* zu durchschauen, die das Phänomen Wandlung und Dauer in Zeit und Raum konfigurieren. Denn – so heißt es in den Hexagramm-Kommentaren:

»Wenn man die Form des Himmels betrachtet, so kann man daraus die Veränderung der Zeiten erforschen.« (Hex. 22.K)

»Wenn man die Formen der Menschen betrachtet, so kann man die Welt gestalten.« (Hex. 22.K)

---

* Wirkungsquantum: universelle (allgemeine) Naturkonstante mit der Dimension einer »Wirkung«.

(Wenn man die Form der Erde betrachtet, so kann man daraus die Umgestaltungen in den vier Weltgegenden erforschen.)* »Wenn man betrachtet, worin etwas seine Dauer hat, so kann man die Natur von Himmel und Erde und allen Wesen erkennen.« (Hex. 32.K)

Hier zeigt sich das »Buch der Wandlungen« auch als Kind eines uralten Betätigungsfeldes der Menschen – der Chronomantik: die Wissenschaft der Bestimmung günstig und ungünstig wirkender Zeitabschnitte auf dem Zeitpfeil des Lebens. Diese Wissenschaft war das gewichtigste Instrument der alten Kaiser und Könige, um ihr Mandat als »Sohn des Himmels« – also als Kind der Zeit – zu erfüllen. Ihre vornehmste Aufgabe bestand in der Überwachung und Wahrung der Harmonie zwischen Himmel und Erde. Ihr vornehmstes Instrumentarium zu diesem Zweck bestand in der jährlichen Herausgabe des für das ganze Reich gültigen Kalenders, in dem glückliche und unglückliche Tage, Jahreszeitenbeginn und Planetenverhalten, Sonnen- und Mondfinsternisse, Aussaat- und Erntezeiten etc. mit ihren fördernden bzw. Gefahr bringenden Auswirkungen möglichst exakt vorhergesagt wurden.

Herr des Kalenders – Sohn des Himmels – Kind der Zeit

Die Prämissen: Nur im vollständigen Einklang mit den Erfordernissen der Zeit, dem »Gebot der Stunde«, gelingt es Menschen in vollständiger Harmonie mit dem Weltenlauf im *Leben* zu wandeln und ihr Leben entsprechend der Zeit zu wandeln. Kein Wesen hängt empfindlicher – auf Gedeih und Verderb – an der Nabelschnur der gesamtkosmischen Veränderungen als der Mensch. Kalender und Orakel, die Werkzeuge der Chronomantik, bilden die Nabelschnur zwischen dem Himmel als Quell der Zeit und dem Menschen als Kind der Zeiten.

---

* Im Kommentar (*I Ging*, S. 447) fehlt an dieser Stelle eine die Erde betreffende Aussage. Sie ist vermutlich verlorengegangen. Darum in Klammern ein von mir formulierter Satz, der so oder in ähnlicher Form sinngemäß dort gestanden haben muß, um die Trinität Himmel–Mensch–Erde vollständig einzuschließen.

Solche Grundannahmen prägten die Vorstellungswelt der alten Chinesen durch und durch. Ihr Herrscher verkörperte die Mitte des Reiches und die Mitte des zeitlichen Geschehens nur, solange es ihm vorbildlich und stellvertretend für alle Menschen seines Herrschaftsbereiches gelang, den dauernden Einklang mit den sich abzeichnenden und anbahnenden Veränderungen der Zeit zu wahren. Die Glaubwürdigkeit des Herrschers in den Augen seiner Vasallen und Untertanen hing am seidenen Faden der durch ihn autorisierten Zeitangaben, Voraussagen und Kalendervorgaben. Versäumnisse, wie nicht angekündigte Sonnenfinsternisse, falsch gedeutete Vorzeichen am Himmel mit daraus folgenden Mißernten, Naturkatastrophen oder Unruhen im Volk konnten das Ende seiner Regentschaft, ja das Ende der gesamten Herrscherdynastie nach sich ziehen.

So verwundert es nicht, daß auch das *I Ging*, das Buch der Bücher Chinas, auf dem Wandel der Zeitqualitäten fußt und seine Omina (Aussagen wie z. B. Heil und Unheil) nur in Relation zur jeweiligen Entwicklung des herannahenden Zeitgeschehens zur Gänze begreifbar werden.

Welche Zeitfaktoren spielen in den Textkorpus des *I Ging* hinein?

Chronomantische Bezüge im *I Ging*

Zunächst fällt auf, daß der Kommentar zu einer ganzen Reihe von Hexagrammen immer wieder seine Bewertungen der *I Ging*-Orakeltexte ausdrücklich auf die Zeit bzw. auf den Umgang, den der Edle/Fürst/König mit ihr pflegt, Bezug nimmt. Da heißt es als Begründung für günstige Umstände kurz und bündig:

> »... er geht mit der Zeit« (Hex. 14.K/33.K/42.K/62.K); »er trifft in allem die rechte Zeit« (Hex. 4.K); »er versteht die Zeichen der Zeit« (Hex. 3.3); »er richtet sich nach der Zeit des Himmels« (Wen Yen Kom. d.11 im Hex. 1, *I Ging*, S. 353).

Oder es gibt Zeitbezüge, die das Scheitern bzw. die Schwierigkeiten einer Entwicklung erklären und auf diese Weise dem Antwortsuchenden signalisieren, daß er z.B. »außerhalb der Zeit« steht bzw. zu stehen droht:

»Die Zeit verläßt ihn« (Hex. 48.1); »er erschöpft sich mit der Zeit« (Hex. 1.6.K); »man versäumt die höchste Zeit« (Hex. 60.2); »zwei kleine Schüsselchen (nur) entsprechen der Zeit, denn im Mindern und Mehren muß man mit der Zeit zusammengehen« (Hex. 41.K).

Oder die Qualität eines besonders herausragenden Menschen, des sogenannten »Großen Mannes« oder des »Heiligen«, »Berufenen«, wird in Symmetrie und Vergleich mit den natürlichen Zeit-Herrschern gesetzt:

»Der große Mann stimmt in seinem Charakter überein mit Himmel und Erde, in seinem Licht mit Sonne und Mond, in seiner Folgerichtigkeit mit den vier Jahreszeiten« (Wen Yen Kom. d.11 im Hex. 1, *I Ging* S. 353); »Er läßt sie des Himmels göttlichen Weg erblicken, und die vier Jahreszeiten weichen nicht ab von ihrer Regel. So benützt der Heilige den göttlichen Weg, um Belehrung zu spenden, und die ganze Welt fügt sich ihm« (Hex. 20.K); »Sonne und Mond haben den Himmel und können daher dauernd leuchten. Die vier Jahreszeiten verändern und gestalten und können daher dauernd vollenden. Der Berufene bleibt dauernd in seiner Bahn, und die Welt gestaltet sich zur Vollendung um.« (Hex. 32.K)

Schließlich lassen sich noch einige Hexagramme ausmachen, in denen die Kommentatoren die Qualität und den Sinn einer Zeit geradezu preisen, in dem sie urteilen: »groß ist die Zeit…« bzw. »groß fürwahr ist der Sinn der Zeit…«; z. B. der Nachfolge, der Befreiung, der Umwälzung etc.* Doch diese direkt auf die Zeit bezugnehmenden, beigefügten Kommentare stammen bereits aus einer späteren Epoche der *I Ging*-Rezeption, vermutlich aus dem 3.–2. Jh. v. Chr.** Allerdings findet man auch in den *Linien*-Texten oder den *Bild*-Texten zu verschiedenen Hexagrammen direkte, bisweilen auch indirekte chronomantische Bezüge.

Jedem Menschen, der in seinem Herrschaftsbereich – sei es ein ganzes Volk, sei es nur der persönliche, eigenständige Lebenskreis – eine komplette Erneuerung und Umgestaltung zuwege bringen

---

* Dieses Votum findet sich insgesamt bei den folgenden neun Hexagrammen: 16.K; 17.K; 27.K; 28.K; 33.K; 40.K; 44.K; 49.K; 56.K.
** Vgl. Peterson, 1982.

will, jedem solchen »Umwälzer« rät das *I Ging*: »Ordne die Zeitrechnung und mache die Zeiten klar!« (Hex. 49.B) Ein deutlicher Hinweis, daß ich in meinem Leben eine tatsächlich neue Zeit nur anbrechen lassen kann, wenn ich ab dem Datum meiner Umwälzung, meiner Revolution einen neuen Kalender, einen fortan auf den neuen Zeitgeist abgestimmten, klaren Weg durch die Zeit antrete. Dieses Denken geht auf älteste Epochen zurück, in denen jeder Begründer einer neuen Dynastie als Neuordner der Welt verschiedenste Aufgaben zu lösen hatte, um überhaupt als rechtmäßiger neuer Sohn des Himmels, als kosmischer Mandatsträger anerkannt zu werden.* Alle Aufgaben dienten zur Installierung einer neuen, mit der himmlischen Ordnung übereinstimmenden Zeit, und alle sind auch im *I Ging* dokumentiert.

1. Jeder Herrscher muß die alte, aus der Übereinstimmung mit den Zyklen und Rhythmen des Himmels herausgefallene Zeitordnung seines Vorgängers abschaffen, die Verwirrung über die Zeitabläufe klären und einen eigenen, unter neuen Emblemen stehenden Kalender proklamieren.

I Ging: »So ordnet der Edle die Zeitrechnung und macht die Zeiten klar.« (Hex. 49.B); »So teilt und vollendet der Herrscher den (Zeiten-)Lauf von Himmel und Erde...« (Hex. 11.B)

2. Dazu muß er jedoch zunächst die im wörtlichen Sinne »Maß« gebenden Verhältnisse, seien sie mathematisch-konstruktiver oder sozial-mitmenschlicher Art, auf Angemessenheit prüfen und wieder ins rechte Lot bringen. Denn nur wenn er in seiner eigenen Person und in seinem eigenen Wirken das rechte Maß erringt, gelingt es ihm, das Land der Menschen, das Reich der Mitte mit dem von ihm verkörperten rechten, kosmisch begründeten und abgesicherten Maß in Einklang zu bringen.

I Ging: »So wirkt der Edle entwirrend und ordnend.« (Hex. 3.B); »So schafft der Edle Zahl und Maß und untersucht, was Tugend und rechter Wandel ist.« (Hex. 60.B)

3. Durch eine klare Gliederung und Unterscheidung aller Dinge und Wesen sowie aller für das Gemeinwesen existentiellen Ver-

---

* Ein Querschnitt dieser Aufgaben findet sich in den Darstellungen von Granet (1963, S. 238–242), denen ich hier folge.

pflichtungen und Obliegenheiten wird der König zum Garanten einer strikten Trennung zwischen profanen und sakralen Tätigkeiten. Sie ist notwendig, damit fortan Himmel und Erde nicht mehr regellos miteinander in Verbindung treten. Denn nur über den Herrscher, den Fokus und Mittelpunkt der großen Triade *Himmel – Mensch – Erde* und obersten Gebieter des gesamten Kultwesens, kann sich die Berührung von Erde und Himmel in gedeihlicher Weise vollziehen.

I Ging: »So gliedert der Edle die Stämme und unterscheidet die Dinge.« (Hex. 13.B); »So unterscheidet der Edle hoch und niedrig und festigt dadurch den Sinn des Volkes« (Hex. 10.B); »So ist der Edle vorsichtig in der Unterscheidung der Dinge, damit jedes auf seinen Platz kommt.« (Hex. 64.B)

4. Der Herrscher hat die neun Provinzen des Reiches wieder in eine vorbildliche Ordnung zu bringen, damit die Welt erneut in allen vier Himmelsrichtungen bewohnbar, klar und hell wird.

I Ging: »So erleuchtet der große Mann durch Fortsetzung dieser Helle die vier Weltgegenden.« (Hex. 30.B)

5. Danach hat er die Ländereien, Erbteile, Ränge und Ehrentitel sowie die Familiennamen zu verteilen und sich durch folgende Antrittserklärung zu inthronisieren: »Man richte sich nach meiner Tugend! Man weiche nicht ab von meinem Weg!«[*]

I Ging: »Der große Fürst erläßt Befehle, gründet Staaten, belehnt Familien.« (Hex. 7.6); »So haben Könige der Vorzeit die einzelnen Staaten als Lehen vergeben und mit den Lehensfürsten freundlichen Verkehr gepflegt.« (Hex. 8.B); »So wandelt der Edle in dauernder Tugend...« (Hex. 29.B); »So weilt der Edle in würdiger Tugend, um die Sitten zu bessern.« (Hex. 53.B)

6. Mit den nun sich anschließenden kaiserlichen Inspektionsreisen durch die Quadranten seines Reiches gelang es dem Herrscher, die neue Maß- und Kalenderordnung noch in den entferntesten Winkeln der vier Weltgegenden verbindlich zu machen. Gleichzeitig genügt er damit der Verpflichtung des Oberherrn, die Insignien

---

[*] Vgl. Granet, 1963, S. 239.

seiner Anhänger* zu überprüfen und mit den neuen Richtmaßen und Geboten in Einklang zu bringen. Da er seine Besuche den Jahreszeiten, also der Bahn der Sonne durch den Tierkreis entsprechend als Rundreise konzipierte, ahmte er den Lauf der Sonne nach, so daß es ihm gelang, vom Himmel als wahrer Sohn anerkannt zu werden und gleichzeitig die Erde gemäß den Außenpunkten eines riesigen Achsenkreuzes persönlich abgesteckt zu haben.**

I Ging: »So besuchten die alten Könige die Weltgegenden, betrachteten das Volk und spendeten Belehrung.« (Hex. 20.B); »So macht es der Fürst beim Verbreiten seiner Befehle und ihrer Verkündigung an die vier Himmelsgegenden« (Hex. 44.B); »So verbreitet der Edle seine Gebote und wirkt seine Geschäfte.« (Hex. 57.B) Vgl. zu den autorisierenden Insignien: »Kein Makel, wenn du wahrhaftig bist und in der Mitte wandelst und dem Fürsten berichtest mit dem Siegel.« (Hex. 42.3); »Der Mann mit den scharlachroten Kniebinden ...« (Hex. 47.2)

7. Damit war ein neuer Zeitgeist endgültig eingerastet, eine neue Epoche in der Geschichte der Kommunion des Menschen mit Himmel und Erde eröffnet. Im fünften »Quadranten« seines Reiches, der Mitte als Regierungssitz und Hauptstadt, wurde das Haus des Kalenders gebaut. Diese *ming-t'ang*, »Halle des Lichts«, entsprach der Anlage der Außenwelt, mit einem Zentralsaal in der Mitte und vier bzw. acht rundherum gruppierten Sälen, die den Himmelsrichtungen entsprachen. In diesem geweihten Sakralbau, dem heiligen Tempel der Zeit, schritt der Kaiser nun Jahr für Jahr nach dem Vorbild der Sonne seine Bahn ab, indem er, um den Angelpunkt sich drehend, von Zeitabschnitt zu Zeitabschnitt sich in einen anderen Saal begab und dort in ritueller Praxis die jeweilige Jahreszeit, den dazugehörenden Regierungsabschnitt und die damit einhergehenden Opferhandlungen und Tätigkeitsfelder (z. B. Aussaat, Ernte etc.) kultisch eröffnete.***

---

*   Die Dschou-Dynastie z. B. wählte das Feuer-Prinzip, die Farbe Rot und ähnliche Embleme als Insignien ihrer Macht.
**   Vgl. Granet, 1963, S. 240 f.
*** »In der amtlichen Bezeichnung heißt ›ming-t'ang‹ das ›Haus, in dem der Himmelssohn den Kalender erfüllt‹. Dadurch, daß es oben rund ist, ahmt es den Himmel nach, dadurch, daß es unten viereckig ist, die Erde.

I Ging: »Die Sammlung. Gelingen. Der König naht sich seinem Tempel« (Hex. 45.U); »So opferten die alten Könige dem Herrn (Himmel) und bauten Tempel.« (Hex. 59.B)

*

In der Zusammenschau aller dieser Punkte wird schließlich das zugrundeliegende Prinzipiengerüst sichtbar: Der Mensch, besonders als Träger eines himmlischen Mandats, ist Hüter der ZEIT und Obwalter des RAUMS. Das ist eine zutiefst spirituelle, heilige Angelegenheit, denn am Menschen liegt es, ob Himmel und Erde förderlich oder regellos miteinander in Verbindung treten. Für die Entwicklung der Menschheit sind die Folgen daraus schwerwiegend:

Beachtet der Mensch den SINN einer Zeit – die spirituelle, qualitative Seite der Vorzeichen am Firmament –, so entwickelt sich sein rituell verwurzelter Weg vom Naturwesen über ein Kulturwesen zum ganzheitlich-kosmischen Wesen weiter. Das ist die Kosmisierung des Lebens in der Zeit! Der Mensch »schaut die Sterne«, bleibt rückgebunden (*re-ligio*) zum All.

Betrachtet er Zeit aber nur als vulgäres und profanes Phänomen zwischen Geburt und Tod, so verliert er die geistige Dimension der Zeit, wie sie die Chronomantik erschließen hilft. Es bleibt ihm nur die quantifizierbare Dimension, wie sie ein Chronometer erschließt. Diese Verflachung aber führt zur Chaotisierung des Lebens in der Zeit! Der Mensch treibt hektisch durch ein vom SINN losgelöstes Meer von wesenlosen, gleichförmigen Zeitpartikeln, die – physikalisch-technisch durch Atomuhren erzeugt – per Satellit ans Handgelenk gefunkt werden. Ergebnis: Er hat heute »gar keine Zeit mehr« – und das in doppeltem Sinne ...

Denn nur, ›wo Himmel und Erde zusammenpassen, da erst gedeihen die 10 000 Dinge‹ (li-chi). Menschliche Aktivität vermag dem nichts hinzuzutun, sie hat nur aufzumerken, daß alles Ding zur rechten Zeit geschieht, um sich in seiner wesenseigenen Ordnung zu erfüllen. Das alte China kannte daher auch keine Ressortminister der Außen-, Innen-, Finanz- und Kriegspolitik, sondern die Ministerien der Jahreszeiten, des Himmels und der Erde.« Gynz-Rekowski, 1968, S. 253 f.

Wir wissen zwar seit langem, daß zur Zeitwahrnehmung prinzipiell jeder periodische Vorgang geeignet ist. Doch wer ruft sich noch in Erinnerung, daß Periodizität mit Schwingung, Rhythmus und Taktfrequenz zu tun hat? Sie alle sind musikalische Parameter ebenso wie neurologische Gegebenheiten, also Konstituenten unseres Bewußtseins. Hugo Kükelhaus formuliert prägnant:

Leben ist Schwingung!
Aber die meisten Menschen heute glauben,
Leben sei eine Art »Dauer«-Wurst und jeden Tag
schneide man sich ein Stück davon ab!

Demgegenüber erscheint das alte China im Rückblick von heute als ein Land mit einer Hochblüte der Kultivierung und Verehrung der Zeit. Das Jahr war durchzogen mit einer Vielzahl von Festen, Gedenkriten, Bitt- und Opfertagen sowie sonstigen Kultfeiern, die alle dem einen Ziel dienten – der Rhythmisierung des Zeitenlaufs und der bewußten Heiligung des Wechsels und der Wandlung in den Zeitqualitäten. Der Alltag, geprägt durch ein subtiles Zeitbewußtsein, wurde von Woche zu Woche, von Monat zu Monat durch Nachahmen der Entwicklungstendenzen in der Natur mit dem Großen Ganzen harmonisiert. Alltag war tatsächlich noch All-bezogener-Tag. Man praktizierte in einem Wintermonat nur diese, in einem Sommermonat nur jene Tätigkeiten, alles ganz im Geiste einer im Laufe der Jahrhunderte komplex ausdifferenzierten Naturphilosophie, die eine Vielzahl von Parametern berücksichtigte (Mond und Sonne, Yin und Yang, die fünf »Elemente«, die zehn zyklischen Zeichen u. v. m.). Beispiel:

Fünf Maßnahmen, die während der Sommerzeit ergriffen werden müssen, sind: »Auszeichnung und Anstellung hervorragender Männer. Öffnen von alten Häusern und Kellern und Suchen nach Schätzen (Ausdehnen und Öffnen ist Yang). Verbot des Benutzens von Fächern und Strohhüten, des Hochschürzens und Entblößen des Oberkörpers (um das warme Yang-Fluidum nicht auszuschließen...). Spenden an Tugendhafte. Das Stellen von Netzen und Töten von Vögeln ist verboten (denn es würde der heißen Liebe des Yang-Fluidums widerstreiten).*

---

* Forke, 1927b, S. 509.

Zum Vergleich fünf Maßnahmen, die während der Winterzeit vorzunehmen sind: »Sorge für Waisen und Verlassene und für alte Leute. (Der Winter ist die Zeit der Öde und Verlassenheit. Das Jahr ist alt geworden und geht seinem Ende entgegen.) Pflege des Yin, Opfer für die Geister der Verstorbenen. Abrechnungen (denn das Jahr geht zu Ende). Die in Bergen und Flüssen ruhenden Schätze dürfen nicht hervorgeholt werden (denn das Yin ist ein Verbergen, Schließen, kein Öffnen und Hervorkommen). Belohnung derjenigen, welche entlaufene Verbrecher und Räuber fangen. Verbot der Auswanderung und der Aufgabe der Hausgemeinschaft (Yin bedeutet Ruhe).«*

Allein diese beiden Ausschnitte aus einem noch viel differenzierteren chronomantisch geprägten Verhaltenskodex der Naturphilosophen lassen viele *I Ging*-Textstellen in neuem, die Qualität der Zeit betreffenden Licht erscheinen. Unschwer erkennbar ist der Fingerzeig beim *Linien*-Text Hex. 2.1: »Trifft man auf Reif, so naht das feste Eis.« Diese auf den bald beginnenden Winter weisende Botschaft ist aber im Orakelzusammenhang nicht nur vordergründig kalendarisch zu begreifen, sondern emblematisch zu verstehen. Auf alle Embleme, die zur Kategorie »Winter« (= Yin = Norden = der schwarze Krieger = Furcht = Knochen = Wasser = Kälte = Schwein etc.) naturgemäß gehören, muß man sich schon jetzt einstellen. Die Qualität der Zeitentwicklung bringt schon bald ein volles Dominieren der Yin-Kraft – eine Zeit der Ruhe, des Verschließens, der Zurückgezogenheit oder gar Verlassenheit steht vor der Tür. Der Edle ändert seine Kleidung, seine Art der Ernährung, ergreift die oben beschriebenen Tätigkeiten und unterläßt alle Handlungen, die zur Sphäre des Yang gehören. Denn nur einen Abschnitt weiter im Lauf der zyklischen Zeit – und der Edle weiß, was ihm bevorsteht:

Das Eis wird stärker, die Erde fängt (durch intensive Kälte) an zu bersten. Der Nachtvogel singt nicht mehr. Tiger beginnen sich zu paaren. Der Sohn des Himmels hält sich in der großen Hsüan-t'ang (dunkle Halle) auf, fährt im schwarzen Wagen mit eisenschwarzen Pferden und führt die weiße Fahne. Er kleidet

---

* Forke, 1927b, S. 510.

sich in Schwarz, trägt dunkle Jade-Ornamente, ißt Hirse und Ferkel...*

Auch die *I Ging*-Aussage »Zugebundener Sack. Kein Makel; kein Lob.« (Hex. 2.4) löst eine vergleichbare Assoziationskette aus, ist doch Hexagramm 2 die Mutter der Yin-Kraft, der Prototyp des Empfangenden, die Erde schlechthin. Und so wie die Erde in der Zeit des Winters keinesfalls aufgewühlt und aufgebrochen werden darf, damit das Yin-Fluidum nicht ausströmt und Unheil verbreitet, so ist auch in dieser Orakelantwort angezeigt, den Sack, das aufnehmende, sammelnde, bergende Behältnis, im Einklang mit der momentanen Zeitentwicklung tunlichst geschlossen zu halten.

Im »Yüeh-ling«, einem alten naturphilosophischen Buch, finden wir innerhalb der Gebote und Vorschriften für den zweiten Wintermonat die Anweisung: »Wenn jemand auf Bergen, in Wäldern, in Morästen und Sümpfen Kräuter und Früchte sammelt oder wilde Tiere jagt, so sollen ihn die Wächter und Förster durch ihren Rat unterstützen. (Der Winter ist die Zeit des Aufspeicherns und des Tötens, sei es im Kampf, sei es auf der Jagd.)** Das *I Ging* sagt ähnliches in lakonischer Kürze: »Wer den Hirsch jagt ohne Förster, der verirrt sich nur im Wald. Der Edle versteht die Zeichen der Zeit und steht lieber ab.« (Hex. 3.3) Eine solche Jagd entspräche ganz und gar nicht den Regeln und Erfordernissen dieser Zeit; deshalb: »Weitermachen bringt Beschämung!«

Eine weitere ungewöhnlich wirkende Stelle im *I Ging*-Text klärt sich durch Besinnung auf die emblematischen Kategorien bestimmter Zeitqualitäten überraschend auf. In Hex. 25.3 heißt es: »Die Kuh, die von jemandem angebunden war, ist des Wanderers Gewinn, des Bürgers Verlust.« Die Kuh (Symbol des Yin) einfach mitgehen zu lassen scheint doch ein klarer Fall von Diebstahl zu sein, so könnte man vermuten. Doch dies ist ein vorschnelles Urteil. Die Berechtigung zu dieser Handlung leitet sich aus einer Regel ab, die ebenfalls im zweiten Wintermonat ihre Gültigkeit hat:

---

* Forke, 1927b, S. 516.
** Forke, 1927b, S. 517.

»Wenn in diesem Moment die Bauern irgend etwas nicht einge-
heimst, sondern auf den Feldern liegengelassen haben, oder
wenn sie Pferde, Ochsen oder andere Tiere frei umherlaufen
lassen und irgend jemand nimmt sie weg, so wird er nicht zur
Verantwortung gezogen. (Das Einsammeln, Einfangen entspricht dem Wesen des Yin, darf deshalb auch nicht unter Strafe
gestellt werden, selbst wenn es sich als Felddiebstahl darstellt.)«*

Einige Stellen im *I Ging*-Textkorpus machen konkrete Zeitangaben, die in Zusammenhang mit der Gliederung verschieden langer
Zeitzyklen stehen. Da heißt es z. B.:

»Kommt der achte Monat, so gibt's Unheil.« (Hex. 19.U)
Oder: »Am siebten Tage kommt die Wiederkehr.« (Hex.
24.U); »Vor dem Anfangspunkt drei Tage, nach dem Anfangspunkt drei Tage.« (Hex. 18.U/57.5); »Der Edle auf seiner Wan-
derschaft ißt drei Tage nichts.« (Hex. 36.1); »Jage deinen Schätzen nicht nach, nach sieben Tagen bekommst du sie wieder.«
(Hex. 51.2); »...so mag man zehn Tage beisammen sein...«
(Hex. 55.1); »Zehn Jahre, dann verspricht sie sich.« (Hex. 3.2);
»Zehn Jahre ist man nicht mehr imstande anzugreifen.« (Hex.
24.6); »Zehn Jahre handle nicht danach.« (Hex. 27.3); »Drei
Jahre lang sieht man nichts.« (Hex. 47.1/55.6); »Drei Jahre lang
gibt es Belohnungen mit großen Reichen.« (Hex. 64.4)

Alle diese Angaben betreffen natürliche Rhythmen der Wandlung, die auf astronomische Vorgänge Bezug nehmen. So sind
zum Beispiel die genannten »drei Tage« in engem Zusammenhang
mit der besonderen Zeitqualität zu sehen, die der Mond erzeugt,
wenn seine Sichel während der drei Tage des Schwarzmondes
(Neumond) nicht wahrnehmbar ist. Und die Zehn als Zahlenan-
gabe nimmt Bezug auf die zehn zyklischen Zahlenzeichen, die
sogenannten »Zehn Stämme«, deren Wirkkraft mit Hilfe besonderer Symbole ausgedrückt wird.**

---

* Forke, 1927b, S. 517; vgl. ebenso Granet, 1985, S. 33.
** Vgl. zu den zehn zyklischen Zeichen R. Wilhelms Anmerkungen im
I Ging, S. 432, 565 u. 603. Über den Zusammenhang zwischen Zahlen-
spekulationen und Zeiteinteilungen etc. vgl. Granet, 1963; S. 111–226,
279, 338.

Astrologisch geprägte Erzählmotive im *I Ging*

Schriftmuster am Himmel

Die jahrhundertelange Kette der *I Ging*-Kommentatoren, die Vereinnahmung des Buches durch die vielen orthodox-konfuzianistisch geprägten Herrscherdynastien und schließlich der Übersetzer Richard Wilhelm als ein Kind seiner christlichen, sternenfeindlichen Zeit – all diese Faktoren zusammengenommen haben bewirkt, daß von den ursprünglichen astrologischen Bezügen im »Buch der Wandlungen« nur noch Reste lokalisierbar sind. Dabei stand die Astrologie gleich am Anfang der Kulturentwicklung. Die frühen Beobachter des Nachthimmels betrachteten die Sternbilder als göttliche, aber körperlose Personen. Man nannte sie innerhalb der Gattung der himmlischen Geister die »bildhaften Wesen«*, denen genauso kultische Verehrung zukam wie allen übrigen göttlichen Vertretern des gesamten kosmischen Umfeldes des Menschen.

Als projektiver Hintergrund der Schöpfung repräsentieren die Sterne das Ganze, und der Tierkreis – der Weg, dem die Götter bei der Herstellung von Harmonie durch Bewegung folgen – ist der Verlauf des unmittelbar erfolgenden irdischen Schicksals. (...) Dabei kamen die ursprünglichen, intuitiven oder gefühlsmäßigen Inspirationen gerade aus der Beobachtung des Nachthimmels. Das tiefe Verständnis der Welt, durch das die Astrologie mehr ein philosophisches System als nur ein Puzzle von Persönlichkeitstypen wurde, entsprang ihrer täglichen und direkten Verbindung mit dem Kosmos.**

Es ist das Verdienst des Sinologen Frank Fiedeler, in einer komplexen Studie*** das Baugerüst des *I Ging* – angefangen von den Begriffen Yin/Yang über die binären Orakelzeichen, die acht Trigramme und 64 Hexagramme bis zu den sechs Hexagrammplätzen oder den fünf »Elementen« etc. – auf ihre zugrundeliegenden astronomischen Faktoren zurückgeführt zu haben. Die

---

* Schindler, 1918, S. 13.
** Grossinger, 1988, S. 331.
*** Fiedeler, 1988.

schrittweise Ausarbeitung des *I Ging*-Systems, angefangen von den himmelskundlichen Beobachtungen des Fu-hsi bis zu den Neukonfigurationen durch die Dschou-Herrscher hatte von Anfang an ableitende, wurzelhafte Beziehungen zu den Erscheinungsformen des Tag- und Nachthimmels und mit dem gesamten Ensemble von Sonne, Mond, den fünf mit bloßem Auge sichtbaren Planeten und der Fixsternsphäre. Vor allem der Mond in allen seinen täglichen, monatlichen, jährlichen und innerhalb der 19jährigen Meton-Periode* zyklischen Erscheinungsweisen spielt in der Entstehung, in Innenbau und Gliederung des *I Ging* eine herausragende Rolle.

Der Himmel in seiner Gesamtheit, so wie er dem Beobachter von der Erde aus erscheint, schreibt mit seinen periodisch-zyklischen und seinen azyklischen Veränderungen eine Lichterspur, wie ein Schriftmuster mit ganz spezifischen Bedeutungen an das Firmament. Diese Textur, dieser Schriftsatz des Himmels (chin.: *chang*) wird dem Menschen durch Interpretation und Deutung zu einer Botschaft der in der Zeit keimhaft, werdehaft angelegten Entwicklungen. Diese entschlüsselbare und Handlungsorientierung bietende »Lineatur des nächtlichen Firmaments« ist zu bestimmten Zeiten offen zugänglich; man kann sie, in der Rolle des nach Orientierung Suchenden, als heilbringende, segensreiche Richtlinie in sich aufnehmen: »Es kommen Linien. Es naht Segen und Ruhm. Heil!« (Hex. 55.5) Ebenso gibt es Zeiten, in denen der Himmel seine Lichtersprache bedeckt. Der Blick in das kosmische Schriftmuster, also ein Betrachten der »Zeitzeichen« und Entwicklungslinien des Zukünftigen, bleibt verwehrt: »Verborgene Linien; man vermag (dennoch) beharrlich zu bleiben.« (Hex. 2.3) Und ein weiteres Mal tauchen die Linien des Himmels im *I Ging*-Text auf. »Mit Weidenblättern bedeckte Melone: verborgene Linien.« (Hex. 44.5) In diesem Beispiel sind sowohl sexuelle, als auch astrologische Komponenten erhalten. Das Bild der Melone ist ein Symbol des Weiblichen und bezieht sich auf die eine Frau (unterste Yin-Linie Hex. 44), die fünf Männern (die Yang-Linien

---

* Die Umlaufzeit des Mondes kann verschieden definiert werden (siderisch/synodisch). Der knapp 19jährige metonische Zyklus (18,61 tropische Jahre) enthält als Wiederholungsperiode sämtliche Mond-Erscheinungsbilder.

2–6 im Hex. 44) verführerisch entgegenkommt. Der Herrscher (5. Linie), der als Sohn des Himmels den ganzen Kosmos nachahmt, also bestrebt ist, die (Richt-)Linien des Himmels in seiner eigenen Person zu verinnerlichen, kann nicht einfach durch einen spontanen Eingriff die Melone aufbrechen, das Weibliche entjungfern*; das wäre eine Vergewaltigung, eine regellose Verbindung des Yang mit dem Yin, des Himmels mit der Erde etc. Im Gegenteil, beide Seiten müssen sich in Enthaltsamkeit üben: Yin – die große Frucht** – bleibt bedeckt; Yang – die Bilder des Himmels – bleiben dem Auge des Herrschers verborgen. Die weitere Entwicklung gerät für die Beteiligten in den Zustand der Unvorhersagbarkeit. Da muß man dem Reifeprozeß, dem Füreinanderbestimmt-Sein »blind« vertrauen, sich ganz in die Obhut der Fügung geben, so daß es am Ende heißt: »Da fällt es einem vom Himmel herunter zu.« (Hex. 44.5)

Sternbilder – Motivbilder

Eine Reihe von Motivbildern und Symbolen, die die *I Ging*-Verfasser bei der Formulierung der Orakelantworten benutzt haben, lassen – meist nur noch indirekt – Bezüge zu bestimmten Sternbildern erkennen. Sie wurden herangezogen, weil sie ganz offensichtlich konkrete Auswirkungen, Einflüsse und Qualitäten auf die Menschen und ihre natürliche Lebenssphäre vermitteln oder weil sie emblematisch und vorbildhaft die Eigenschaften und Verhaltensweisen demonstrieren, die auch der Edle, der König oder der Sohn des Himmels als die ihm gemäße, wahre Natur anerkennt. Von den Himmelsreisen der Schamanen wissen wir, daß sie auf ihren von Donner begleiteten Wagenfahrten gen Himmel stürmten. Dort »ziehe ich die Schöpfkelle her und schenke

---

* Schon in altchinesischen Liebesgeschichten taucht das Bild der »gebrochenen Melone« als Symbol der Entjungferung auf. Vgl. F. Kuhn, o. J. S. 57, über das Blumenhof-(= Freuden-)Mädchen Tu: »Seit ihrem 13. Lebensjahr war die schöne Tu eine gebrochene Melone…«

** Vgl. parallel Hex. 23.6: »Eine große Frucht ist noch ungegessen da.« Die Yin-Yang-Symbolik zeigte sich später noch in den Tischsitten am Hof des Fürsten (Yang): »Wenn der Herrscher eine Melone aß, so wurde sie halbiert und mit einer Serviette bedeckt…« (Und damit das Yin-Sinnbild vor den Blicken des Yang-Vertreters verborgen), Granet, 1985, S. 165.

mir Kassiawein ein«, heißt es in einem der alten Schamangesänge.* Der goldene Kassiawein aber stammt vom Kassiabaum auf dem Mond und enthält das Unsterblichkeitselixier.** Und die Schöpfkelle ist nichts anderes als der Name von vier Sternen im Großen Bären. Sie erinnert in diesem Zusammenhang an Hex. 51, *Das Erregende, der Donner*, wo es heißt, daß der Herrscher trotz atemberaubender Erschütterungen und tosender Donnerschläge um ihn herum den Opferlöffel nicht aus der Hand gleiten läßt. Der chinesische Historiograph Sima Qian schreibt über das Sternbild des Großen Bären (der Scheffel/die Schöpfkelle), dessen sieben Sterne den Sieben Himmelsherrschern entsprechen:

(es) ist der Wagen des Herrschers; *er bewegt sich im Mittelpunkt*; er herrscht über die Vier Himmelsrichtungen; er scheidet das Yin und das Yang; er bestimmt die Vier Jahreszeiten; er bringt die Fünf Wandlungsphasen ins Gleichgewicht; er läßt die Einteilungen der Zeit und die Grade (des Himmels und des Raumes) sich drehen; *er bestimmt die verschiedenen Berechnungen.****

Das Sternbild der Schöpfkelle bewegt sich zirkumpolar, also um den Himmelspol als den Sitz des Obersten Herrschers, dem es durch Erzeugung und Gliederung aller Zeitkonstituenten und Zeitqualitäten zu Diensten ist. Genau dieses Beziehungsverhältnis zwischen himmlischem Herrscher und himmlischem Schöpflöffel ahmt das *I Ging* nach, wenn es bestimmt, daß nur derjenige »hervortreten mag und Ahnentempel und Erdaltar bewahren und der Leiter der Opfer sein (kann), der *(aufgrund zentraler Stellung und damit absoluter Unerschütterlichkeit)* nicht Opferlöffel und Kelch fallen läßt«. (Hex. 51.K) Er sei »Verwalter der heiligen Geräte« (Hex. 51.RF) und damit Herr der Zeit und Sohn des Himmels.**** Wer diese Kraft nicht besitzt, kann keinen kaiser-

---

* Waley, 1957, S. 68 f.
** Dittrich, 1981, S. 19 f.
*** Zit. nach Granet, 1963, S. 355, Anm. 51.
**** Während der Opferlöffel dem Sternbild »Scheffel« nachgebildet ist, dürfte der Kelch lunare Bezüge haben, ist doch der Mond der andere dominierende Faktor am Nachthimmel, der die Zeitenläufe prägt und strukturiert.

lichen Thron besteigen; chin.: *teng chi* – »zum First (Pol) emporsteigen«.

Der verschlüsselte Korb

In alter Zeit kannten die Chinesen eine Konstellation von Sternen,
die sie »*fu k'uang*« – Korbträgerin nannten.* Diese Konstellation
korrespondiert mit einer Anzahl von Sternen aus dem ebenfalls
zirkumpolaren Sternbild Drache. Die Korbträgerin hatte der
Überlieferung zufolge unmittelbaren Einfluß auf alle weiblichen
Tätigkeiten und Funktionsbereiche, besonders z. B. auf das Gebiet der Seidenraupenzucht. Ihr Korb wurde in den Mythen und
Legenden als ein besonderer Behälter für alle magischen Schätze
dargestellt, die der Sphäre der Frauen zugehörig sind. (Himmels-
schwalben z. B. legten darin magische Eier ab, von deren Genuß
durch göttliche Zauberkraft Frauen schwanger wurden und
schließlich vom Himmel ausgezeichnete Kinder gebaren.)

K'uang ist ein Begriff, der auch im *I Ging* anzutreffen ist. Er
bezeichnet einen Korb bzw. ein Behältnis mit ganz speziellen
Attributen. Er ist von quadratischer Form (Yin), ohne Deckel
(empfangsbereit) und war ursprünglich zum Einsammeln bzw.
Servieren von Maulbeerbaum-Blättern, Früchten oder sonstigen
Nahrungsmitteln gedacht. In Hex. 54.6 heißt es jedoch ausdrücklich: »Die Frau hält den Korb, aber es sind keine Früchte darin
(Der Mann sticht das Schaf, aber es fließt kein Blut).« Die Aussage
läßt sich verdichten: Korbhalterin – ohne Frucht. Sie wird ver-
ständlicher, wenn man *k'uang* / das aufnahmebereite weibliche
Gefäß einerseits als Emblem der zugehörigen Sternkonstellation
am Himmel begreift und andererseits um die sexuelle Symbolik
weiß, die den Ausdruck seit ältester Zeit begleitet.** Sie spielt auf
die weibliche Anatomie an: das »aufnahmebereite Gefäß« meint
das weibliche Becken in seiner Funktion, die aus der Vereinigung
von Mann und Frau erwachsende Frucht in sich zu bergen. Dem

---

* Vgl. dazu und zu allen folgenden Angaben in diesem Abschnitt Harper,
1987, S. 570–74.

** »Given the overall significance of the ›Kuei mei‹ hexagramm, there is
clearly a sexual connotation when the term ›ch'eng k'uang‹ is used in the
mantic statement for the uppermost line of the hexagramm: Woman –
receiving canister is without fruit.« Harper, 1987, S. 573.

Zeitenlauf gemäß, wie es das zugehörige zirkumpolare Sternbild in seiner momentanen Bewegungsweise signalisiert, ist eine heilige Hochzeit, die »das Heiratende Mädchen« (Hex. 54) eigentlich sucht, nicht möglich. So bietet das zur Heirat bereite Mädchen zwar ihr weibliches Gefäß dar, aber es entsteht keine Frucht darin. So sticht (penetriert) der Mann zwar das Schaf (= Trigramm *Dui* – die jüngste Tochter), aber es fließt kein (die Entjungferung dokumentierendes) Blut.*

Auch in den beiden anderen *I Ging*-Textstellen, in denen von einem aufnehmenden Gefäß die Rede ist, lag ein astrologisch-sexuelles Bezugssystem der Textaussage zugrunde. Wenn es heißt: »Im Behälter ist ein Fisch (Hex. 44.2) bzw. »ist kein Fisch« (Hex. 44.4), so deutet auch diese Stelle auf die von der Qualität der Zeit und ihren Zyklen abhängigen sexuellen Verhaltensweisen zwischen Yin und Yang, Frau und Mann. »Wenn das Sternbild ›Fisch‹ am Firmament sichtbar wird, zeigt dies an, daß die Zeit von ›Wolken und Regen‹, d. h. des Geschlechtsverkehrs, verpaßt ist (nämlich vom Kaiser).«** Der »Fisch-Behälter« taucht im übrigen parallel zum *I Ging* im ebenfalls sehr alten *Shi-king*, dem Buch der Lieder, auf. Er ist dort das Leitmotiv in dem Gedicht *»pi kou«* – Zerbrochener Fischfang-Korb.***

---

* Blut gilt im Gegensatz zum Atem/Yang als Emblem des Yin-Prinzips. Das Schaf ist das Argali-Wildschaf und taucht schon auf frühen Bronze-Kultgefäßen als Emblem des Abendsterns (Venus) auf. Auch in diesem Symbol sind weiblich-astrologische Bezüge und sexuelle Bedeutungen im Verhältnis Yin-Yang gegeben. Vgl. die entsprechenden Symbolanalysen von C. Hentze, 1960, S. 40 ff.

** Eberhard, 1987, S. 85; dort auch der Hinweis: »›Fisch und Wasser kommen zusammen‹, bedeutet ebenfalls Geschlechtsverkehr, und von einem glücklichen Ehepaar sagt man, ›sie haben die Freuden von Fisch und Wasser‹. (...) Schon im alten China hatte das Wort Fisch den Nebensinn von Penis...«

*** »In ›Pi kou‹ (Broken fish-basket), for example, the basket used to trap fish becomes a metaphor for the female while the fish which swim into the basket represents the male.« Harper, 1987, S. 572. Über den Zusammenhang zwischen Fisch, Swastika und weiblichem Genital vgl. Loewenstein, 1965, S. 12.

Das Große Wasser

Nicht jeder Frühzeit-Chinese besaß das Talent und die Möglichkeit, sich in den schon recht differenzierten Aspekten der astronomisch-astrologischen Himmelskunde zu qualifizieren. Das Detailwissen wurde von einer eigenen Berufsgruppe gehütet und nur am Hofe des Herrschers praktiziert. Die Gilde der Astrologen benutzte zum Zeichen ihrer Himmelskundigkeit, ähnlich den Schamanen, ganz bestimmte Insignien. Zum speziellen Symbol und zum rituellen Ausdruck der Kennerschaft in den himmelskundlichen Weisheiten wählten sie den Eisvogel. Am Hofe wurde bei besonderen Zeremonien ein magisch-beschwörender Eisvogeltanz zelebriert. Die Gildemitglieder trugen eine Kappe aus Eisvogelfedern und zeigten damit ihre Beherrschung und ihr Verständnis der »Sprache des Himmels«. Und auch in den schamanischen Gesängen ist die Rede vom Banner und den Schwingen des Eisvogels:

> Das Wagenverdeck aus Pfauenfedern, die Banner aus Eisvogelflaum – so fährt er hinan zu den Neun Himmeln, handhabt den Rutenstern... / Ein Geisterdiener (d. h. der Schamane) gewandt und schön – schwebt leise auf Eisvogelschwingen...*

Die Ritualbedeutung des Eisvogels hielt sich über mehrere Jahrtausende. Noch im Grab des Kaisers Wan-li (1573–1619) und seiner Gemahlinnen fanden sich zwei Kronen der Kaiserinnen aus blauen Eisvogelfederchen und Perlengehänge.** Doch wie kommt gerade der Eisvogel zu solchen astrologisch-magischen Ehren? Er zeichnet sich durch zwei Vortrefflichkeiten aus, die sich paßgenau in das frühe Weltbild der Himmelskundler fügen:

Er ist fähig, sich in die Lüfte emporzuschwingen und versinnbildlicht damit das bereits angesprochene schamanische Motiv des Seelenfluges.
Er ist aber außerdem befähigt, sich mutig in die Fluten eines jeglichen Wassers zu stürzen. Er durchquert es auf der Jagd nach kleinen, silbrig glänzenden Fischen, um sich anschließend

---

*   Waley, 1957, S. 64 u. 69. (Rutenstern = ein Komet, den die Götter zum Auskehren des Bösen verwenden.)

** Dittrich, 1981, S. 19.

wie von kleinen Sternen glitzernd im funkelnd-nassen Federkleid zu präsentieren.

So symbolisiert er nicht nur die in der Ekstase zur Himmelsauffahrt befreite Seele. Er ist zugleich auch der fliegende (magische) Vogel, der pfeilschnell eintaucht in den Himmelsteich, in den auch Sonne, Mond und Sterne zu Zeiten der beiden Dämmerungen eintauchen und baden, bis der Tag-/Nachtwechsel von neuem anhebt.* Denn den ältesten Quellen zufolge verstanden die Menschen damals das Universum um sie herum als einen doppelgestaltigen und doppelgeschlechtlichen Weltorganismus, der sich in eine trockene Tagseite und eine wäßrige Nachtseite aufgliederte. Leben existierte für sie als ein symbiotisches Wechselspiel zwischen dem mit Wasser angefüllten Bereich der Unterwelt und dem Bereich der Oberwelt, die sich durch die über das Meer der Unterwelt herausragenden abgetrockneten Landmassen (den »Weltenberg«) auszeichnete. So zeigen die beiden mythischen Doppelwesen *Nü-kua* und *Fu-hsi* einen »trockenen«, tagbezogenen menschlichen Oberkörper und einen spiralig verdrillten, reptilien- bzw. schlangenförmigen Unterleib, der sich auf die Herkunft allen Lebens aus dem Wasser der Nachtwelt bezieht. (Eine deutliche Parallele zur Doppelhelixstruktur des genetischen Codes und dessen Entwickung aus der wäßrigen Ursuppe in der erdgeschichtlichen Urzeit, sowie ein Bezug auf die anatomischen Urtümlichkeiten der menschlichen Gestalt.**

---

* Vgl. Münke, 1976, S. 280: »Ch'ang Hi, Mutter der 12 Monde, badet ihre Kinder im westlichen Meer – Hi Ho wäscht ihre 10 Sonnenkinder fern im östlichen Meer.« Ebenso heißt es, »daß die Sonne im Nachtsee gebadet wird, um bei Tag wieder schön blank zu leuchten«, Fiedeler, 1988, S. 63.

** Fritsche (1984, S. 158f.) dazu: »Bis zur Lendenregion entspricht der Bau des Menschen deutlich dem vierfüßiger Tiere, weist er *molch- und reptilhafte* Züge von großer Urtümlichkeit auf und gehört, was die anatomischen Beckenverhältnisse betrifft, stammesgeschichtlich in die fernste Frühzeit der Säugetiere. Daß die Gebärmutter beim Menschen horizontal im Becken liegt – anteflektiert, nach vorn geneigt –, entspricht der Vierfüßerhaltung des menschlichen Beckens und stellt zugleich eins der vielen urtümlichen Merkmale des menschlichen Leibes dar, der im stammesgeschichtlichen Sinne nicht ein spätzeitlicher Spezialistenleib, sondern Kinderleib ist. Die Beckenregion ist noch nicht eigentlich menschlich. Der Mensch als das senkrecht in der Schöpfung stehende Wesen beginnt erst

Mit jedem Einbruch der Dunkelheit aber stiegen die Fluten der Unterwelt an. Der gestirnte Nachthimmel wurde zur glitzernden Wasserfläche, in die der Mensch, in mythischer Verwandlung, als Eisvogel eintauchen und auf diese Weise von den Omen des Firmaments Kenntnis erhalten konnte. Folgerichtig trug z. B. das lange Zeit neben dem *I Ging* existierende Orakelbuch *Hai-chung hsing-chan* den Titel: »Sternomina aus der Mitte des Meeres«.* Und ebenso folgerichtig trug diese riesige, mit Sternen übersäte nächtliche Wasserfläche den Namen *ta-ch'uan* – »der Große Strom« bzw. in der Übersetzung R. Wilhelms »das Große Wasser«.

»Das Große Wasser durchqueren« – Dieses Motiv, das an insgesamt zwölf Textstellen im *I Ging* zu finden ist**, zeigt sich vor dem Hintergrund des alten astrologisch-mythisch geprägten Weltbildes plötzlich in seiner ganzen Bandbreite. Es gilt die Dimension der trockenen, taghellen Oberwelt zu ergänzen mit der Erfahrungsdimension der wäßrigen, dunklen Nachtwelt, um eine ganzheitliche Betrachtungsweise der Situation zu gewinnen. Die Zeit und die momentane persönliche Lage in diesem sich entwickelnden Zeitmoment erfordern ein Einsetzen des rationalen Tagbewußtseins (Sonne; neurologisch: linke Hirnhemisphäre) ebenso wie ein Verwenden des intuitiv visionären Nachtbewußtseins (Mond + Sterne; rechte Hemisphäre), denn nur aus der Nachtseite der Wirklichkeit heraus sprechen die Götter und himmlischen Wesen, spricht der SINN.

Im Laufe der geschichtlichen Entwicklung reduzierte sich der Topos vom »Großen Wasser« schrittweise auf einen immer enger begrenzten Zirkel und auf eine immer schmalere kultisch-rituelle Bedeutung. Der große Strom am Firmament wurde zum Paten des »großen Wassers«, mit dem der Flußlauf in gewissen kleinen Tälern bezeichnet wurde, der dort eine heilige Grenze zum Heiligen Hain am anderen Ufer bildete. Dieser numinose Ort, oft ein Maulbeerwäldchen, Wiesen und blühende Hänge umfassend, war traditionelle Feststätte für die Feier der jährlichen Frühlingsfreu-

---

oberhalb des Beckens.« (So, wie es alle Abbildungen von Fu-hsi und Nü-kua zeigen!)
* Vgl. Eberhard, 1942 a, S. 206 f.
** Vgl. Hex. 5.U, 6.U, 13.U, 15.1, 18.U, 27.5, 27.6, 42.U, 59.U, 61.U, 64.3.

Bemalung einer Totenurne aus Samarra/Mesopotamien (um 4000 v. Chr.); ein eindrücklicher Beweis für die weite Verbreitung und das erhebliche Alter der Vorstellungen vom Großen Wasser am Firmament. Um die Polarsternregion, dargestellt als Swastika (= Hakenkreuz, das Symbol der vier Stellungen des Großen Wagens zur Zeit der Sonnenwenden bzw. Tagundnachtgleichen), vollzieht sich jährlich eine komplette Revolution des wäßrigen Universums um die trockene Erde. Acht Fische umschwimmen die Himmelstiefe, den Zentralpunkt des Firmaments; Vögel als geflügelte Torhüter der vier Jahreszeiten bieten je einen Fisch als Gabe der Fruchtbarkeit spendenden Swastika an.

denriten, in denen die zur Zeit der Tagundnachtgleiche vollzogenen Wettspiele zwischen den Geschlechtern, Sauf- und Freßgelage, ekstatische Gesänge und Tänze sowie als Höhepunkt die kollektiven Hochzeiten der Jugend im Zentrum standen.*

Später reduzierte sich die Widerspiegelung des Großen Stromes noch weiter. Er wurde in der kreisrunden Wasserfläche nachgeahmt, in deren Mitte man den Erdtempel mit dem quadratischen Erdaltar hineinbaute. Vier Brücken, die exakt nach den Himmelsrichtungen ausgerichtet waren, überspannten dieses »Große Wasser« und ermöglichten es dem Kaiser, in das Zentral-

---

* »Zu den wichtigsten Handlungen der Frühlingsfeste gehörte es, daß Männer und Frauen halb bekleidet durch die Flüsse wateten, um sich in den Feldern auf der anderen Seite zu vereinigen.« Granet, 1985, S. 37.

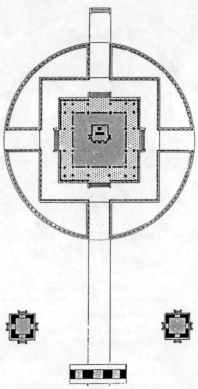

*Grundrißbeispiel; Quadratischer Tempel im kreisrunden »Großen Was-
ser«.*

gebäude dieser Tempelanlage einzutreten, zu opfern und das ver-
wandtschaftliche Band mit den Seelen seiner Ahnen im Kult zu
pflegen.

Trotz aller historisch bedingten Ableitungen zeigt sich noch immer die ursprünglich astrologisch verwurzelte Essenz im Motiv
des Großen Wassers. Es ist in jedem Fall das Verlassen des profanen Alltagsbereichs und das Überschreiten einer heiligen Grenze,
die durch dieses Wasser markiert wird. Man taucht aus dem
Bereich des Sichtbaren, Alltäglichen in eine Sphäre des unsichtbar
Wirkenden, des heiligen, von Ahnen und Geistern bewohnten
Bezirkes ein. Durch diesen Schritt gleicht man dem viergesichti-
gen Mond, dem Vermittler und Botschafter zweier Welten: des
nächtlichen Sternenmeer-Reiches und der von der kulminieren-
den Sonne lichtdurchfluteten Tagwelt:

Die regulierende Vermittlung zwischen Oberwelt und Unterwelt wird dabei im Erscheinungswandel des Mondes gesehen.
Der Mond wandert hin und her zwischen den Wassern der
Unterwelt und der Höhe des Sonnenortes, dem Gipfelpunkt
des mythischen Weltbildes, dem Sitz des Sonnengottes Shang-ti
»Oberster Kaiser« oder Huang-ti »Gelber Kaiser«, der später
als t'ai-chi »Absoluter Höhepunkt« zum philosophischen Begriff wurde.*

Diese Wanderung des Mondes, diese regulierende Verbindung
zwischen Oberwelt und Unterwelt schließt zugleich den Kreis zu
den Praktiken des frühen Schamanismus. Die Schamanin sieht
sich vollständig in der Tradition des Mondes. Auch sie wandert
zwischen Diesseits und Jenseits, Tag- und Nachtwelt und stellt
dabei die regulierende Verbindung her. An zahlreichen Schama-
nenkleidern oder -stöcken finden sich in Miniaturausgabe die
Insignien für die Reise durch das Große Wasser: ein kleines,
flaches Boot und zwei passende Ruder.** Ja, die Schamanentrommel selbst wurde für manche Stämme zum Symbol des Bootes,
denn nur mit ihrer Hilfe gelang die ekstatische Stromfahrt, die den
Menschen vom Hüben ins Drüben übersetzen ließ. Die Erfahrung
des »anderen Ufers« initiiert den Menschen: Er erkennt sich selbst
– er erkennt das All. In den Worten der Gnostiker von Nag
Hammadi:

Du wirst genannt werden: Der sich selbst erkennt. Denn wer
sich selbst nicht erkannt hat, hat nichts erkannt. – Aber wer sich
selbst erkannt hat, hat gleichzeitig Wissen erlangt über die Tiefe
des Alls. – Wer die Tiefe des Alls erkannt hat, hat sich selbst
erkannt...***

---

*   Fiedeler, 1988, S. 62f.
**   Vgl. z. B. Heissig/Müller, 1989, Kat. S. 156; außerdem Findeisen/
     Gehrts, 1983, S. 134–36.
***   Aus einer gnostischen Schrift, dem Buch des Athleten Thomas, von Nag
     Hammadi/Oberägypten; nach Kenntemich, 1992; vgl. auch Sloterdijk/
     Macho, 1991, Bd. 1, S. 110.

Der Mond

Der Mond gehört zu den auffälligsten, regelmäßigen Himmelser-scheinungen. Er pendelt zyklisch, wandert in mehrfacher Weise hin und her und zeigt dem Menschen sinnbildhaft die Rhythmik des Lebens und vorbildhaft die Art der Umkehr, der Wiederkehr auf den rechten Weg (Hex.24):

Ausgang und Eingang ohne Fehl (...)

Hin und her geht der Weg.

Am siebten Tag kommt die Wiederkehr. (...)

So schlossen die alten Könige zur Sonnwendzeit die Pässe...

Jedes dieser Textzitate trägt ein astrologisch-lunares Element in sich. Während der Mond im monatlichen Rhythmus sich bestän-dig und regelhaft durch das große Himmelswasser pflügt, zeigt er seine vier Erscheinungsweisen: Schwarzmond (Neumond) – zu-nehmender Halbmond – Vollmond – abnehmender Halbmond, usw. Sie entsprechen einer oszillierenden Bewegungsfolge mit dem Höhepunkt des Vollmonds, der Fülle oder Flut des Wachs-tums, und dem Tiefpunkt des Schwarzmonds, der relativen Leere oder Ebbe in allen Wachstumsprozessen. So zirkuliert unser Erd-trabant zwischen dem langen Abnehmen und Eintreten in seine schwarze Phase sowie dem langsamen Anwachsen und Erreichen seiner vollen, lichten Phase. Ein perfektes Symbol für den ewigen Wandlungsprozeß von Tod – Leben – Tod... »Ausgang und Eingang ohne Fehl« (Hex. 24.U), so skizziert das *I Ging* diesen Sachverhalt. Der Mond tritt hervor aus dem Haus des Todes, dem Schwarzmond-Stadium, und erzeugt Wachstum und Leben. Oder er tritt ein in das Haus des Todes und stirbt seinen vorüber-gehenden, dreitägigen Tod, bevor er wieder neugeboren wird. Ein Urbild der Metamorphose, das wir auch im Tao Te King wieder-finden: »Heraustreten ist Wachstum. Eingehen ist Absterben.«* Und eben darin liegt auch der tiefere Sinn der sogenannten *Tao-t'ieh*-Masken, die in sehr viele Bronzekultgefäße der alten Shang-Dynastie eingraviert sind.

---

* Vgl. Kremsmayer, 1947, S. 70, 50. Vers, sowie Anm. 93, S. 109.

Tao-t'ieh, das magische Tierwesen, einmal als Abreibung von einem Opferkessel aus der Shangzeit, einmal in seiner schematischen Grundstruktur dargestellt.

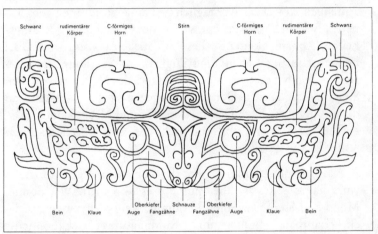

Schwanz | rudimentärer Körper | C-förmiges Horn | Stirn | C-förmiges Horn | rudimentärer Körper | Schwanz

Oberkiefer | Schnauze | Oberkiefer
Bein | Klaue | Auge | Fangzähne | Fangzähne | Auge | Klaue | Bein

Tao-t'ieh heißt die Tigermaske, die als Urne den toten Menschen aufnimmt. Tao-t'ieh der ›Verschlinger‹, der ›Vielfraß‹, ist das grausame Tier des grausam verschlingenden Todes. Im Rachen hockt ein Mensch, embryonal kauernd, ein Kind des Todes und zugleich ein Kind im Schoß des Lebens. Das Kultgefäß umschließt nicht nur den Tod, sondern auch die Wiedergeburt. (...) Ein Schoß öffnet sich zu verschlingen und zu gebären.*

---

* Gynz-Rekowski, 1968, S. 245; er bemerkt im übrigen an gleicher Stelle: »Der offene Rachen des Tieres steht pars pro toto des ganzen Tierleibes, wie noch heute auch der tote Europäer in ein Tier gebettet wird, da die Särge Löwentatzen tragen, als Rudimente des ursprünglichen Tierleibes.«

Gleichzeitig und parallel zu dieser monatlichen Rhythmik der Verwandlung zeigt »Ausgang und Eingang« aber auch das Urbild jeder Laufbahn am Himmel:

1. Immer wieder führen uns Mond, aber auch Sonne und der gesamte gestirnte Himmel vor Augen, daß jede Reise durch die Zeit täglich am Aszendenten, dem Ostpunkt, zu beginnen hat – und zwar komplett neu zu beginnen hat.

(Der Ausgang, das Hervortreten hebt täglich von einem anderen, leicht verschobenen Punkt an der Horizontlinie an! Nur wenn ich diesem Vor- und Sinnbild folge, bin ich »erhaben«. Ein Ausdruck, der an 24 Stellen des *I Ging*-Textes auftaucht und bedeutet, immer in den Anfängen zu sein, besser: in den Anfängen zu wesen. Wer täglich neu anfängt, ja einen gänzlich neuen Beginn bewußt sucht, vermeidet Kausalketten, Bedingtheiten, Abhängigkeiten – alles Ausdrücke für das größte Übel im menschlichen Leben: die Fähigkeit zur Wandlung zu verlieren, in der Stagnation – dem Zustand des Sterbens vor dem Sterben – zu landen! Der Osten dagegen ist die Nahtstelle, an der aus der jeweiligen Dämmerung Tag und Nacht keimen. Die Keime des Werdens, philosophisch: das *germinale Bewußtsein* – hier ist ihr Quell.)

2. Ausgang nehmen im Orient der Zeit, dem »Fernen Osten« eines Tages – das ist aber nur der erste Schritt. Wer Sonne, Mond und Sterne als Sinnbild nimmt, weiß mehr: meine tägliche »Laufbahn« braucht ihren Kulminations- oder (Sonnen-) Wendepunkt. Das ist die Gipfelerfahrung im Süden (Medium coeli): »Aufbruch nach Süden bringt Heil.« (Hex. 46.U) »Du mußt sein wie die Sonne am Mittag.« (Hex. 55.U) Nur im Zenit, im höchsten an diesem Tag erreichbaren Raum- und Zeitpunkt, kann ich meine maximale Wirkkraft entfalten und sie über den mir vom Himmel im Reich der Menschen anvertrauten Gestaltungskreis zur Gänze ausschütten. In diesem Moment, als Sonne am Mittag, entgeht nichts meiner Aufmerksamkeit und Erkenntnis, denn ich kann mit meinem der Sonne nachgeahmten Licht jeden Winkel in den vier Gegenden meiner Lebenswelt praktisch schattenfrei ausleuchten: »So erleuchtet der große Mann durch Fortsetzung dieser Helle die vier Weltgegenden.« (Hex. 30.B)

(Mittag – das ist der besondere Gipfelpunkt des wachen Bewußtseins, der mir heute zugänglich wird. Nach dem letzten Bewegungsmoment schaltet der Aufstieg/die kinetische Energie um in Stillstand/potentielle Energie. Der Wendepunkt, von dem aus alles abwärts strebt zur Mitternacht, dem Sattelpunkt des Traumbewußtseins. Wer, wie früher die Dorfbevölkerung beim »Angelus-Läuten«, am Mittag zusammen mit der Sonne einen Moment in innerer und äußerer Regungslosigkeit verharrt, sieht in größter Klarheit über sein gesamtes Tagwerk hinweg. Yang: Was habe ich heute und bis hierher angefangen bzw. initiiert? Yin: Was habe ich jetzt und bis zur Dämmerung zu beenden bzw. zu integrieren?)

3. Nun erst heißt es den Abstieg zum Deszendenten anzutreten: der Eingang in den Okzident, den Westpunkt des Tages. Mit den Gestirnen unterzugehen – welch eine Kunst! Für die meisten Zeitgenossen heute jedoch ein Alptraum; möchte der »Strahlemann« doch am liebsten unermüdlich im Zenit verweilen... Durch ein solches Ansinnen käme er allerdings bestenfalls in die Stockung, niemals jedoch in Frieden mit sich und dem Weltganzen, wie es Hex. 11 zeigt: »Himmel und Erde vereinigen sich: das Bild des Friedens. So teilt und vollendet der Herrscher den Lauf von Himmel und Erde...« Wer die kosmischen Abläufe in ihren Wirkungsquanten gliedert und ausdifferenziert, wer sie in seinem persönlichen Verhalten und in den Spuren seines täglichen Wirkens bestätigt, vollendet (– Himmel und Erde ähnelnd –) in sich selbst das als Lichterspur ans Firmament geschriebene Wollen des Weltganzen. Für ihn ist der Eingang in den Untergang ein Überwechseln in die andere, erneuernde und heilende Wirklichkeit. Dem wachen Tagbewußtsein folgt die Erneuerung im Traumbewußtsein der Nacht: »So kehrt der Edle zur Zeit des Abenddunkels zur Erholung und Ruhe ein.« (Hex. 17.B)

Erinnern wir uns an *Die Wiederkehr* (Hex. 24): zwischen »Ausgang und Eingang ohne Fehl« zu sein, diese Aussage will den Menschen an einen magischen Zusammenhang zwischen den Gestirnsbewegungen und dem menschlichen Schicksal erinnern. Eine wirkliche Wende hin zu einem kosmischen Leben erfordert den Gleichklang mit den Phasen und Bahnen von Mond und

Sonne. Dem Mond ebenbürtig soll sich mein Leben Monat für Monat in der Balance zwischen Fülle und Leere, Wachstum und Sterben, Tun und Lassen einpendeln. Der Sonne und der Rotationsrichtung des gesamten Himmels entsprechend soll der tägliche Weg des Menschen den SINN der Laufbahn der Gestirne mit Auf- und Untergang, Kulmination und Regeneration nachvollziehen. Aber der Weg von Sonne oder Mond ist mehr; eine Parabel für das bewußt gelebte Leben. Von der Mitte des Lebens an bleiben nur jene Menschen lebendig, die ähnlich den Pflanzen und Bäumen bereit sind, mit dem fortschreitenden Leben zu sterben. Der Kulminationspunkt in der Lebensmitte, jene besondere Stunde des Lebensmittags, an dem die Parabel sich umkehrt und die Geburt hin zum Tod beginnt, zeigt zugleich: Es gibt einen Aufgang im Untergang, so wie ein Baum sich ganz in seine Frucht, in den Samen für einen neuen Baum, zurückzieht.

Hin und her geht der Weg

Zusätzlich zum monatlichen Zyklus des Mondes gilt es noch einen weiteren Rhythmus des Erdtrabanten sinngemäß nachzuahmen. In täglicher Veränderung und das ganze Jahr mit Frühling, Sommer, Herbst und Winter einbeziehend, beschreibt der Mond eine Bahn am Firmament, die sich in Opposition zur täglichen Sonnenbahn von Monat zu Monat verschiebt. In den ersten Monaten des Jahres sinkt seine Bogenhöhe, während die Sonne von Woche zu Woche – eben bis zur Sommersonnenwende, dem längsten Tag und der kürzesten Nacht – immer höher am Himmel steht. In der zweiten Jahreshälfte, bei sinkendem Sonnenstand und bis zum Tiefpunkt der Wintersonnenwende, steigt der Mond jedoch immer weiter auf, bis man ihn in der Kälte des nächtlichen Wintervollmonds am höchsten Gipfelpunkt stehen sieht. In den Worten des *I Ging*-Kommentars »Da Dschuan« (*I Ging* S. 312):

Wenn die Sonne geht, so kommt der Mond. Wenn der Mond geht, so kommt die Sonne. Sonne und Mond wechseln ab, und so entsteht das Licht. Wenn die Kälte geht, so kommt die Hitze. Wenn die Hitze geht, so kommt die Kälte. Kälte und Hitze wechseln sich ab, und so vollendet sich das Jahr.

Diese gegenläufige sechsmonatige Stufenbewegung abwärts und dann aufwärts liefert das Urbild einer sechssprossigen, himmlischen Leiter, der die sechs Linien der Hexagramme nachgebildet sind. »Hin und her geht der Weg« – auf dieser Leiter! Denn erst dann, nach sechs Schritten, kann der siebte, der Umkehrschritt, erfolgen: »Am siebten Tage kommt die Wiederkehr.« Und im Wissen um das Geheimnis einer inneren Wiederkehr, eines völligen Neubeginns schlossen die alten Könige rechtzeitig vor dem kosmisch vorgegebenen Umkehrpunkt »zur Sonnwendzeit die Pässe. Händler und Fremdlinge wanderten nicht, und der Herrscher bereiste nicht die Gegenden.« (Hex. 24.B) Zu empfindlich sind die zarten Pflänzchen einer inneren Umkehr. Wer am Sattelpunkt der Mondlaufbahn nicht die Zurückgezogenheit und Besinnung sucht, kann nicht in den Sinn der Zeit der Wiederkehr für sein eigenes weiteres Leben eindringen. Diese Zeit geht an ihm vorbei.

Rekapitulieren wir die Lehren des Mondes, die in Wahrheit Lehren sind über die Totalität des Werdens und Wandelns in der Zeit. Der astrologisch Eingeweihte kennt den Weg:

Er integriert den *Tag-Nacht*-Rhythmus in sein Leben durch die Wahl eines täglich neuen Ausgangspunktes, durch das Streben nach einem täglich anderen Gipfelpunkt und schließlich durch das Akzeptieren, daß er täglich an einem jeweils anderen Punkt des persönlichen Ereignis-Horizontes untergeht. Und das mitunter im wortwörtlichen Sinne ... »So erkennt der Edle durch die Ewigkeit des Endes (daß stets alles auch zu Ende gehen muß) das Vergängliche.« (Hex. 54.B)

Er integriert den *Monat* in sein Leben durch den Rhythmus von Fülle und Leere, Vollmond und Schwarzmond. Er erkennt ein Grundgesetz des Lebens in diesem Wechsel wieder: Licht und Dunkelheit halten sich in allem die Waage, Wachstum und Tod sind genau gleich stark – das ist das natürliche Gesetz. »So verringert der Edle, was zuviel ist, und vermehrt, was zu wenig ist. Er wägt die Dinge und macht sie gleich.« (Hex. 15.B)

Gemäß den vier Jahreszeiten integriert er das *Jahr* in sein Leben durch den Rhythmus einer zeitgerecht veränderten Bahnhöhe, mit der er am Horizont seines schöpferischen Wirkungskreises für alle sichtbar vorüberzieht. Niemals in ausgetretenen Bahnen verharrend, an einem Sessel klebend, verändert der Große Mann, der »heilige Mensch« von Tag zu Tag das ganze Jahr hindurch die (Bogen-)Höhe seines Waltens und Wirkens! Er gleicht darin dem Urbild des schöpferischen Drachen: »Indem der heilige Mensch große Klarheit hat über Ende und Anfang und die Art, wie die sechs Stufen jede zu ihrer Zeit sich vollenden, fährt er auf ihnen wie auf sechs Drachen gen Himmel.« (Hex. 1.K)

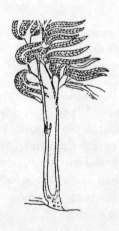

5. Die grosse Abhandlung: DA DSCHUAN

Über den Weg, sich selbst zu führen in der Welt

Die Kommentatoren

In der Mitte der von Richard Wilhelm verfaßten *I Ging*-Ausgabe (S. 237–338) findet sich als sogenanntes »Zweites Buch« eine Sammlung von Texten, die nach aller Erfahrung von kaum einem unserer heutigen *I Ging*-Benutzer studiert wird. Dabei finden sich in diesem Buchabschnitt zwei der ältesten Kommentare über die »Wandlungen«: *Schuo Gua*, »Besprechung der Zeichen«, sowie *Da Dschuan*, »Die Große Abhandlung«, genannt. Beide Texte, eigentlich zu den kommentierenden »Zehn Flügeln« des *I Ging* gehörend, lohnen eine aufmerksame Lektüre. Sie bieten viele Ansätze und Erläuterungen zu einem tieferen Verständnis des »Buchs der Wandlungen«.

Vor allem die Große Abhandlung, die wahrscheinlich von mehreren Kommentatoren erst nach einer geraumen Zeit der mündlichen Überlieferung um 250 v. Chr. verfaßt worden ist, galt über 2000 Jahre lang als eine der wichtigsten Äußerungen in der naturphilosophischen Tradition Chinas. Sie gibt Antworten auf grundlegende Fragen zum Phänomen der Wandlung und zur Wirkweise des Kosmos. Sie erklärt, in welcher Beziehung wir Menschen mit dem Kosmos und seinen Wandlungsvorgängen stehen. Sie gibt Ratschläge und Hinweise, wie der einzelne die Wirkweise des Kosmos in sein Leben integrieren kann, um dem Lauf der Dinge in der Welt immer besser zu entsprechen und um Himmel und Erde in ihren spezifischen Qualitäten immer ähnlicher zu werden. Offensichtlich war es die Absicht der Kommentatoren, den Leser aufzufordern, seine bisherige Art der Weltsicht zu überprüfen und in Richtung einer größeren Spiritualität zu transformieren.

In einem ausführlichen Essay hat Willard Peterson 1982 im *Harvard Journal of Asiatic Studies** die Absichten der Kommen-

---

* Vgl. Peterson, 1982, S. 67–116.

tatoren unter die Lupe genommen. Dabei läßt er sich gerade auch über die numinosen, spirituellen, eigentlich »unsagbaren« Dimensionen, die die Große Abhandlung zum *I Ging* vermitteln will, aus. Ein erfreulicher Vorgang für die ansonsten so staubtrockenen Verhältnisse in der wissenschaftlichen Sinologie, die um spirituelle Dimensionen ihres Forschungsgegenstandes gemeinhin einen großen Bogen zu machen beliebt. In enger Anlehnung an Petersons Studie seien im folgenden einige zentrale Aussagen und Befunde, die er als Weltbild der Väter der Großen Abhandlung herausgeschält hat, wiedergegeben.

»I«-Wandlung in dreifacher Hinsicht

Zunächst gilt es, sich klarzumachen, daß der im Text der Großen Abhandlung immer wieder gebrauchte Terminus *»I«* – »Die Wandlungen« von Fall zu Fall eine ganz unterschiedliche Bedeutungsebene anspricht:

Er bezeichnet zum einen jenes aus der Dschou-Dynastie stammende *Dschou-I*, das wir als *Buch der Wandlungen* kennen.

In seiner zweiten Bedeutung drückt *»I«* = »Die Wandlungen« nichts anderes aus als den Namen für jene mit dem Buch verknüpfte *Orakeltechnik* per Schafgarbenstengel.

In letzter, tieferer Hinsicht aber steht *»I«* für WANDLUNG – das Ur-Phänomen allen Seins und Werdens; ein Versuch, den »cosmic change«, den auf allen Ebenen des Kosmos platzgreifenden, ewigen Fluß von Umwandlung, Veränderung, Mutation und Umgestaltung begrifflich zu fassen.

Mit dieser Doppel- bzw. Dreifachbödigkeit im Hinterkopf konfrontieren wir uns mit der uralten Tatsache, daß die Menschheit die einzige Spezies im Reich zwischen Himmel und Erde ist, die individuell und kollektiv die Möglichkeit hat, aus ihrer Art zu schlagen. Kein Elefant, der nicht »elefantiert«, keine Giraffe, die nicht »girafft« – aber zahllose Menschen zu jeder Zeit und an jedem Ort, die aus der Rolle fallen, die statt zu »menscheln«, unmenschlich handeln. Warum mißlingt es uns, die wir nicht (oder noch nicht) zu den »Heiligen Weisen« zählen, von denen die Große Abhandlung immerzu als Vorbild spricht, dem Lauf des

Weltganzen mit derselben Beständigkeit und Mühelosigkeit zu folgen, mit der dies jedes andere Lebewesen unseres Planeten schafft? Wie kann es uns gelingen, ein Leben im Einklang mit dem qualitativen, stetigen Wandel dieser verwirrend vielfältigen Welt der »zehntausend Dinge« zu gestalten? Jeden treffen Zufall und Zeit, jeder ist schließlich in unendlich komplexer Weise verwoben, verdrillt und oftmals verhaspelt in das Gewebe des Lebens.

Ein Narr – so macht uns die Große Abhandlung glauben –, wer in solcher Lage nicht auf die Aussagen der Heiligen Weisen des Altertums zurückgreift. Haben sie doch mit großer Klarheit und numinoser Kraft begabt die Kettfäden im Gewebe des Lebens herausgearbeitet. Wer diese kennt, kann auf leichteste Weise mit dem Schiffchen seines täglichen Wirkens zwischen diesen Kettfäden Schuß um Schuß seinen persönlichen Weg durchs Leben weben. Hier liegt die volle Bedeutung der Begriffe »I« und »Ging« verborgen. Noch in der Han-Zeit (ab 206 v. Chr.) wurde mit »I« sowohl die Vorstellung von »Wandel« als auch die Vorstellung von »leicht, einfach, mühelos« verknüpft. Auf die beiden Urpole bezogen heißt es in der Großen Abhandlung: »Das Schöpferische erkennt durch das Leichte. Das Empfangende vermag durch das Einfache.« (*I Ging* S. 265) Und das Wort »Ging«, das allen sogenannten »Klassikerbüchern« hinzugefügt wurde (*I Ging/Tao Te Ging/Shi Ging usw.*), meint in seiner ursprünglichen Bedeutung den Aufzug, die Kettfäden eines Gewebes.*

Vier Ansprüche zur Begründung der Einmaligkeit des *I Ging*

I Ging – das heilige »Kettfäden-Buch« des leicht und mühelos zu vollziehenden Wandels durch die Zeit? Ja! – sagen die Autoren der Großen Abhandlung; ja, wenn wir es bewerkstelligen, mit den Wandlungen *(Buch der Wandlungen)* in der Hand und mit der Technik der Wandlungen *(Orakeltechnik)* vertraut, den Grossen

---

* »Unter King (ursprünglich Aufzug eines Gewebes) versteht der Chinese jedes Buch, welches in seiner Art dauernde Geltung hat. (...) Insbesondere versteht er aber unter den Kings die heiligen Bücher (U-King), deren Lehren ihm eine ewige und unabänderliche Richtschnur bilden.« Heigl, 1900, S. 389.

WANDLUNGEN gegenüberzutreten. Denn in jedem Fall, zu jeder Zeit und für jede Person bietet das »Buch der Wandlungen« *den besten Weg, sich selbst zu führen in der Welt!* Eine im ersten Anschein gewagt und überzogen wirkende Aussage, welche die Kommentatoren der Großen Abhandlung durch vier Behauptungen oder »Voraus-Setzungen« im Sinne eherner Regeln zu belegen suchen. Ein Ansatz, um uns von der Einmaligkeit des *I Ging* zu überzeugen.*

1. Anspruch

Die *I Ging*-Orakeltechnik, für die das Buch mit dem Titel *I Ging* nur der schriftlich fixierte Aufbewahrungsort ist, dupliziert in restloser Übereinstimmung und vollständiger Identität das gesamte Beziehungsgeflecht und alle Prozesse, die selbst in den entferntesten Sphären von Himmel und Erde vor sich gehen. Folgerichtig betonen verschiedene Kapitel der Großen Abhandlung, daß die »Wandlungen« (*Orakeltechnik* und *Buch der Wandlungen*) nicht nur alle Bewußtseinslagen, alle Zeitqualitäten und Lebensverhältnisse umschließen, die ein Mensch je erfahren kann, sondern sie tragen darüber hinaus den Lauf oder Weg (gemeint ist das TAO; R. Wilhelm übersetzt: den SINN) aller drei Reiche des Kosmos in sich:

»§ 1 Die Wandlungen sind ein Buch, weit und groß, in dem alles vollständig enthalten ist. Es ist der SINN des Himmels darin, der SINN der Erde darin, der SINN des Menschen darin. Es faßt diese drei Grundmächte zusammen und verdoppelt sie, darum sind sechs Striche da. Die sechs Striche sind nichts anderes als die Wege (SINN) der drei Grundmächte.« (*I Ging*, S. 324)

Das Buch und Orakeltechnik umfassende Werk »Die Wandlungen« ist also ein Duplikat im Sinne einer gleichwertigen, seinsmäßig identischen Entsprechung des in jeder Hinsicht unfaßbar großen GANZEN. Dieses holistische EINE wird im »Buch der Wandlungen« durch eine von den Heiligen Weisen der Vorzeit ausgearbeitete, absteigende Hierarchie an Zugangsbeschreibungen für den normalen, offensinnigen Menschen begreifbar gemacht:

---

* Vgl. entsprechend Peterson, 1982, S. 85 ff.

– durch Linienkomplexe (acht Trigramme, 64 Hexagramme in unterschiedlicher, aber regelhafter, graphischer Struktur);
– durch Bildhaftigkeit dieser Linienkomplexe (z. B. Bilder wie: der See, der Donner, der Berg, der Himmel etc.);
– durch Symbolskizzierung von acht Archetypen (z. B. das Abgründige, das Stillehaltende, das Erschütternde, das Sanfte etc.)
– durch Worte (Urteile), in denen verschlüsselte Urbilder / Gedanken enthalten sind (z. B. »Heil, Gelingen, fördernd, Beharrlichkeit, das Große Wasser« etc.); – wohl wissend, daß Worte relativ am schlechtesten zum Ausdruck bringen können, wie umfassend und oft auch numinos-ungreifbar eine Antwort des Orakels zu verstehen ist.

Noch einmal muß betont werden: Wenn gesagt wird, daß auf diese Weise das *I Ging* das Weltganze *dupliziert, imitiert* oder *repräsentiert*, so entsteht durch die Verwendung solcher Begriffe die Gefahr, daß der Gedanke aufkommt, es gäbe ein Gefälle zwischen dem Tao des Großen Einen und dem »Buch der Wandlungen«, das eine erfülle nur eine Stellvertreterfunktion. Das aber wäre nicht statthaft. Das Große Tao und das Tao des »Buchs der Wandlungen« sind untrennbar eins, exakt identisch, jedes ein Doppel des anderen – jedes birgt das andere »in sich«! Das *I Ging* ist in diesem Sinne nicht getrennt, sondern eins mit dem Kosmos, denn »I« ist immer und überall – auch in dem Medium »Die Wandlungen« (*Orakeltechnik* und *Buch der Wandlungen*) – dasselbe Ur-Phänomen: Wandlung!

2. Anspruch

Ohne es ausdrücklich zu deklarieren, gehen die Verfasser der Großen Abhandlung von einer stillen Voraussetzung aus: Alle im Makro-, Meso- und Mikrokosmos stetig fließenden Veränderungsprozesse, seien sie materieller oder spiritueller, körperlicher, seelischer oder geistiger Art, sind dem Menschen prinzipiell erkennbar und seiner Wahrnehmung, seinem Bewußtsein zugänglich. Auf der Basis dieses Erkenntnisvermögens stünde es dem Menschen wohl an, sein Verhalten, seine Lebensführung, kurz seinen gesamten Umgang mit der Schöpfung an den immerwährenden »Kettfäden« des dynamischen Seins auszurichten. Zwischen den Zeilen der Kommentatoren steht geschrieben: Allein das Wissen über die allbezogenen Phänomene des Wandels in der globalen Himmel-Erde-Sphäre befähigt den Menschen – ein Kind des Alls! – seinen WEG in Einklang mit den kosmischen Prozessen zu beschreiten. Denn ».. . durch Worte und Werke bewegt der Edle Himmel und Erde. Muß man da nicht vorsichtig sein?« (*I Ging*, S. 283) Allein die Worte und Taten der Schöpfer des *I Ging* mag er sich als Sinnbild nehmen, um sein Dasein in ein wahres Menschsein zu verwandeln:

(Kap. IV, § 3) »Indem der Mensch dadurch dem Himmel und der Erde ähnlich wird, kommt er nicht in Widerspruch mit ihnen. Seine Weisheit umfaßt alle Dinge, und sein SINN (TAO) ordnet die ganze Welt. Darum macht er keinen Fehler. Er wirkt allenthalben, aber er läßt sich nirgends hinreißen. Er freut sich des Himmels und kennt das Schicksal. Darum ist er frei von Sorgen. Er ist zufrieden mit seiner Lage und ist echt in seiner Gütigkeit. Darum vermag er Liebe zu üben.« (*I Ging*, S. 273 f.)

Diese Skizzierung eines Menschen, der mit den »Wandlungen« sich selbst zu führen weiß in seiner Welt, ist ein Qualitätsprofil, das so manchem als utopisch und für heutige Zeitverhältnisse unerreichbar erscheinen mag. Doch da widersprechen die Kommentatoren der Großen Abhandlung und betonen die Möglichkeit, zu jeder Zeit und an jedem Ort einen vom Geist des TAO ergriffenen Bewußtseinszustand zu erreichen. Sie geben präzise die Wege an, mit denen ein solcher innerer Wandel – unabhängig von den äußerlich gerade herrschenden Gesellschafts- und Kulturverhältnissen – erreicht werden kann, nämlich durch Fasten, Trommeln, Tanzen:

– durch Fasten, um im eigenen Wesen »Licht« zu machen (Klarsichtigkeit, Luzidität);
– durch Trommeln, um das Numinose anzurufen bzw. den Zugang zur »anderen Wirklichkeit« zu öffnen (Transzendenz);
– durch Tanzen, um in der Ekstase vollkommen vom Geist erfüllt zu werden, ja mit dem Göttlichen zu verschmelzen und seine wahre Art zu erkennen (Trance, Gnosis, Gottesschau).

In den Worten der Großen Abhandlung ausgedrückt: »Die Heiligen und Weisen fasteten darum, um ihre Art göttlich klarzumachen.« (*I Ging*, S. 294) »[Sages] drummed it [that is, the numinous presence] and danced for it in order to bring out exhaustively the divinity [or the numinousity].«*

Diese klassischen Wege der (schamanischen) Initiation sind gerade heute weitgehend aus den jahrhundertelang eher abgeschotteten Zirkeln der verschiedenen Bruderschaften und Geheimgesellschaften herausgelöst worden. Fasten, Trance, Tanz oder rituelles Trommeln sind inzwischen in weiten Kreisen zum selbsterlebten und erstrebenswerten Erfahrungsgut geworden. Verbunden mit den schamanischen und astrologisch-himmelskundlichen Wissenshorizonten stehen damit wichtige Aspekte zur freien Verfügung, die einen Menschen zur Umkehr, zum Leben im Einklang mit den kosmischen Wandlungen bewegen können.

3. Anspruch

Der Mensch kann bis in die letzten Verästelungen der kosmischen Prozesse hinein Erkenntnis und Verständnistiefe über Sein und Werden gewinnen, sobald er sich einer Hilfe bedient: der vielschichtigen Sprache der »Wandlungen« (*Buch der Wandlungen*). Denn implizit versteckt sich in der Großen Abhandlung der Gedanke, daß der Text der »Wandlungen« im Endeffekt eine Art partizipierendes Agens ist, und zwar partizipierend in allen Be-

---

* Kap. 12 § 2 der Großen Abhandlung in den Worten Petersons (1982, S. 107). Richard Wilhelm verfehlt an dieser Stelle den Sinn des Textes bei den Worten »trommeln, tanzen«; in seinen Worten heißt die gleiche Stelle: »... sie trieben an, sie setzten in Bewegung, um den Geist restlos darzustellen.« Vgl. R. Wilhelm, *I Ging*, S. 298. Auch das Fasten- bzw. Reinigungsritual wird in Petersons Version (S. 110) genauer beschrieben: »Sages use this (participation in the Change) to do (their equivalent of a shaman's) austerities of purification and fasting in order to make their potency numinous and luminous.« Der tiefere Sinn des Tanzes schließlich wird anhand der Berichte über den mythischen Kaiser *Yü* offenbar: er aktualisierte durch Tanzbewegungen die göttliche Kraft zirkumpolarer Sternbilder. Die Annalen berichten, daß sein Tanzschritt den Großen Wagen »vorführte«. Dieser Tanzschritt wurde auch *shaman's step* geheißen. Vgl. Santillana/v. Dechend, 1993, S. 116.

gleitumständen eines jeden möglichen Moments. Das aber kann nur so sein aufgrund der außergewöhnlichen und eigentümlichen Art dessen, was wir Divinationsprozeß nennen: die »Wandlungen« als Orakeltechnik.

Dieser seltsame Prozeß der Divination manifestiert sich in den Hexagrammen und schlägt sich insbesondere nieder in dem Phänomen der sich wandelnden Linien eines Hexagramms. Diese Linienwandlungen und damit Hexagrammumwandlungen identifizieren und duplizieren alle Veränderungskräfte, die auf die jeweilige Situation Einfluß nehmen – auch die auf andere Weise ungreifbaren bzw. unbegreifbaren Kräfte, die irgendwie »hinter« den Wandlungen des Kosmos stehen. Mit den sich bewegenden Linien steht daher der Suche des Menschen nach vollkommener Erkenntnis des Weltganzen eine dreifältig gespeiste Quelle der Offenbarwerdung zur Verfügung.

Die bewegenden Linien offenbaren alle beobachtbaren bipolaren Phänomene der Sphäre zwischen Himmel und Erde, Tag und Nacht, Diesseits und Jenseits.

Sie offenbaren ebenso jenes Phänomenale in der Sphäre des Menschen bzw. zwischen den Menschen, das wir beherzigen oder vermeiden sollten, um einer der Himmel-Erde-Qualität gleichenden Gesellschaft naherzukommen.

Mit Hilfe der beigefügten »Worte der Weissagung« – der prognostischen Texte und Urteile – offenbaren sie alle uns berührenden Lebensverfassungen und Bewußtseinserfahrungen, in die wir im zeitlichen Strudel des Werdens

– früher hineingezogen wurden;
– jetzt hineingelangt sind;
– demnächst hineingezogen werden.

Vor diesem Hintergrund wird die unterschwellige Botschaft der Autoren der Großen Abhandlung einleuchtend: Der Mensch sollte die offenbarenden und prognostizierenden Worte des *I Ging* und die in ihnen ersichtliche Veränderungsdynamik als Kompaß und Detektor verwenden, und zwar in seinem Bemühen, sich selbst zu führen in der Welt. Da sie selbst holographisches Kind der GROSSEN WANDLUNG ist, geht eine *I Ging*-Offenbarung

»Hätte ich doch noch einige wenige Jahre, um die ›Wandlungen‹ restlos zu studieren, so würde ich wohl ohne große Verfehlungen bleiben können.« Dieser Seufzer wird in alten Quellen dem greisen Konfuzius zugesprochen. Die Darstellung zeigt ihn bei der Lektüre des I Ging.

nicht fehl. Die *I Ging*-Texte bieten Führung an, niemals Verführung; sie können Leitstern sein, niemals Irrlicht.

> »Darum ist es die Ordnung der Wandlungen, der sich der Edle hingibt und wodurch er zur Ruhe kommt. Es sind die Urteile zu den einzelnen Linien, deren sich der Edle erfreut und über die er nachsinnt. (...) Darum betrachtet der Edle in Zeiten der Ruhe diese Bilder und sinnt nach über die Urteile. Wenn er etwas unternimmt, so betrachtet er die Veränderungen und sinnt nach über die Orakel.« (*I Ging*, S. 268 f.)

4. Anspruch

I Ging, das »Buch der Wandlungen«, ist zwar ein aus vielen Worten bestehender Text, aber es enthält auch Unaussprechbares. Diese Dimension des »Unnennbaren« ist trotz »fehlender Worte« erfahrbar. Denn da die WANDLUNGEN selbst numinosen, spirituellen Charakter tragen, findet sich auch im Text der »Wandlungen« (*Buch der Wandlungen*) und in der Divination gemäß den

»Wandlungen« (Orakeltechnik) diese numinose Dimension identisch wieder. Wir Menschen können daher über das Medium »Wandlungen« als Buch und als Orakeltechnik einen Zugang zu allem gewinnen, das numinos bzw. spirituell ist.

Für die *I Ging*-Exegeten und Autoren der Großen Abhandlung steht fest, daß das *I Ging* unvergleichlich ist und alle anderen Formen der Weissagung umschließt, insbesondere:

– die Zukunftsdeutung mit Hilfe numinoser, mit unvergleichlicher Chi-Potenz behafteter Mittel (z. B. Schulterblatt, Schildkröte und Schafgarbenstengel);

– die Zukunftsdeutung mit Hilfe von Omen (z. B. mantische Ereignisse in der Natur, besondere Wettererscheinungen, Veränderungen im Vogelflugverhalten etc.);

– die Zukunftsdeutung mit Hilfe der Astrologie (zirkumpolare Fixsternkonstellationen, Finsternisse, Sonnen-, Mondbahnveränderungen etc.)

– die Zukunftsdeutung mit Hilfe der Numerologie (z. B. das magische Diagramm *Ho Tu*, die magische Schrift *Lo Schu* – zwei Dokumente göttlichen Ursprungs über die fünf Wandlungselemente Holz, Feuer, Erde, Metall, Wasser; über die Himmelsrichtungen und die acht Urtrigramme bzw. die darin enthaltenen numerologischen Zahlenstrukturen, die ebenfalls über zukunftserhellendes Potential verfügen).

Vor dem Hintergrund dieser verschiedenen Formen der Weissagung erschufen die Heiligen und Weisen die »Wandlungen« als ein allumfassendes Buch. »Wenn der Meister sprach: ›Das ›Buch der Wandlungen‹ enthält einen vierfachen SINN der Heiligen und Weisen‹, so ist das damit gemeint.« (*I Ging*, S. 292) *I Ging*-Struktur und -Aufbau beinhalten die prognostischen Kapazitäten und Potenzen aller ursprünglichen, archaischen Divinationswege. Sie sind ihnen sogar noch überlegen, da die alten Weisen nicht nur Worte, die eine jeweilige Situation definitiv skizzieren, beigefügt haben, sondern darüber hinaus noch die in die Zukunft weisenden expliziten Urteile »Heil – Unheil; förderlich – beschämend« hinzufügten.

So will die Große Abhandlung uns überzeugen, daß das *I Ging* nicht nur das Heilig-Numinose in seiner den Menschen umfassenden Mächtigkeit enthält, sondern sich auch als spirituelles Medium anbietet. In ihrer praktischen Anwendbarkeit auf unser Leben wollen die »Wandlungen« nichts weniger sein als unsere eigene *wu* (= Schamanin, Wahrsagerin): das Medium, das uns in Kontakt und Berührung bringt mit *Shen* – mögen wir diesen Begriff verstehen als Spirit, Gottheit, Dämon, Geist, numinoses Wesen oder als sonstige Transzendenz. In diesem Kontext jedenfalls bezeichnet *Shen* jene »andere«, gemeinhin nur Schamanen zugängliche Sphäre, mit der aber auch wir durch die »Wandlungen« – durch den Divinationsprozeß Verbindung aufnehmen können. Die Kommentatoren stellen sogar fest, daß das *I Ging* einen Menschen wie in bester schamanischer Tradition auch ohne Reise in jenseitige Gefilde »reisen« lassen kann. Kap. 10, § 6 der Großen Abhandlung bringt es zum Ausdruck: allein aufgrund der Tatsache, daß die »Wandlungen« numinos sind, waren die Heiligen und Weisen früher (und sind auch wir heute) fähig, dem *Großen Einen* entgegen zu »eilen«, ohne zu eilen; und dem höchsten Ziel – dem Einswerden mit dem kosmischen Wandel – entgegenzu»gehen«, ohne zu gehen.

»Nur durch das Göttliche kann man ohne Hast eilen und, ohne zu gehen, ans Ziel kommen« (*I Ging*, S. 292).[*]

Das numinose Werk über die Kettfäden des Lebens

Nach Betrachtung der wichtigsten Ansprüche und Forderungen, Voraus-Setzungen und Grundannahmen, die die Autoren der Großen Abhandlung implizit oder explizit aussprechen, scheint nur *ein* Resümee möglich:

Das »Buch der Wandlungen« ist einzigartig und vertrauenswürdig. Denn es besitzt die Fähigkeit, simultan in jedem gegebenen Moment

– zwischen dem Unerforschlichen und dem Erkennbaren,

– zwischen dem sinnlich Zugänglichen und dem ungreifbar Numinosen,

---

[*] Vgl. auch Tao Te King, Vers 47: »Nicht aus dem Haus gehen / doch alles wissen / nicht aus dem Fenster blicken / und doch das Dau des Himmels sehn...« (Schwarz, 1980, S. 97).

– zwischen den Zeiten – der bekannten Vergangenheit und der unbekannten Zukunft – zu vermitteln und durch solcherart Offenbarung dem Ratsuchenden »*wahr*zusagen«.

Das *I Ging*, verstanden als Medium, sich selbst zu führen in der Welt, ist ein gar nicht hoch genug einzuschätzender Begleiter und Lehrer auf dem WEG. Und darin sind sich die alten Kommentatoren sicher: Der WEG kann nur bedeuten, zur höchsten und äußersten Grenze des dem Menschen möglichen Seins vorzustoßen. Dieser Gipfelpunkt menschlichen, ja allen Daseins in der Welt besteht in der Fähigkeit, das *Heilige* zu ermessen und die WANDLUNGEN zu erkennen.* Niemals ist dieser WEG – der Weg des Menschen – an eine bestimmte Person, eine bestimmte Kultur, einen besonderen Ort oder eine besondere Zeit gebunden gewesen. Auch ist niemals das *I Ging* – das Buch vom WEG des Menschen, des Himmels und der Erde – an eine dieser Begrenzungen gebunden gewesen. Denn das Heilige, das Numinose unterliegt keiner physikalischen oder territorialen Begrenzung, und das Phänomen der WANDLUNG beschränkt sich nicht auf wenige spezifische Erscheinungsformen. Unlimitiert, zeitlos wirkt *Göttliches* überall. Schrankenlos, durchgängig wirkt *Wandel* überall:

> Darum ist der Geist an keinen Ort gebunden und das Buch der Wandlungen an keine Gestalt.**

Diese Aussage erscheint maßlos. Welches andere Buch trägt schon einen Inhalt in sich, der buchstäblich allumfassend ist, der auf magische Weise mit dem Geist, dem TAO und dem Wandel im gesamten Universum verbindet und der zeitlos/raumlos fortdauernde Gültigkeit hat? Zumindest in den vergangenen 3000 Jahren seit Bestehen des *Dschou I* ist diese Feststellung der Großen Abhandlung aber bereits bestätigt worden. Weit über die Grenzen Chinas hinaus verfügen mittlerweile unzählige Menschen über

---

* »Fathoming numinosity and knowing transformation is the utmost of potency.« Peterson, 1982, S. 105. Zum Vergleich R. Wilhelms Version: »Wenn man das Göttliche ermißt und die Umgestaltungen versteht, so steigert man seine Art ins Wunderbare.« (*I Ging*, S. 312)
** *I Ging*, S. 275; in der Peterson-Version (S. 102): »In consequence, what is ›shen‹ has no squareness, and the ›Change‹ (like change in heaven-and-earth, which it duplicates), has no embodiment.«

große Erfahrungen mit dem »Buch der Wandlungen«. Sie können aus ihrem Erfahrungswissen heraus (dem einzig wirklichen Zugang zur Magie des *I Ging*) vorbehaltlos diese Botschaft der Großen Abhandlung unterschreiben.

Das *Werdende*, das Aufkeimende bereits in seinen ersten Anfängen zu erkennen – darin liegt wahrlich eine geheimnisvoll heilige Macht, unmöglich dem »Gemeinen«, menschenmöglich dem Meister, dem »Großen Mann«:

> Der Meister sprach: Die Keime zu erkennen,
> das ist wohl göttlich!*

So stimmt der *Große Mann* »in seinem Charakter überein mit Himmel und Erde, in seinem Licht mit Sonne und Mond, in seiner Folgerichtigkeit mit den vier Jahreszeiten, in Glück und Unglück, das er schafft, mit den Göttern und Geistern. Wo er dem Himmel zuvorkommt, da straft ihn der Himmel nicht Lügen. Wo er dem Himmel nachfolgt, da richtet er sich nach der Zeit des Himmels. Wenn selbst der Himmel ihm nicht widerstrebt, wieviel weniger erst die Menschen, Götter und Geister.« (*I Ging*, S. 353).

---

* *I Ging*, S. 315; Peterson, S. 106: »Is it not numinous to know what is seminal?«

II.

DIE VERBREITUNG:
DAS *I GING* IM WESTEN

6. Erste Kunde in Europa

China, das »Reich der Mitte« im fernen Orient, wurde lange Zeit vom Okzident, der »Alten Welt«, kaum wahrgenommen. Die Chinesen hatten zwar immer wieder mit den Überfällen der »Barbaren«, der angrenzenden Volksstämme, zu kämpfen, und sie errichteten zum eigenen Schutz die »Große Mauer«, aber sie waren ihrerseits nie sonderlich an ausgedehnten Seefahrten oder Kreuzzügen in ferne Länder interessiert.[*] Die Expansion des mongolischen Staates dagegen führte 1271 zur Eroberung Chinas durch Kublai-Khan und damit zu einer bis 1368 dauernden mongolischen Herrschaft über das chinesische Reich. In diese Zeitspanne fällt die Expedition des Italieners Marco Polo, dessen Chinareise und langjähriger Forschungsaufenthalt dort sich über 21 Jahre (1271–1292) erstreckte. Nach seiner Rückkehr verfaßte er 1298 seinen berühmten Reisebericht *Il Milione*, der bei seiner Veröffentlichung im 16. Jh. mit einem Male das ferne China in Europa bekannt machte. Das Zeitalter der geographischen Entdeckungen und der damit verkoppelten europäischen Kolonialpolitik ließ das Interesse an China schnell wachsen.[**] Im Jahre 1517 landete das erste portugiesische Schiff in Kanton. Rasch folgten den Kaufleuten katholische Missionare, denn im 16. Jh. nahm die Mission weltweit einen großen Aufschwung. Der Papst machte sich Hoffnungen auf das volkreiche China, um damit Verluste in Europa auszugleichen, die seine Kirche durch die Reformation und das Abfallen ganzer Volksstämme vom Katholizismus zu verkraften hatte.

Ganz im Gegensatz zu den Missionsmethoden späterer Zeiten, besonders im ausgehenden 19. Jh., waren die ersten Missionare hervorragend ausgebildete Wissenschaftler, die sich sorgfältigst

---

[*] Vgl. die umfangreiche von Wolfgang Bauer (1980) herausgegebene Studie *China und die Fremden*.

[**] Eine prägnante Übersicht – *Wege nach China über Land und Meer um 1700* – hat Conrad Grau zusammengestellt: als Nachwort in L. Lange, 1986.

auf ihr Wirken in China vorbereiteten und z. B. der Sprache und Schrift der Chinesen mächtig waren. Jesuiten wie Matteo Ricci (1552–1610), Adam Schall von Bell (1592–1666) oder Ferdinand Verbiest (1623–1688) und Pierre Jartoux (1668–1720) genossen alsbald einen hohen Ruf unter den gebildeten Chinesen.

Die berühmtesten europäischen Jesuiten am chinesischen Kaiserhof: Matteo Ricci (1552–1610) und seine Amtsnachfolger Adam Schall von Bell (1592–1666) und Ferdinand Verbiest (1623–1688), die langjährigen Direktoren der Pekinger Sternwarte.

163

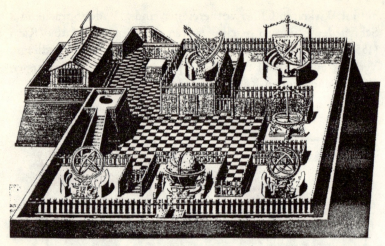

Darstellung der alten chinesischen Sternwarte in Peking.

Sie besaßen so exzellente Kenntnisse in Mathematik und Astronomie, daß ihnen die Leitung der Pekinger Sternwarte und damit die Berechnung des für das ganze Reich maßgeblichen Kalenders sowie aller im Jahr bevorstehenden bedeutsamen Himmelserscheinungen übertragen wurde. Ein geradezu abenteuerlich wirkender, die große geistige Aufgeschlossenheit des damaligen China widerspiegelnder Vorgang – zumindest durch die europäisch-nationalistische Brille gesehen! Welcher abendländische Fürst hätte einem exotischen, »langnasigen« Ausländer das für die gedeihliche Entwicklung des Gemeinwesens wichtigste Amt seines Reiches übertragen? Schließlich war das Leben im Einklang mit dem Naturgeschehen, und das heißt mit den Erfordernissen der *Zeit* (wie die vorangehenden Kapitel gezeigt haben) die Basis der gesamten chinesischen Kultur. Eine nicht vorherberechnete Sonnenfinsternis z. B. galt als schlechtes Omen, ja konnte der letzte Auslöser für Aufruhr und Sturz des herrschenden Kaisers sein. Alles Förderliche im alten China hing von einem exakt berechneten Kalender ab. Politisch-militärisch nicht weniger sensibel war z. B. 1708 der Auftrag von Kaiser K'ang-hsi an Pierre Jartoux, Generalkarten des gesamten chinesischen Reiches anzufertigen. Aber die fremdländischen Jesuiten studierten auch ihrerseits alle Aspekte der Geschichte und Kultur Chinas. Sie vertieften sich in die literarischen Klassiker und berichteten in ihren Briefen und Abhandlungen, die sie nach Europa sandten, auch über das »Buch der Wandlungen«. So wirkten diese Männer quasi als halbchinesische Intellektuelle inmitten ihrer chinesischen Kollegen am Hofe des Himmelssohnes.

Man akzeptierte sich gegenseitig: Der Missionar wurde nicht als ungebildeter Barbar, der Chinese nicht als unwissender Heide angesehen. Der Missionar überzeugte durch sein persönliches Beispiel, was jeder Konfuzianer verstand und respektierte. Dieser gegenseitige Respekt, sowohl auf persönlicher als auch auf kultureller Ebene, spiegelte sich in den Missionsberichten wider.*

Diese Berichte fanden im Europa der Aufklärung einen zahlreichen Leserkreis. Leibniz, Voltaire, selbst Friedrich der Große beschäftigten sich mit den Darstellungen der Philosophie und Denkweise des damaligen China. Diese Spur im europäischen Geistesleben läßt sich noch bis zu Philosophen wie Herder und Hegel am Anfang des 19. Jahrhunderts weiterverfolgen.** Kaum einer aber blieb so intensiv diesem neuen geistigen wie geographischen Horizont verbunden wie Gottfried Wilhelm Leibniz (1646–1716), Wissenschaftler, Diplomat und Philosoph eines rationalistischen Idealismus, der mit allen bedeutenden Zeitgenossen geistigen Austausch pflegte und mit über tausend Briefpartnern korrespondierte. Er studierte nicht nur alles erreichbare gedruckte Wissen über China, sondern stand auch in persönlichem und brieflichem Austausch mit einigen Chinamissionaren. In einem der Briefe, datiert vom 4. 11. 1701, schreibt ihm der Jesuit Joachim Bouvet (1656–1730) detaillierte Einzelheiten über das »Buch der Wandlungen« und fügt eine Tafel mit sämtlichen Hexagrammen bei.*** Leibniz' Erstaunen war groß, als er diese Kunde vom *I Ging* erhielt und in den acht Trigrammen eine verblüffende Parallele zu dem von ihm bereits 1679 in der Schrift

---

* A. Hsia, 1985, S. 375; vgl. W. Bauer, 1980, S. 173–177.

** Vgl. Merkel, 1942.

*** Abgedruckt in: R. Widmaier, 1990, S. 148–70; kleine Ironie der Geschichte: der komplette Briefwechsel erschien lange Zeit nicht in Europa (Leibniz-Archiv Hannover), sondern wurde zuerst in japanischer und chinesischer Sprache veröffentlicht! (Vgl. Needham, 1956/1975, Vol. 2, S. 341, Anm. c.)

De Progressione Dyadica entwickelten binären Zahlensystem entdeckte, das nur mit den beiden Werten 0 und 1 arbeitet, so wie es
die heutige Computertechnik erneut aufgegriffen hat.

Leibniz bezeichnete daraufhin sein mathematisches Werk als
eine Wiederentdeckung des Systems des »Sagenkönigs Fu Xi«.[*]
Er plädierte nachdrücklich für einen gegenseitigen Kulturaus-
tausch.

Nicht nur Europa solle Missionare nach China senden; vielmehr müßten chinesische Missionare nach Europa kommen, um
die Schätze der Weisheit, Kultur und Philosophie der Chinesen zu
unterrichten. 1697 veröffentlichte er in diesem Zusammenhang
seine bedeutende Schrift *Novissima Sinica – Das Neueste von
China zur Erhellung der Geschichte unserer Zeit.*

In Europa verstärkte sich das China-Interesse zeitweilig zu
einem Boom. Friedrich Wilhelm, der Große Kurfürst von Bran-
denburg (1640–88), bestallte einen eigenen Orientalisten zum
Ausbau einer chinesischen Büchersammlung in Berlin. Häuser
und Gartenpavillons »à la chinoise« entstanden; man sammelte
Lack- und Porzellangegenstände aus China. Der französische
Sonnenkönig höchstpersönlich schlüpfte auf einem seiner Bälle in
chinesische Verkleidung. Die Stadt Nürnberg erließ gar eine
»Sänfte-Verordnung«. Sie regelte, welcher der vornehmen Stadt-

---

[*] Die heutige Forschung meldet hier Vorbehalte an. So schreibt Widmaier,
1990, S. 165: »Die von Bouvet zwischen Leibniz' binärem Zahlensystem
und den 64 Hexagrammen der Fu-hsi-Ordnung festgestellte Beziehung
der Identität ist in erster Linie formaler Art. Obwohl über die ursprüngliche Bedeutung dieses Systems auch gegenwärtig noch keine letzte Klarheit
besteht, ist man heute der Auffassung, daß die Erfinder der Hexagramme
keinen quantitativen Kalkül im Sinn hatten; es handelt sich viel eher um
Permutationen und Kombinationen von Orakelstäbchen (lang/kurz) zu
Divinationszwecken.«
Widmaier analysiert auch die wechselseitigen Erwartungen, die philosophischen und zeitgeschichtlichen Komponenten im zehnjährigen Briefwechsel des Gespanns Leibniz/Bouvet, aus dem heraus erst die hinter-
gründigen Motive für das Interesse beider am *I Ging* ersichtlich werden.
Ihr Fazit (S. 300): »Viele der damals gestellten Fragen aber auch Antworten sind heute überholt und vergessen. Und das berühmteste Resultat
dieses ersten Kulturaustausches, der angebliche Isomorphismus zwischen
den Hexagrammen und den binären Zahlen (...), wird heute viel realisti-
scher und als weniger bedeutsam als im 17. Jahrhundert eingeschätzt.«

bewohner sich in einer Sänfte tragen lassen durfte.* Auch die Leibnizsche Entdeckung einer »Arithmeticam Dyadicam« in den Strukturen des »Buchs der Wandlungen« wurde von anderen Mathematikern wieder aufgegriffen. 1745 schreibt ein gewisser F. A. Knittel über das *I Ging*: »Kaiser Fohi hat in seinem Buch lauter arithmetische Verhältnisse vorgetragen, deren Unterschied ½ ist.« Im gleichen Jahr veröffentlicht Joh. Heinrich Hasenbalg seine Vermutung,

> daß der Kaiser durch die Verbindungskunst alle möglichen Arten der Schlußreden hat herausbringen wollen. Nach dieser neuen Hypothese werden also die 64 Figuren erkläret, und dabei gezeiget, daß dis sogenannte Buch ein Capitel aus des Kaisers Fohi Logik sein müsse, von welcher Logik der Überrest vermutlich verloren gegangen.

Wenig später ergreift Johan Thomas Haupt, seines Zeichens Königlich-Preußischer Kirchen- und Schulen-Inspektor zu Templin, das Wort und veröffentlicht 1753 eine Abhandlung zum *I Ging*, die er dem »Hochwolgeborenen und Hochgelarten Herrn, Herrn Peter Ludwig Moreau von Maupertuis, Sr. Königl. Majestät in Preußen Hochverordneten Presidenten der von Höchst Denenselben gestifteten Academie der Wissenschaften« gewidmet hatte. Er schreibt:

> Ew. Hochwolgeborenen ist nach Dero Ihnen beiwohnenden weitläufigen Erkäntnis sehr wol bekant, daß der Chinesische Kaiser Fohi eine kleine Schrift, die aus lauter ganzen und gebrochenen Linien bestehet, und welche die Chineser in ihrer Sprache Ye-Kim nennen, hinterlassen, und daß so wol die wizigen und scharfsinnigen Köpfe unter den Chinesern, als auch verschiedene gelerte Männer in Deuschland, worunter der Herr Baron von Leibniz oben an stehet, sich alle ersinnliche Mühe gegeben, diese an sich ungemein dunkle Schrift des Kaisers durch eine geschickte Auslegung aufzuklären. Ich habe diese verschiedene Erklärungen genau geprüft, und nach dem Gewicht gesunder und in der Sache selbst gegründeter Auslegungsregeln abgewogen und sie alle zu leicht befunden. Ich

---

* Vgl. A. Hsia, 1985, S. 381.

habe aber auch eine neue Erklärung mitgeteilt, und nach meiner Einsicht erfüllet sie alle Bedingungen, die man von einem Ausleger des Buches Ye-Kim mit Recht fordern kann.*

Aber auch seine »neue Erklärung« reduziert dann das *I Ging* auf »ein wahres Überbleibsel der von dem Kaiser Fohi (Fu-hsi) erfundenen Rechenkunst«.

Weitere Abhandlungen zum *I Ging* folgten, zum Teil mit kompletter Darstellung der 64 Zeichen, zum Teil mit Ausschnitten und Zitaten. Der erste umfassendere Deutungsversuch wurde in deutscher Sprache vorgelegt: 1763 schreibt J. H. Schumacher in Wolfenbüttel über: »Die verborgenen Alterthümer der Chinesen aus dem uralten canonischen Buche Yeking«. Angefangen bei P. Couplet im Jahre 1681 spannt sich ein weiter Bogen** bis hin zu Charles J. de Harlez, der 1889 in Brüssel eine Übersetzung vorlegte. Als erste, mit über tausend Seiten vollständigste, westliche Ausgabe ist aber die unter der Leitung von Jean-Baptiste Regis von mehreren Jesuiten herausgegebene lateinische Version zu bezeichnen: »Y-king, antiquissimus Sinarum liber«. Sie erschien zweibändig 1834/39 im Stuttgarter Cotta Verlag. Trotz aller dieser Veröffentlichungen blieb das »Buch der Wandlungen« aber außerhalb eines engen Fachgelehrtenzirkels weitgehend unbekannt.

Ihren eigentlichen Durchbruch in der westlichen Welt erlebten die »Wandlungen« erst zu Beginn des 20. Jahrhunderts, vor allem durch die Arbeit des deutschen Theologen und Sinologen Richard Wilhelm (1873–1930). Er gehörte in seiner Zeit zu den wenigen Vertretern Europas, die sich vor Ort in China mit großer geistiger Offenheit um die wahren Wurzeln des spirituellen China bemühten. Während zwischen 1900 und 1945 im Gebäude der geistigen und gesellschaftlichen Welt- und Wertvorstellungen im Orient wie im Okzident kein Stein auf dem anderen blieb, hatte Richard Wilhelm noch das Glück, mit letzten Vertretern altchinesischen Denkens zusammenzutreffen, bevor Mao Tse-tungs Kommunismus Leben und Geist Chinas weitgehend gleichschaltete. 23 Jahre

---

* Vgl. Ostasiatische Zeitschrift, 1925, S. 242.
** Über Jean-Baptiste Du Halde, 1735, Julius Mohl, 1834, in Stuttgart, Thomas McClatchie 1876, Angelo Zottoli 1879, James Legge 1882/1899 und Paul L. F. Philastre 1883.

Leben und Wirken unter gebildeten Chinesen haben Richard Wilhelm zu einem theoretisch und praktisch erfahrenen Kenner der alten chinesischen Weisheiten werden lassen. Persönlichkeit, Lebensweg und geistiger Werdegang dieses Menschen waren außergewöhnlich. Sein spannendes Leben verdient dem Vergessen entrissen zu werden.

7. RICHARD WILHELM:
EIN LEBEN FÜR CHINAS WEISHEIT

Die Psychologie der menschlichen Wahrnehmung kennt seit langem eine Reihe von Gestaltwahrnehmungsgesetzen. Eines lautet: »Hintergrund erhellt Vordergrund.« Welchen Hintergrund besaß Richard Wilhelm? Wer waren die Menschen, mit denen er sich zu umgeben pflegte? Wie war er »Kind seiner Zeit«? Welche Motive, Erwartungen, Hoffnungen begleiteten ihn auf den verschiedenen Stationen seines Lebens?

Solche Fragen führen unmittelbar zum Nachdenken über das Phänomen Geschichte, über die eigentümlichen Beziehungen zwischen Vorfahren und Nachfahren und über die Doppeldeutigkeit des Wortes »Ahnen/ahnen«. Wir alle sind Nachkommende, ruhen auf den Schultern der Menschen, die vor uns die Reise des Lebens auf diesem Planeten angetreten haben. Wir alle knüpfen an die Werke unserer Ahnen an. Jedes zivilisatorische Element, das uns umgibt, wurde irgendwann vor uns von einem Menschen als inneres Bild gesehen, als inneres Wort gedacht und in eine Gestaltung umgesetzt. Wo stehe ich selbst in diesem großen Prozeß des Werdens und Vergehens? Wer Geschichte kennen, ja in Geschichte denken gelernt hat, findet in der *catena aurea*, der goldenen Kette der Ahnen seinen persönlichen Anknüpfungspunkt. Gleichzeitig öffnet sich damit die Gabe des Ahnens, das Gespür, von ferne schon die herannahenden Entwicklungsschübe, Faltungen und Verwerfungen des Zeitgeschehens wie ein sensibler Seismograph registrieren, wenn auch selten klar definieren zu können.

»... man muß die Vergangenheit in ihren Kleidern sehen, nicht in unseren.«* Fragen wir also, in welche Zeiten, Weltumstände und vor allem Zukünfte ein Mensch hineingeboren wurde, der wie Richard Wilhelm 1873 das Licht der Welt erblickte. Es bedeutete u. a. ein Leben zwischen dem Ende des Deutsch-Französischen Krieges 1871 und dem Beginn der Hitler-Zeit 1933, eine Boomzeit für naturwissenschaftliche Erkenntnisse und Erfindungen, für

---

* Barbara Tuchman, 1984, S. 89.

Mechanisierung und Industrialisierung, für Imperialismus und Militarismus. Aus regionalen Auseinandersetzungen wird zum erstenmal ein weltumspannender Krieg. Kleinstaatliche Fürstenhöfe und biedermeierliches Bürgertum gehen unter, je mehr in sprunghaften Schüben Kapitalismus und moderne Großindustrie, Landflucht, verelendete Proletarier und ein enormes Bevölkerungswachstum hervortreten. Bismarck schneidert das Deutsche Reich. Gewerkschaften und Parteien werden auf der Basis von Massenbewegungen gegründet. Die Weimarer Republik, für manche die Hoffnung auf eine durchgreifende Institutionalisierung der Prinzipien einer modernen Demokratie, endet in einer Radikalisierung der politischen und sozialen Szenerie. Der Schwarze Freitag bringt ein Börsengewitter, dessen Donnerschläge zu einer mehrjährigen Weltwirtschaftskrise führen. Am Vorabend des zweiten globalen Krieges dämmert schon das Nazi-Menetekel herauf, das für die meisten damaligen Menschen unvorstellbare, ja für undenkbar erachtete Grausamkeiten mit sich bringen wird.

Zeitgenossenschaften

Kaum etwas spiegelt die Einbindung eines Menschen in den Prozeß der geschichtlichen Entwicklung einer Epoche so gut wider wie ein Blick auf die Namen seiner Zeitgenossen, die Richard Wilhelm vergleichbar auf den unterschiedlichsten Gebieten der Zivilisation herausragend gewirkt haben. Immer sind es einzelne, die »Geschichte machen«, die einer Epoche prägende Züge verleihen oder zur Kristallisationsfigur längst überfälliger Entwicklungen in der ganzen Menschheit werden. Schauen wir exemplarisch auf einige der Menschen, die zunächst nur eines gemeinsam haben: jeder von ihnen wurde ca. vier Jahre vor bzw. vier Jahre nach Richard Wilhelm geboren. Damit sind sie vordergründig Altersgenossen, hintergründig aber geistige Vertreter einer Generation im Aufbruch in ein neues Jahrhundert. Ob aus dem Bereich Kunst, Politik, Medizin, Wissenschaft oder Musik, ihre Namen stehen auch heute noch für das Kaleidoskop der verschiedensten Strömungen und Programme der damaligen Kulturentwicklung.

Diese Namen stehen für die unterschiedlichsten geistigen Richtungen. Und doch spiegeln sich in jedem Einzelschicksal Facetten jener großen Umwälzungen wider, die das Gesicht des 20. Jahrhunderts auf allen Gebieten revolutionieren sollten.

Zeitgenossen von Richard Wilhelm

Literatur	Heinrich Mann (1871), Hugo v. Hofmannsthal (1874), Thomas Mann und Rainer Maria Rilke (1875), Hermann Hesse (1877), Martin Buber (1878)
Wissenschaft	Alfred Adler (1870), Ernest Rutherford (1871), Leo Frobenius (1873), Ernst Cassirer (1874), Albert Schweitzer und Carl Gustav Jung (1875)
Kunst	Henri Matisse (1869), Ernst Barlach (1870), Piet Mondrian (1872), Max Reinhardt (1873), Arnold Schönberg (1874), Maurice Ravel (1875)
Politik	Mahatma Gandhi (1869), Rosa Luxemburg u. W. I. Lenin (1870), Friedr. Ebert (1871), Winston Churchill (1874), Konrad Adenauer (1876)

1873–1899 Jugend: Von Stuttgart nach Bad Boll

Richard Wilhelm wurde am 10. Mai 1873 in Stuttgart geboren. Sein Vater stammte aus Oberweißbach in Thüringen, einem Ort in dem vorwiegend Glasbläserei und Porzellanmalerei als bescheidene Hausindustrie betrieben wurden. Wie für viele andere Menschen dieser Gegend begann auch für Richards Vater der Start ins Leben mit bitterer Not und Armut. Als jüngstes Kind einer kinderreichen Familie verlor er unmittelbar nach der Geburt (um 1830) seinen Vater. Der älteste Bruder trug die Last des Familienunterhalts auf seinen Schultern. Nach einer Ausbildung als Porzellanmaler wandte sich Richards Vater aber rasch der Glasmalerei zu. Später siedelte er nach Stuttgart über und baute sich dort als Hofglasmaler eine kleine Werkstatt auf, in der er hauptsächlich aus der Anfertigung künstlerisch ausgestalteter Bleiglasfenster und der Herstellung, Reparatur und Montage von Kirchenfenstern sein bescheidenes Einkommen zu erzielen versuchte.

Bald zweiundvierzigjährig, geht der spätere Vater Richard Wilhelms zum zweitenmal eine Ehe ein. Er heiratet die elf Jahre jüngere Friederike Kayser. Sie bringt zwei Kinder zur Welt: Richard und seine anderthalb Jahre jüngere Schwester Helene. Beide verbindet in späteren Jugendjahren eine tiefe geschwisterliche Freundschaft, da sie ein ausgesprochenes Interesse und Verständnis für Kunst und Literatur teilen. Doch zunächst einmal lebt Richard ganz im Bann der väterlichen Werkstatt, in der der Bub gespannt alle Geschehnisse des Arbeitsalltags verfolgt: Bleigießen und -formen; das Zuschneiden verschiedenfarbiger Glastafeln, den Vater malend an seiner Glasstaffelei. Am liebsten verkriecht er sich auf den Oberboden, der, nur über eine schmale Leiter erreichbar, auf halber Höhe der Werkstatt wie eine Empore eingezogen ist. »Das Bewußtsein der Höhe und Einsamkeit, wobei man doch die Menschen sehen und hören konnte, gab dem Raum einen eigenen Reiz«*, berichtet er und läßt damit schon einen gewissen Hang zur Introvertiertheit und inneren Stille erkennen – ein lebenslanger Charakterzug. Von früh an zeichnet ihn eine Begabung für das meditative, das symbolisch sinnhafte Wahrnehmen

---

* Salome Wilhelm, 1956, S. 25.

der Welt aus. Staunend beobachtet er den Verwandlungsprozeß in den knisternden Gluten des Brennofens, der eine stumpfe Glasmalfarbe, z. B. ein undurchsichtiges Braunrot, in ein leuchtend klares Goldgelb umwandelt. Er »sieht« das darin verborgene Urbild der Metamorphose, begreift gleichnishaft, »was Verklärung durch Trübsalshitze bedeutet«*. Stundenlang liegt er im Gärtchen hinter der Werkstatt, abgeschirmt von den Gassenkindern, und saugt den Himmel mit seinem Wolkenspiel, das Licht, die sprießende Natur in sich auf. Von häufigem Kopfweh geplagt zieht er sich ins Zimmer zurück, zwingt sich, vollständig bewegungslos und still dazuliegen, und entdeckt, wie dadurch nicht nur der Schmerz abebbt, sondern ihn eine aus der Tiefe des eigenen Inneren aufsteigende vollkommene Ruhe umfängt. »So bedingen die Gegensätze im Leben einander. Diese Ruhe war schöner als alle Freuden der Straße...«**

Richard ist beinahe neun Jahre alt, da stirbt im Frühjahr 1882 der schon länger durch fortschreitende Gicht gezeichnete Vater. Fortan steht er für Jahre in einem von Frauen dominierten Umfeld. Neben Mutter und Schwester wird besonders die Beziehung zur lebhaften, immer frohgemuten Großmutter zu einem kraftspendenden Angelpunkt. Plötzlich ohne Ernährer dastehend, ergibt sich unvermeidlich ein größerer wirtschaftlicher Druck auf die verwaiste Familie. Die Mutter wird psychisch zusehends von den Sorgen und Nöten, den Alltagskleinlichkeiten und Ängsten um den Lebensunterhalt angegriffen. Richard leidet mehr und mehr unter ihrer veränderten, zunehmend pietistisch-frömmelnden Art. Die väterliche Werkstatt und sogar ein Teil der Wohnung müssen weitervermietet werden. Richard zieht jetzt ganz zu seiner im selben Haus wohnenden Großmutter. Er besucht nach der zweiklässigen Elementarschule das Realgymnasium. Lungenkrankheit, eine starke Kurzsichtigkeit und andere körperliche Dispositionen lassen aber bereits deutlich werden, daß Richard ungeeignet sein wird, das väterliche Geschäft einst wieder aufzunehmen und weiterzuführen. Der Arzt der Familie gibt den wohlmeinenden Rat, Richard möge sich doch auf den Beruf des Pfarrers vorbereiten. Er wechselt auf das humanistische Gymna-

---

*   Ebenda, S. 25.
** Ebenda, S. 27.

Porträt: Richard Wilhelm (1873–1930).

sium, lernt mit Leichtigkeit den dargebotenen Unterrichtsstoff, zum Ärger mancher Lehrer aber nur dann, wenn eine bevorstehende Prüfung es unumgänglich macht. Er braucht Zeit und Raum zum Alleinsein, sucht die Stille zum Nachdenken über Gott und die Phänomene der Welt. Viele konträre, sich scheinbar widersprechende Einsichten und Ansichten über das Wesen des Göttlichen, die Formen von Religiosität, Sünde und Lasterhaftigkeit bedrängen ihn in seinem inneren Seelenzustand. Sooft es möglich ist, flieht er an verschwiegene Plätze, wandert durch einsame Weinbergwege und halbverfallene Tunnel zu den aufgelassenen Steinbrüchen der Umgegend, verbringt Stunden der Versunkenheit auf einem alten Gottesacker, dem ehemaligen Hopenlau-Friedhof, der ihn in seiner wuchernden Unberührtheit, seiner wilden Verwunschenheit verzaubernd anrührt. Die pubertäre körperliche Umbruchzeit stürzt ihn auch seelisch-geistig in ein Wechselbad innerer Krisen. Kaum einer der wenigen gleichgesinnten Schulfreunde steht ihm nahe genug; alles muß er mit sich selbst austragen. Sinnfragen, Nihilismus, Todesgedanken steigen in ihm auf. Aber auch erste luzide Bewußtseinsmomente über die Bedeutsamkeit seines Lebensschicksals:

Auf dem Grunde des Meeres zu liegen, ganz tief drunten, wo kein Sturmwind seine Wellen hinabsenkt, sondern Nacht ist und ewige Stille, das war erwünscht, oder auf dem Schlachtfeld liegen, nachdem ich gekämpft für Menschheitsziele und große Gedanken: dann ganz ruhig daliegen und ausruhen, während die Menschen kamen und ihre Meinungen austauschten. – Auf jeden Fall wollte ich etwas leisten. Ich hatte das Gefühl, daß etwas in mir war, das so nicht dagewesen, etwas Besonderes. Und so wollte ich denn nicht untergehen in den namenlosen Scharen und Massen, sondern ich wollte mein Eigenes geben, und ich fühlte, daß das von Bedeutung sein werde.*

Starke Traumbilder verfolgen ihn in den Nächten. In abendlichen Dämmerungsstunden läßt der Halbwüchsige seine Seele in meditative Versenkungen abgleiten, fliegt der Sonne entgegen und beginnt sich über diesen Planeten zu wundern, den man Erde nennt. Ohne daß ihm klar wird, in welche Tiefenschichten seines

---

* Ebenda, S. 40.

Bewußtseins er da vordringt, erlebt er den Reichtum innerer Welten, erfährt Augenblicke der Wandlung vom *Ich* zum *Selbst* und erahnt schemenhaft etwas vom Thema Wiedergeburt und frühere Leben.»...die großen Rätselfragen des Daseins, warum das alles so ist, ja warum überhaupt etwas ist, regten sich unheimlich, Antwort heischend, und in solchen Augenblicken kam dann wohl jenes seltsame Gefühl über mich, daß ich alles so schon einmal erlebt, schon einmal gedacht...«[*]

In diese Schwellenzeit zwischen Kindsein und Jugendzeit fällt auch die Erinnerung an einen beeindruckenden Traum mit den Figuren der Weihnachtsgeschichte. Erst Jahre später betritt er die National Gallery in London und ist zutiefst berührt, sein Traumbild dort in exakter Wiedergabe vorzufinden: es ist ein Bild von Botticelli. Noch aber treibt er auf weitere Klippen seiner Identitätskrise zu. Es fehlt ihm ein verstehender, erwachsener Ansprechpartner, dem er seine inneren Nöte anvertrauen kann. Er schließt sich von allem oberflächlich-sorglosen Trubel um ihn herum ab. Erstaunlich das Maß an Selbstreflexion: Er weiß um seine Verschlossenheit, um seine »dauernde Gewohnheit, ein Geheimnis zu haben vor allen, allen Menschen«.[**] In der Konfirmandenzeit versucht er während mancher überlanger Predigten eine, wie er es bezeichnet, »eigene Religionsübung«: »Ich wollte mich mit Gewalt aus der Welt der Erscheinung in die Welt der Wahrheit versetzen, indem ich unverwandt auf einen Punkt blickte, mich ganz ruhig verhielt und meine Gedanken möglichst konzentrierte.«[***] Heute wissen wir, daß solche Übungen zu den Anfangsgründen spiritueller Einübung nicht nur in der Tradition der christlichen Mystik, sondern auch im Yoga, im Schamanismus oder im Zen gehören. Solches Wissen war aber diesem um 1887 im Milieu des württembergischen Protestantismus heranwachsenden Jugendlichen mit Sicherheit nicht zugänglich. Richard steht mit den Erlebnissen ganz dicht an den Pforten der mystischen Offen-

---

[*]   Ebenda, S. 41 f.
[**] »Ich hatte ein Ich für die anderen. Nicht, daß ich geheuchelt hätte und mich bewußt verstellte. Ich versetzte mich tatsächlich in dieses Ich und sprach und handelte aus diesem Ich heraus. Dahinter aber stand das andere Ich mit seinen Kämpfen und Schmerzen, seinen Lüsten und seinem Ringen, seinen Niederlagen und Siegen – allein.« Ebenda, S. 43.
[***] Ebenda, S. 42.

barung, einsam in seinem Beziehungsumfeld. Als sich zur aufgewühlten inneren See dann auch noch äußere Stürme, ausgelöst durch ignorante, unspirituelle Lehrer einstellen, ist Richard Wilhelm am Ende seiner Verarbeitungskraft. Er beschließt, sich das Leben zu nehmen:

> Als die Frühjahrsprüfungen herannahten, wollte er ein Gift kaufen. Da er aber aus Versehen Weinsteinsäure statt Brechweinstein bekam, entließ ihn zwar der Lehrer als krank – aber die von ihm erhofften Folgen blieben aus. Über dem Meditieren eines Aufsatzthemas »Unter dem Sternenzelt« kam es dann zu einer Art Zusammenbruch. Er ging Tage und Wochen im halben Traum umher, und der Boden schien ihm zu schwanken, denn immer wieder kam die Frage: »Wozu soll das alles«?[*]

Langsam nur weicht seine Orientierungslosigkeit, das Sich-selbst-in-Frage-Stellen. Mit dem Lehrerwechsel in der Unterprima tritt eine Wende ein. Ein begeisternder Unterricht vermittelt ihm den letzten Anstoß, sich mit der geistigen Welt, mit den großen Denkern, Dichtern, Künstlern und Naturforschern zu beschäftigen. Goethe, Lessing, Herder, Eichendorff, Novalis, E. T. A. Hoffmann – er verschlingt geradezu die Bücher, so wie sie ihm in einer Stuttgarter Leihbücherei in die Hände fallen. Sein Interesse gilt der Astronomie und Chemie. Die Ferien werden zur Einarbeitung in die Kunstgeschichte genutzt. Dürer, Rembrandt, die italienische Renaissance und besonders Leonardo da Vinci faszinieren ihn. Ein Schulkamerad macht ihn auf die Theosophie aufmerksam. Grenzfragen der Wahrnehmung, Suggestions- und Spiritismusphänomene entfachen seine Neugier. Zum wichtigsten Element seines geistigen Werdegangs aber wird die Musik. Hatte er schon als junger Schüler von einer damals gefeierten Violinvirtuosin die Anfangsgründe der Musik und des Geigenspiels erlernt, so bringt ihm jetzt der städtische Kapellmeister Beethoven nahe. Er genießt zahlreiche Konzerte und ist ständiger Gast in der Stuttgarter Liederhalle, die, wie glückliche Umstände es fügen, von seinem Onkel bewirtschaftet wird.

Das Jahr 1891 bringt Abschluß und Neubeginn gleichermaßen.

---

[*] Ebenda, S. 51.

Er nimmt nach bestandenem Examen Abschied von seiner Stuttgarter Schulzeit. Ein letztes Mal Ferienzeit mit einem Schulkameraden auf dem Lande: Biwak im Freien. Die erste Nacht seines Lebens auf freiem Feld rührt ihn seltsam tief, als er von der großen Stille, den kreisenden Sternbildern, den lautlos harrenden Schatten umfangen wird. Schauder von Schicksalsschwere und All-Einsseins steigen in ihm auf.

Da bekam ich eine Empfindung von Ewigkeit. Und das Leben stand still und breitete sich vor meinen Blicken aus. Wie von hohen Bergen blickte ich auf seine Schlängelwege und fand Klarheit. (...) Gelassen nahm ich Abschied von allem, was gewesen. Meine Gedanken wandten sich der Zukunft entgegen. Ein heller Meteor schoß durch den Himmel.*

Zeitzeichen: Europa um 1890–91

Der junge Kaiser Wilhelm II. entläßt Bismarck. Eine Epoche geht damit zu Ende. Aufkommender Nationalismus und Imperialismus auch in Deutschland. Die SPD beschließt das Erfurter Programm. Die ersten internationalen Maifeiern. Der erste Kongreß der freien Gewerkschaften beschließt, auch Frauen in ihre Reihen aufzunehmen. Reichsgesetze schreiben Sonntagsruhe vor und bestimmen elf Stunden täglich als maximale Arbeitszeit für Fabrikarbeiterinnen. Internationales Friedensbüro wird in der Schweiz gegründet.

Gauguin reist nach Tahiti. Tod Vincent van Goghs und des Troja-Entdeckers Heinrich Schliemann. Tschaikowski komponiert seine Nußknackersuite. William James: Prinzipien der Psychologie. Otto Lilienthal gelingen erste erfolgreiche Segelflüge. In der Physik taucht der Begriff »Elektron« auf. Tuberkulin, synthetischer Zucker, Luftreifen, Dreifarbendruck, Hochspannungstrafo als neue Erfindungen. Landwirtschaft nutzt systematisch Kunstdünger. USA-Volkszählung mit Holleriths elektrischer datenverarbeitender Lochkartenapparatur.

---

* Ebenda, S. 56.

Im Herbst 1891 eröffnet das Tübinger evangelisch-theologische Stift seine Pforten für die Erstsemester, die die Priesterlaufbahn anstreben. Unter ihnen Richard Wilhelm, der sich zunächst mit großem Eifer auf die Philosophie stürzt und die theologischen Vorlesungen ohne rechte Begeisterung über sich ergehen läßt. Nur die Philosophie, so scheint es ihm, bietet den entscheidenden Schlüssel zur Lösung der großen Lebensrätsel. Die protestantische Kirche ist zu jener Zeit in einem Gärungsprozeß. Es kommt zu Auseinandersetzungen zwischen liberalen und konservativen Kräften. Bekannte Pfarrer treten aus der Kirche aus bzw. werden ausgeschlossen oder in Nischen gedrängt. Richard korrespondiert mit dem umstrittenen Theologen und Philosophen Christoph Schrempf*, der in der Kirchenpolitik dieser Zeit schon zu einem »Fall Schrempf« geworden war. In ihm findet er einen diskursfreudigen Ansprechpartner und Ratgeber, der ihn in seinen Briefen ermuntert und unterstützt, sich weiterhin seine eigenen Gedanken über Gott, Jesus und die wahren Wurzeln des Christentums zu machen: »Lassen Sie sich durch niemand schrecken (auch nicht durch mich) und durch niemand einschläfern.«** Ein Rat, den Richard sein Leben lang beherzigen wird. Hier wird bereits die kritische Grundhaltung gegenüber dem Wirken und den Wirkungen der Kirchen des Abendlandes sichtbar. Noch bleibt er in den vorgezeichneten Schienen einer typischen Priesterlaufbahn, verläßt aber bereits nach einem Jahr das theologische Stift und bezieht Privatquartier in der Tübinger Innenstadt. Er will mit mehr Ruhe und Zurückgezogenheit seine Studien vorantreiben, sich noch mehr in die bildende Kunst vertiefen und möglichst viel mit einer kleinen Freundesgruppe musizieren. Unter diesen Studienkollegen findet er einen lebenslangen treuen Freund in Walter F. Otto, der später zu einem bekannten Religionsphilosophen, Altphilologen und Kenner der griechischen Antike avancierte und mit dem er die letzten Jahre seines Lebens in gemeinsamer Arbeit an der philosophischen Fakultät der Uni-

---

* Chr. Schrempf (1860–1944), u. a. in der Tradition S. Kierkegaards, Kritiker einer verweltlichten Amtskirche, trat 1909 aus der Kirche aus, beeinflußte die Existentialphilosophie und legte eine 12 Bände umfassende deutsche Ausgabe von Kierkegaards »Gesammelten Werken« vor.
** S. Wilhelm, 1956, s. 59.

versität Frankfurt wirken sollte. Otto schreibt über die gemeinsame theologische Studienzeit:

> Wilhelm erwarb sich rasch den Ruf des besten Kopfes. (...) Was an diesem jungen Theologen am meisten erstaunte, das war die Freiheit und Ruhe des Geistes und des ganzen Seins. Er nahm an allem teil, er liebte, er schwärmte – und doch war es unverkennbar, daß er zu allen Dingen anders stand als seine Freunde. (...) Er ahnte wohl ein ewiges Gesetz allen Seins und Wachsens, eine sinnvolle und zugleich heilige Ordnung der Dinge und des Geschehens...*

Nach vierjähriger Studienzeit legt Richard Wilhelm das erste theologische Staatsexamen ab und verläßt Tübingen. Im November 1895 wird er in der Stiftskirche in Stuttgart ordiniert, anschließend als Vikar in zwei kleinen, idyllischen Ortschaften der ländlichen Umgebung angestellt. 1897 ereilt ihn die Berufung nach Dorf Boll zur Vertretung des dortigen erkrankten Priesters. Eine schicksalsprägende, ihn innerlich aufwühlende zweijährige Lebensphase beginnt. Wie die Fügung es will, ist Richard gezwungen, im benachbarten Bad Boll im Haushalt des dortigen Pfarrers Christoph Blumhardt Kost und Logis zu beziehen und wird auch dienstlich diesem Manne unterstellt. Damit tritt der gerade 24 Jahre junge Vikar in ein geistiges Umfeld ein, das ihn mitreißt und begeistert. Seine Ahnungen von der Kraft der ursprünglichen, christlichen Botschaft, sein Suchen nach einer lebendigen Gotteserfahrung – hier findet er sie in der Person Blumhardts leibhaftig vorgelebt.

Dieser Geistliche ist ein Mensch mit ungewöhnlicher Ausstrahlungskraft. Ein Mann von freiem, starkem Charakter, von dem ein so großes christliches Charisma ausgeht, daß die Bevölkerung zum Teil von weit her zu ihm strömt. Viele freigeistig und undogmatisch denkende Gäste besuchen das Pfarrhaus und verstärken bei Richard den unmittelbaren Eindruck von der Außergewöhnlichkeit Blumhardts. Ihm geht der Ruf eines Wunderheilers voraus. Für Richard Wilhelm gibt es in dieser Zeit nichts Wertvolleres, als mit dem Pfarrer Krankenbesuche zu machen. Er berichtet in Briefen an seine Schwester von den mit eigenen Augen erlebten merkwürdigen Krankenheilungen und ist sich sehr bald darin sicher, hinter

---

* W. F. Otto, 1962, S. 222–23.

Blumhardt stecke eine »gewisse heiligende und reinigende Kraft des Gebets gewissen Krankheiten und ›Dämonen‹ gegenüber«:

Ich finde namentlich das so schön, daß ich hier endlich Antwort darauf finde, was mich schon lange sehr umgetrieben hat, nämlich warum mit all dem Christentum in den zweitausend Jahren noch nichts zustande gebracht worden ist. (...) In Blumhardt ist endlich einmal ein Mensch in mein Leben getreten, in dem Gottes Kraft wirksam geworden ist. (...) Ich glaube nicht, daß es umsonst war, daß ich weitergeführt wurde; ich glaube, das wichtigste in der Welt, Gottesgewißheit, kann ich nirgends so erleben wie hier: denn die läßt sich nicht aus den Fingern saugen, die erwirbt man sich nur aus der Berührung mit einem Menschen, in dem Gottes Kraft wirklich Leben wirkt.*

Fortan, bis zu seinem Tod im Jahre 1919, bleibt Blumhardt ein geistlicher und geistiger Ratgeber und Orientierungsquelle für Richard Wilhelm, obwohl oder gerade weil ihm klar ist, daß dieser Mann im Grunde auch einen stillen Kampf gegen die verkrusteten Strukturen der württembergischen Amtskirche führt:

– Kirche darf nicht zum Selbstzweck werden;

– eine lebendige Gemeinde braucht eine transparente Kirche;

– ein undurchsichtiges Transparent verdunkelt das spirituelle Licht;

– Re-Formation = Rückbildung auf die historischen Ursprünge des Christentums.

Angesichts der Verarmung und Verelendung großer Bevölkerungsschichten in jenen Zeiten der zweiten industriellen Revolution stellt Blumhardt sich und seine Kirche vor die soziale Frage. Die Rolle des Pfarrers scheint ihm mehr und mehr nebensächlich zu werden, solange ein großer Teil der Gemeindemitglieder in tiefster materieller Not darben muß. Das Elend der Proletarier bewegt ihn, sich als Bundesgenossen der Arbeiter zu bezeichnen. Später zieht er als Vertreter der Arbeiterpartei sechs Jahre in den württembergischen Landtag. Ein »Sozi« in Priesterkleidern? Solches gesellschaftsverändernde, politische Wirken ist den Kirchenoberen

---

* S. Wilhelm, 1956, S. 69.

Christoph Blumhardt (1842–1919), charismatischer Seelsorger in Bad Boll, späterer Schwiegervater Richard Wilhelms.

schließlich doch zuviel. Blumhardt muß in der Folge Funktion und Pfarrertitel abgeben und wird innerkirchlich isoliert.*

Für Richard Wilhelm aber bilden die Jahre im Hause Blumhardt eine Lehrzeit in Sachen Mitmenschlichkeit, Spiritualität und soziales Engagement. Das Leben im Blumhardtschen Umfeld bringt ihm persönlich manche wichtige Freundschaft und Begegnung. So befreundet er sich sehr mit den Schwestern Bernoulli aus Basel, besonders mit Maria, der späteren Frau von Hermann Hesse, mit der er dann selbst von China aus noch korrespondiert. Vor allem aber lernt er dort Salome, eine der sieben Töchter Blumhardts, kennen und lieben. Sie verloben sich im Januar 1899, einen Tag, bevor seine neue Laufbahn als Missionar beginnt.

---

* »Das Konsistorium hatte ihn aufgefordert, auf Titel und Rang eines Pfarrers zu verzichten, aus Anlaß seiner Zugehörigkeit zur Sozialdemokratie.« S. Wilhelm, 1956, S. 100.

Stichwort: Missionsbewegung

Die Missionsbewegung in der Epoche des Hochimperialismus im späten 19. Jahrhundert ist ideell und strukturell eng mit dem Kolonialismus der Neuzeit verknüpft. Alle imperialistischen Staaten entwickelten parallel zu ihren geographischen und wirtschaftlichen Eroberungen eine bisweilen aggressive missionarische Kraft, die mit einem ausgefeilten kolonialen Herrschaftsinstrumentarium zu einer »Europäisierung der Erde«, zu einem erdumspannenden Einbruch westlicher Kulturfaktoren in fremdländische Zivilisationen führte. Damals wurde der Same zur heutigen weltweiten technischen Einheitszivilisation gelegt.

– Realpolitik war identisch mit Streben nach Hegemonie, Rivalität und Kampf um Macht. Es galt mitzuhalten beim Wettlauf um den Besitz der noch »unverteilten« Erde.

– Die Ökonomie basierte auf der Doktrin des weltweiten Freihandels. Die militärische Öffnung »geschlossener« Länder ist aggressiver Ausdruck für den ökonomischen Wunsch nach freiem Zugang zur Kaufkraft und zu den Ressourcen fremder Staaten.

– Religiös umkleidet, existierte in den Köpfen des »weißen Mannes« ein geistiges Sendungsbewußtsein, dem heidnischen, barbarischen Rest der Welt die abendländische Zivilisation aufzuzwingen. (Cecil Rhodes, 1877: »Ich behaupte, daß wir die erste Rasse in der Welt sind und daß es um so besser für die menschliche Rasse ist, je mehr wir von der Welt bewohnen«.)

– Konkurrierende westliche Religionsgemeinschaften betrieben großen Aufwand. So gab es in China allein 62 europäische und 59 amerikanische Missionsgesellschaften protestantischen Glaubens. Die Missionserfolge blieben dennoch gering: Viele Konvertiten waren schlicht »Reis-Christen«.

1899–1920 Berufung:
Von Deutschland nach China

Im nördlichen Teil der Ostküste von China ragt ein Landfinger, die Halbinsel Schantung *(Shandong)*, in das Gelbe Meer. An ihrer Südflanke liegt die Bucht von Kiautschou *(Jiaozhou)*. Diese Bucht, mit dem ärmlichen kleinen Fischerdorf Tsingtau *(Qingdao)* als Anlaufpunkt, nahm sich das deutsche Marinekommando zum Ziel, um in Anwendung wilhelminischer Kanonenbootpolitik am 14. 11. 1897 Truppen anzulanden. Den Vorwand zur Annexion eines recht dicht besiedelten chinesischen Landstrichs in einer der Hauptprovinzen Chinas lieferte ein Zwischenfall, der sich zwei Wochen zuvor im Hinterland der Provinz Schantung ereignet hatte.

Schon seit einigen Jahrzehnten mußte ein durch Intrigen, Aufstände und Hungersnot politisch destabilisiertes, wirtschaftlich und vor allem militärisch ohnmächtiges China Stück um Stück beträchtliche Teile seiner Hoheitsgebiete an Japan, Amerika und die europäischen Kolonialmächte Portugal, England, Frankreich, besonders Rußland und zuletzt auch Deutschland abtreten. Doch die Besatzungsmächte betrachteten nicht nur die Stützpunkte und Freihandelshäfen, sondern auch das jeweilige Hinterland ungeniert als ihre »Interessensphäre«, in der sie, oft rücksichtslos gegen die einheimische Bevölkerung, schalteten und walteten.* Aber je offensiver ihr Auftreten, um so stärker die Gegenbewegung. 1891 und 1895 kam es zu ersten Höhepunkten. Eine Welle von antimissionarischen Ausschreitungen und Ausländerpogromen durch in Geheimbünden, Rebellenbanden und raubenden Schlägertrupps zusammengeschlossene verarmte Chinesen rollte vor allem durch Mittelchina.

Der Zwischenfall: Am 1. 11. 1897 kam es im Bereich Schantung

---

* So setzten sie gegenüber der chinesischen Zentralregierung in aller Regel durch, daß nicht nur die Zoll- und Verwaltungshoheit, sondern auch die Gerichtsbarkeit für alle Streitigkeiten mit Ausländern den Besatzern unterstand. Die Folge war, daß sich so mancher Missionar, Soldat oder Handlungsreisender erdreisten konnte, selbst rüdestes Verhalten bis hin zu Totschlag u. ä. gegenüber den »Kulis«, dem »Chinesen-Pack«, erlauben konnte, ohne große Sanktionen durch seinesgleichen befürchten zu müssen. Vgl. dazu S. Wilhelm, 1956, S. 126.

zur Ermordung von zwei deutschen katholischen Missionaren. Ein gewissermaßen »willkommener« Anlaß für die imperialistischen Strategen in Deutschland, unter dem Vorwand einer »Strafexpedition« einen besitzergreifenden Fuß auf chinesisches Gebiet setzen zu können. Deutschland – mit den anderen Mächten im Wettlauf um die besten »Filetstücke« im asiatischen Raum – konnte Flagge zeigen. Man brauchte einen geeigneten, ausbaufähigen Militärstützpunkt mit Kohlefeldern im Hinterland als Versorgungsstation für die Dampfschiffe der deutschen Kriegs- und Handelsmarine in Fernost. Am 6.3.1898 wird der chinesischen Regierung ein Pachtvertrag aufgezwungen, der die deutsche Position in Schantung festschreibt.* Bereits kurze Zeit später annonciert der *Allgemein Evangelisch Protestantische Missionsverein Berlin* in einer Zeitung die Stelle eines Pfarrers zur Betreuung der deutschen Mitglieder der neuen Kolonie Kiautschou, der zugleich auch missionarisch tätig werden solle. Unter vielen Bewerbern wird Richard Wilhelm ausgewählt und im Januar 1899 zwecks Sprachschulung und Vorbereitung aufs »Missionsfeld« nach England, dem Mutterland der kolonialistischen Missionsbewegung, geschickt. Der dreimonatige England-Aufenthalt eröffnet ihm

---

* Wilhelm Matzat berichtet zu den Hintergründen: »Schon seit den Tagen des Norddeutschen Bundes und besonders nach 1871 hielten sich ständig einige deutsche Kriegsschiffe in ostasiatischen Gewässern auf, um den deutschen Handel zu schützen, wie die Formel hieß. Zum Kohlen und Reparieren der Schiffe war man auf die Vertragshäfen an der chinesischen Küste und auf die britischen Docks in Hongkong angewiesen. Ab 1895 wurde in der Reichsmarine der Wunsch immer stärker, in Ostasien einen eigenen Flottenstützpunkt zu besitzen, um von der Gunst der Briten und anderer Nationen unabhängig zu sein. (...) Nach langem Hin und Her entschied man sich in Berlin für die Bucht von Jiaozhou an der Südküste Shandongs und brauchte jetzt nur noch einen Vorwand, sie zu besetzen, was am 14.11.1897 geschah. Die Proklamation, die man an diesem Tage für die chinesische Bevölkerung in den einzelnen Dörfern anschlug, war schon Monate vorher in der deutschen Gesandschaft in Beijing entworfen und ins Chinesische übersetzt worden.« In: Kuo Heng-yü/M. Leutner, 1986, S.37. Bezeichnenderweise aber platzten bald manche deutsche Träume: »Einer der Hauptgründe, sich für Kiautschou zu entscheiden, waren die Steinkohlefelder in der Shandong-Provinz. Im Pachtvertrag hatte sich das Deutsche Reich das Monopol für den Abbau gesichert. Doch die Qualität der Kohle entsprach weder den Ansprüchen der Marine noch denen der Eisenbahngesellschaft.« D. Michelers, 1989.

Ostküste Chinas mit Tsingtau, dem langjährigen Domizil Richard Wilhelms.

zwar einen kosmopolitischen Blick, da er mit Missionaren aus aller Welt zusammentrifft, führt ihm aber schon drastisch vor Augen, welches geistige Klima in den Ausbildungszentren der Missionsgesellschaften herrscht.* Im April bereits verläßt er Europa und erreicht über Colombo, Hongkong, Schanghai in den Abendstunden des 12. Mai 1899 sein Ziel, das Fischerdorf Tsingtau.

Verwurzelung in Tsingtau

Tsingtau, »grüne Insel« – so genannt nach dem ihr vorgelagerten Eiland – glich bis zum Auftauchen der Deutschen vielen anderen kleinen Ortschaften der relativ dichtbevölkerten Halbinsel Schantung *(Shandong)*. Innerhalb weniger Jahre sollte es mit preußischer Planungsgründlichkeit zu einer rasch aufblühenden »Deutschen Stadt am gelben Meer« werden, gerühmt als das »Neapel des Fernen Ostens«** mit wunderbarem, goldgelbem Badestrand. Nach 16 Jahren, bei Ausbruch des Ersten Weltkrieges, verfügte Tsingtau bereits über alle städtebaulichen Errungenschaften einer Siedlung der wilhelminischen Kaiserzeit, die mehrere Funktionen gleichzeitig in ihren Mauern beherbergen mußte: Hafenstadt,

---

* So schreibt er seiner Verlobten: »Ich sage Dir, die hiesigen kirchlichen und religiösen Verhältnisse sind riesig langweilig, man hält diese Enge in den Prayermeetings auf die Dauer nicht aus. Die Fragen, um die die Leute sich hier herumdrehen, sind alle keine Fragen des Lebens.« S. Wilhelm, 1956, S. 75. Viel Kritik an der Mission findet sich dann später in R. Wilhelms China-Rückschau *Die Seele Chinas*, Berlin 1926a, S. 270; damals Anlaß für den Berliner Missionsverein ihn endgültig aus dem Verein hinauszuwerfen. Jakob Wilhelm Hauer (1881–1962), der heute fast vergessene Tübinger Indologe und Yoga-Kenner, hatte eine auffallend parallele Biographie. Auch er begann als Theologe, ging nach Indien, wurde dort von der religiösen Kultur und dem geistigen Erbe Indiens tief geprägt und zum Vermittler so mancher indischer Weisheit in Europa. Er skizzierte das abschnürende, bigotte Milieu in seiner Ausbildung bei der Baseler Missionsgesellschaft: keine Privatlektüre, schon gar nicht freigeistige Bücher, etwa von Nietzsche u. a., kein Theaterbesuch, kontrollierter Ausgang, keine Kontakte mit dem weiblichen Geschlecht, zur Verlobung mußte Erlaubnis eingeholt werden, nur brieflicher Kontakt mit der Frau war gestattet; der Missionar bekam die Frau dann später ins Missionsfeld »zugeschickt«! Vgl. Dierks, 1986, S. 31–41.
** D. Schulz, 1985, S. 74.

Garnisonsstadt, Handelskolonie und Missionsstützpunkt. Schon ein Stadtplan von 1906 verzeichnet eine beeindruckende Bilanz des stetigen Baubooms:

Eine kleine Stadt am Meer; schachbrettartig angelegt. Eine Stadt vom Reißbrett. Parallel zu den Gleisen die Kieler Str.; dem Bahnhofsportal gegenüber mündet die Prinz-Heinrich-Str.; wenn ich sie mit dem Finger entlangfahre, überquere ich die Münchner, stoße auf die Wilhelmstr., rechter Hand die Bucht und an der Ecke zum Kaiser-Wilhelm-Ufer das einzige Hotel. Die Wilhelmstr. ist das zu kurz geratene Abbild der Berliner Prachtallee »Unter den Linden« und führt zu einem Hotel, an dessen Fuß das Gouvernementsgebäude steht. Ein dominanter zweiflügeliger Block, Zentrum und Herrschaftssymbol. Eine deutsche Kleinstadt aus der Kaiserzeit mit Elektrizitätswerk, evangel. u. kath. Kirche, mit einem Schlachthof. Außerdem eine Garnisons- und Hafenstadt, mit Kasernen, Lazarett, Munitionsdepot, Signalstation; mit Hafen, Landungsbrücke, Leuchtturm und Werft. (...) Brauerei und Weinkellerei sind deutsche Gründungen. Gepflasterte Straßen führen den Hügel hinauf, gesäumt von Geschäftshäusern im historisierenden Stilgemisch der Jahrhundertwende...[*]

Richard Wilhelms Ankunft in Tsingtau 1899 fällt jedoch noch in die frühe Pionierzeit des Ortes, in der die deutsche Zivilbevölkerung erst wenige Köpfe zählt.[**] Die ihm aufgetragene theologische Funktion kann er in mehrfacher Hinsicht zunächst gar nicht wahrnehmen. Es fehlt am Nötigsten. Er findet weder für sich noch für seine seelsorgerischen Aufgaben Räumlichkeiten vor, spricht noch kein Wort Chinesisch und muß das erste Jahr in einer einfachen chinesischen Hütte ohne hygienische Einrichtungen

---

[*]   D. Michelers, 1989.
[**] Bereits ein Jahr später aber ist die Zahl deutscher Einwanderer auf ca. 500 angewachsen, dazu das ca. 1500 Mann starke Militär und etwa 6000 chinesische Einwohner; vgl. Kuo Heng Yü/M. Leutner, 1986, S. 118. – Bei den Einheimischen löste das Auftauchen der Deutschen einen Zuwanderungsboom schon in den ersten drei Monaten aus: »Der gute Verdienst in Tsingtau lockte chinesische Arbeiter so stark heran, daß sich die Bevölkerung des alten Dorfes Tsingtau im Februar 1898 schon verdreifacht hatte.« W. Schüler, 1912, S. 349.

hausen. Eine Tropenkrankheit wirft ihn während der Regenzeit auf das Krankenlager. Das Einleben in Tsingtau ist mit großen Schwierigkeiten verbunden. Zu seinem Glück findet er am gleichen Ort einen hervorragenden Lehrer und Mentor in der Person seines Missionskollegen Dr. Ernst Faber. Als langjähriger Chinakenner* vermittelt Faber ihm ein tiefes Verständnis für die Psychologie und Mentalität des chinesischen Volkes und führt ihm als besonders interessierter Botaniker auf gemeinsamen Wanderungen manche Geheimnisse der chinesischen Pflanzenwelt vor. Faber ist es wohl auch, der in Richard Wilhelm den Samen der Begeisterung für das alte literarische Erbe Chinas legt. Um »eine wirklich gründliche Auseinandersetzung zwischen der chinesischen und der christlichen Weltanschauung zu ermöglichen«**, hatte Faber die gesamte maßgebliche Literatur der Chinesen durchgearbeitet. Aus seiner Feder stammten sowohl Übersetzungen aus dem Chinesischen ins Deutsche als auch chinesische Bücher über westliche Themen, besonders über deutsche Erziehungs- und Wirtschaftsorganisationen. Dieser Mann, der sich eine umfangreiche sinologische Bibliothek zusammengetragen hatte, war in weit größerem Maße praktizierender Forschungsgelehrter und Sinologe als missionierender Priester. Er wurde, wenn nicht Vorbild, so doch Sinnbild für den in dieser Anfangsphase nach einem eigenen Weg suchenden Richard Wilhelm. Die gemeinsame Zeit war leider rasch beendet. Schon wenige Monate nach der Ankunft Richard Wilhelms verstarb der alte Faber an der Ruhr, die damals neben Flecktyphus und vereinzelten Cholerafällen im Großraum Kiautschou grassierte. Doch der Keim war gelegt. Richard Wilhelm nahm fortan nicht nur die große Fabersche Büchersammlung in seine Obhut, sondern machte sich auch das berufliche Selbstverständnis Fabers zu eigen, mitzubauen an einem Brückenschlag zwischen dem geistigen China und dem geistigen Europa, zwischen der Welt des Orients und der Welt des Okzidents. Bald nach dem Eintreffen in Tsingtau hatte er den persönlichen Entschluß gefaßt, »sich vom Pfarramt zu befreien und in Berlin um einen Nachfolger gebeten, um sich ganz dem Studium Chinas und der Chinesen

---

* Lebte seit 1865, also bereits 34 Jahre, in China; vgl. W. Schüler. Ebenda.
** R. Wilhelm, 1926a, S. 216.

und der verbindenden Arbeit zwischen Deutschland und China zu widmen.«*

Doch noch sollte die Zeit nicht reif sein, in der er sich mit ganzer Kraft in die Lektüre der chinesischen Klassiker vertiefen konnte. Völlig unerwartete Aufgabenstellungen kamen 1899/1900 auf ihn zu. Der forcierte Eisenbahnbau durch das deutsche Pachtgebiet und das Hinterland von Kiautschou erregte die chinesische Bevölkerung ungemein, da die Eisenbahningenieure oftmals mit wenig Fingerspitzengefühl und gegen alle Vorschriften der chinesischen Etikette eine Trasse absteckten und den Bahndamm aufschütten ließen. Zum Beispiel nahmen sie dabei kaum Rücksicht auf etwa vorhandene Gräberfelder. Ein barbarischer Akt, der die religiösen Gefühle so sehr verletzte, daß es zu Sabotagehandlungen, Überfällen und anderen Formen der Konfrontation zwischen den beteiligten Europäern und den in der Tradition des Ahnenkultes verwurzelten Einheimischen kam. Außerdem schwappten die Wogen des *Boxeraufstandes*** einige Monate später auch auf die Halbinsel Schantung über. Beiden Ereignissträngen wußte der deutsche Marinekommandant nur die militärische Gewalt entgegenzusetzen. Die Unruhen wurden durch deutsche Hundertschaften im Stile von Strafexpeditionen »gesühnt«.*** Manche Dörfer harmloser, unschuldiger Bauern und Fischer versanken vollständig in Schutt und Asche.

---

* S. Wilhelm, 1956, S. 98.

** Ein vom Westen eingeführter, ironisierender Begriff für den *I-ho-ch'üan*-Aufstand (»Faustkämpfer für Recht und Einigkeit«) im Jahr 1900: »Die Geheimgesellschaft der Boxer führt einen chinesischen Aufstand gegen die westlichen Mächte. Mit Hilfe von Flugblättern heizen sie das Volk dazu an, Kirchen in Brand zu stecken, Missionare umzubringen, China von den ›Barbaren‹ zu befreien.« Han Suyin, 1979, S. 258.

*** Die unbarmherzige Jagd auf angebliche »Boxer« war z. T. auch durch Wilhelm II. in seiner »Hunnenrede« 1900 angefacht worden: »Kommt ihr vor den Feind, so wird er geschlagen, Pardon wird nicht gegeben; Gefangene nicht gemacht. Wer Euch in die Hände fällt, sei in Eurer Hand. Wie vor tausend Jahren die Hunnen unter ihrem König Etzel sich einen Namen gemacht, der sie noch jetzt in der Überlieferung gewaltig erscheinen läßt, so möge der Name Deutschland in China in einer solchen Weise bekannt werden, daß niemals wieder ein Chinese es wagt, etwa einen Deutschen auch nur scheel anzusehen.« Osterhammel, 1989, S. 215 f.

Richard Wilhelm erfährt bald durch seinen chinesischen Sprachlehrer, welches Unheil durch die im Hinterland von Tsingtau operierenden Marinesoldaten angerichtet wird. Betroffen entschließt er sich, sein Möglichstes zu versuchen, um weiteres Blutvergießen zu verhindern und Frieden zu stiften. Drei Wochen reist er auf eigene Faust durch die Provinz, um im Gespräch mit Dorfältesten, Mandarinen und Militärführern aufklärend, vorbeugend und vermittelnd zu wirken. Er veranlaßt die Versorgung der Verwundeten, richtet ein Hospital ein und sammelt Geld, um den Ärmsten der Armen einen Ausgleich für den Verlust von Unterkunft, Erntevorrat und anderem Hab und Gut geben zu können. Es stellte sich alsbald heraus, daß durch gegenseitiges schlichtes Unverständnis viel unnötiges Blut vergossen worden war. Die chinesische Landbevölkerung hatte keine Ahnung von strategisch-militärischen Vorgehensweisen ausländischer Truppen. Die deutschen Militärs wußten nicht, daß es jahrhundertealter Brauch der Einheimischen war, bei herannahender Soldateska, bei Räuberbanden und ähnlichem Gesindel die Tore ihrer Dorfmauern zu verrammeln und mit Böllern, alten Kanonen und klapperigen Wallbüchsen in die Luft zu schießen, um durch möglichst viel Krach die zwielichtigen Elemente einzuschüchtern und von einem Überfall auf ihr Dorf abzuhalten. Zwei Welten prallten aufeinander, und das Unheil nahm oft genug seinen Lauf. Sobald bei der Annäherung an ein Dorf eine Flinte ertönte, antworteten die »herausgeforderten« Marinesoldaten in preußischer Präzision mit Maschinengewehren und anderen modernen Waffen.

Diese dramatischen Wochen intensiver Betreuung und Begegnung mit Chinesen gleich welcher Herkunft begründen für den gerade 27jährigen Richard Wilhelm einen besonderen Ruf, der ihm fortan in chinesischen Kreisen vorausgeht. Es wird ihm Hochachtung entgegengebracht, denn er zeichnet sich in ihren Augen gegenüber den allermeisten anderen Fremden in mehrfacher Weise aus:

– Er unterzieht sich der Mühe, ihre eigene Sprache zu erlernen.

– Er betrachtet wie selbstverständlich einen Chinesen als Mitmenschen, ist kein Rassist.

– Er schätzt den Umgang mit dem chinesischen Volk, isoliert sich nicht.

– Er zeigt echtes Interesse an der reichen Geschichte und Kultur Chinas.

– Er hilft, lindert und handelt selbstlos, anstatt auf Ausbeutung, Demütigung und eigenen Vorteil bedacht zu sein.

Alle diese Punkte waren in damaliger Zeit völlig untypisch. Im Gegenteil, die Beziehungen zwischen Ausländern und Chinesen spiegelten über weite Strecken die eines Herrschers und seiner Lakaien wider.* Auf Antrag des chinesischen Provinzgouverneurs Yang bekommt jedoch Richard Wilhelm in Würdigung seines Einsatzes einen kaiserlichen Mandarin-Rangknopf verliehen. Das chinesische Rote Kreuz zollt ihm mit Diplom und Medaille hohe Anerkennung und macht ihn später zum Vertrauensmann der Rote-Kreuz-Arbeit in Tsingtau. Beides äußerst ungewöhnliche Vorgänge in einer Zeit, in der das Verhältnis der Chinesen, gerade auch das der chinesischen Administration, zu den das Land besetzenden Fremden stark belastet war. Nachvollziehbar werden sie, wenn man die persönlichen Qualitäten dieses jungen Mannes ins Blickfeld hebt. Richard Wilhelm besitzt eine sensible, psychologische Einfühlungsgabe und feines Gespür auch für Dinge, die »in der Luft liegen«. Höflichkeit, Konzilianz und verbindliches Wesen sind ihm selbstverständlich; er hat den Mut des Humanisten: Not wenden, wo notwendig, und dabei auf Gott, Schicksal und Fügung zu vertrauen. Mit dem festen Vorsatz der Unparteilichkeit und Offenheit gegenüber jedermann und unter Zuhilfenahme seiner unerwartet gewonnenen Reputation knüpft er intensiv an einem Gewebe von Beziehungen, Freund-

---

* Yang Wang-lin, langjähriger Kanzler der Universität Peking, hat z. B. über die Vertreter der ausländischen, mausgrauen Geschäftsbourgeoisie bitter geklagt: »Ihre Clubs schlossen jene Chinesen aus, deren Bekanntschaft gelohnt hätte. In ihren Bibliotheken fehlten die lesenswerten Bücher. Ihre Köpfe steckten voller Dünkel, Dummheit, Heuchelei und rassistischem Vorurteil. Sie wußten nichts von der Weisheit und Kunst der großen Meister ihrer eigenen Kultur. Sie waren blind gegenüber den neuen Ideen, die in China und in ihren eigenen Ländern entstanden. Nichts anderes interessierte sie als das Zusammenraffen von Geld.« Osterhammel, Funkkolleg 1989.

schaften und Begegnungen mit Vertretern aller Gruppierungen, Strömungen und Berufsstände, die er in den sozialen Strukturen seines neuen Wirkungsgebietes vorfindet. Sein Ansatz ist geleitet von Geben und Nehmen: Er nimmt fruchtbare Erkenntnisse und Bereicherungen aus der Seele und dem Geist des chinesischen Volkes, und er gibt seine ganze Schaffenskraft, um zunächst für den Aufbau einer elementaren Bildungsarbeit und einer medizinischen Basisversorgung zu wirken. Evangelisation, Gemeindeaufbau oder andere Formen der Werbung für den protestantischen Glauben lehnt er strikt ab, anfangs sehr zum Mißfallen seiner heimatlichen Brotgeber, der *Berliner Mission*. Doch seine großen Erfolge in der Erziehungsarbeit und beim Aufbau von Hospitalstationen lassen das Murren seiner Berliner Kritiker vorerst verstummen.* Im Rückblick bewertet er später selbst seine Handlungen:

> »Solche Erfahrungen ließen mich eine ganz neue Missionsmethode für China bevorzugen.« Er wußte sich »auf das einfache Leben nach christlichen Grundsätzen zu beschränken, durch Schule und Hospital zu wirken, mit den Menschen zusammenzuleben und ihnen innerlich nahezukommen, indem ich es dem Wirken des Geistes überließ, was sich daraus gestalten würde. (...) So habe ich denn niemand in China getauft und bin dem Wesen des chinesischen Volkes vielleicht eben dadurch um so näher gekommen.«**

Und sein den Kirchen unbequemer Schwiegervater Blumhardt stärkt ihm brieflich aus Bad Boll den Rücken, ermuntert ihn, unbedingt an seinem eigenen Weg festzuhalten:

> Aus dem Sumpf der christlichen Kirche sind die Menschen schwerer herauszuführen als aus der Barbarei des Heidentums.

---

* Historisch bewertet ist R. Wilhelm in die Zeit des Anfangs der dritten und einflußreichsten Periode der christlichen Mission in China (1901–1930) hineingestellt. Denn nach den Greueltaten der »Boxer« an Missionaren, bildete sich eine Art »Missionar-Martyrologie«, die fortan die Wirkkraft der Missionstätigkeiten eher förderte: »Die Missionare, die den Boxeraufstand überlebt hatten, gehörten nun sozusagen zur Landschaft.« Fairbank, 1989, S. 151.
** R. Wilhelm, 1926a, S. 32.

Sind doch die christlichen Völker nur übertünchte Barbaren, die in Selbstbetrug leben. Also scheue Dich kommenden Falls nicht, Heide mit den Heiden zu heißen, wenn Du nur im Geist des Willens Gottes stehst. (Oder später:) Haben wir überhaupt ein Recht, zu fremden Völkern zu gehen und dort den christlichen Lehrmeister zu spielen? Nein, denn unsere christliche Sache ist vermischt mit so viel Unreinem und Unedlem, daß wir uns als Europäer fast schämen müssen.*

Die Aufbauzeit, angefüllt mit manchen Idealen und Hoffnungen auf einen friedlichen, evolutionären Übergang des verkrusteten kaiserlichen China in die Moderne – diese Pionierzeit in Tsingtau dauert für Richard Wilhelm nur zwölf Jahre. Dann kommt es zur chinesischen Revolution von 1911, folgenreich auch für die Deutschen an der Bucht von Kiautschou. Bis zu diesem Einschnitt hatte Richard Wilhelm bereits ein enorm breites Arbeitsspektrum auf seine Schultern geladen.

Bildungswesen
Er beginnt mit der Gründung einer deutschen Schule in Tsingtau, der ein deutsch-chinesisches Seminar folgt. Im Auftrag der Gouvernementsverwaltung initiiert er Vorschulen im Großraum Kiautschou, läßt eine Elementarschule für Mädchen und eine höhere Mädchenschule mit Abitur-Abschluß folgen. Sein Prinzip: Alle chinesischen Kinder werden sowohl in europäischen Wissenschaften als auch in chinesischem Bildungsgut unterrichtet. Die Hauptlast des zu erteilenden Unterrichts liegt in seinen Händen. Der große Mangel an geeignetem Lernmaterial zwingt ihn, selbst zum Lehrbuchautor zu werden. Er schreibt chinesische Büchlein für verschiedene Unterrichtsfächer. Zusätzlich bemüht er sich um die Einrichtung eines Studentenheims in Berlin, in dem die begabtesten jungen Chinesen, denen er ein Auslandsstudium vermittelt, wohnen können.

Medizin
Bereits 1901 weiht Richard Wilhelm das neuerbaute Faber-Hospital ein. Ein weiteres Hospital wächst zeitgleich in der Kreisstadt Kaumi, in einem von der einheimischen Bevölkerung zur

---

* S. Wilhelm, 1956, S. 113 f. V. 143.

Verfügung gestellten ehemaligen Tempel empor. Anfangs aus der Notwendigkeit entstanden, die Folgen der Auseinandersetzungen zwischen deutschen Besatzungstruppen und protestierenden Chinesen zu lindern, erhalten beide Hospitäler schon bald großen Zulauf aufgrund des guten Rufes der dort gemeinsam praktizierenden chinesischen und deutschen Ärzte. Auch in kleineren Ortschaften entstehen nach und nach Krankenstationen oder Polikliniken. Insgesamt fordert dieser Wirkungsbereich Richard Wilhelms organisatorische und administrative Fähigkeiten und vor allem eine große Findigkeit, sowohl im heimischen Berlin als auch bei den reicheren deutschen und chinesischen Kaufleuten und Präfekten vor Ort Finanzquellen zu erschließen.

Forschung
Seine große Liebe aber gilt der Suche nach einem vertieften Verständnis von Land und Leuten, von Brauchtum, Sitte und alten Traditionen sowie den jahrhundertealten Prägungen, die die z. T. faszinierend wilde Landschaft auf Kultur und Geschichte dieses Volkes hatte. Gleich zu Anfang seiner Zeit in China reist er, nur von einem chinesischen Helfer begleitet, kreuz und quer durch die Provinz Schantung.* Später betreibt er landeskundliche Studien in weiten Teilen Nordchinas und begleitet befreundete Wissenschaftler aus Deutschland auf ihren Exkursionen. Er weiß um seinen Feind: die überall im Ausbau befindliche Eisenbahn. Sie verfälscht nicht nur das ursprüngliche Gesicht einer Landschaft, sondern verändert als Vorbote einer modernen Verkehrsinfrastruktur nachhaltig den Charakter von Dörfern, Städten und Menschen. Ganz in der Nähe von Tsingtau findet sich ein Bergmassiv mit alter spiritueller Tradition: der Lauschan.

Der Lauschan spielt seit alten Zeiten in der chinesischen Sage und Geschichte eine große Rolle, er war für das alte China das östliche Ende der Welt; von ihm aus konnte man die Inseln der Seligen erblicken, und in seinen Tälern lebten Eremiten, die im Ruf standen, im Besitz des Lebenselexiers zu sein. Mehr als ein Kaiser hat die Reise hierher unternommen, um Unsterblichkeit zu erlangen, ja der Name des Berges (Lauschan = Berg der Mühsal) soll daher stammen, daß die ganze Gegend durch den

---

* Schantung hat in etwa die Größe von Irland.

Aufwand, den diese kaiserlichen Besuche verursachten, in Not und Mühe kam.*

Mit einer Handvoll seiner älteren chinesischen Schüler macht Richard Wilhelm regelmäßige Sommerausflüge zum Lauschan. Es zieht ihn zu den zahlreichen taoistischen Tempeln dort. Die Gruppe wandert von Kloster zu Kloster und übernachtet bei den Mönchen. Richard Wilhelm führt eingehende Gespräche mit den Priestern und Äbten, läßt sich alte Klosterlegenden und Mythen erzählen, bekommt seltene alte Lieder vorgespielt und darf Einblick nehmen in Klosterverfassungen und mancherlei taoistische Rituale und Zeremonien.

Literarische Arbeiten

Im Austausch mit gebildeten Chinesen seines Bekanntenkreises – einige von ihnen besitzen den höchsten literarischen Gelehrtengrad – und mit der Faberschen Bibliothek als Fundament vertieft er sich mehr und mehr in die klassischen Schriften des alten China, dessen alte Lebensweisheiten ihn derart faszinieren, daß er mit ersten Übersetzungsversuchen ins Deutsche beginnt. Schwerpunkt bilden zunächst Werk und Wirken des Konfuzius. 1903 erscheinen essayistische Betrachtungen unter dem Titel »Die Stellung des Konfuzius unter den Repräsentanten der Menschheit«. Wilhelm übersetzt kleinere Novellen, sammelt chinesische Märchen und legt eine deutsche Fassung des Heiligen Edikts des Kaisers K'ang-hi**, einer der bedeutendsten Herrscherpersönlichkeiten Chinas, vor. Erste Kapitel des *Lun Yü* – der »Gespräche des Konfuzius« – folgen sowie verschiedene Aufsätze, z. B. über chinesische Astronomie, Zoologie, bestimmte Romane und ein neues chinesisches Gesetzbuch. Dennoch sollte diese Phase erst

---

* S. Wilhelm, 1956, S. 179.
** K'ang-hi (1662–1722) wurde noch im Knabenalter mehrere Jahre lang von dem deutschen Jesuiten Ferdinand Verbiest in den abendländischen Wissenschaften unterrichtet. 1671 erließ er ein berühmt gewordenes, konfuzianistisches Edikt, »eine sittliche Mahnung an das Volk in sechzehn knappen, aber inhaltsreichen Regeln, deren siebente, wenn auch vornehmlich gegen andere Lehren chinesischer Philosophenschulen gerichtet, sich, da sie ausdrücklich alle Irrlehren verwarf und nur die Verehrung der rechten Lehre gelten ließ, auch gegen das Christentum wandte.« H. O. Stange, 1950, S. 526.

ein bescheidener Anfang sein gegenüber der reichen Publikations-
arbeit, die Richard Wilhelm später, etwa zwischen 1910 und 1930,
leisten wird.

Kunst

Sein besonders großes Interesse an allen künstlerischen Dingen
findet in der Begegnung mit chinesischer Kunst ganz neue Hori-
zonte. Er entwickelt sich im Laufe der Zeit zu einem großen
Freund chinesischer Malerei und Keramik. Er legt sich über die
Jahre eine ansehnliche Gemäldesammlung zu und genießt die
chinesische Tradition, im Kreise bester Freunde vor dem gemeinsamen Mahl einige kostbare Stücke an Bildern, Kalligraphien u. ä.
aus der Sammlung des jeweiligen Gastgebers zu betrachten und
fachmännisch zu kommentieren. Auch der neugegründete Kunst-
verein in Tsingtau zählt ihn zu seinen Gründungsmitgliedern und
aktiven Kräften. Bald schon wenden sich z. B. das Bremer Museum und ein Baseler Museum mit der Bitte an ihn, für sie auf
seinen Reisen durch China Ankäufe zu tätigen.

Zeitgeschehen

In Richard Wilhelm ist aber in jener Zeit auch ein Journalist
verborgen, der mit wachem Auge für die politischen Umbrüche
lokal wie überregional und weltpolitisch Stellung bezieht. Sprach-
gewandt schreibt er auf Bitten einiger Zeitungsverleger regelmäßige Kolumnen und Kommentare für Blätter wie den »Ostasiatischen Lloyd« oder die »Deutsch-Asiatische Warte«. Auch in
anderen Periodika* sind Aufsätze und Artikel über seine wissenschaftlichen Forschungen, sein China-Bild und über seine Vor-
schläge zur Verständigung zwischen Europa und Asien zu finden.

Und ein weiteres Phänomen kristallisiert sich schon in den
ersten zwölf Jahren seines China-Aufenthaltes heraus. Richard
Wilhelm zieht wie ein Magnet geistig-philosophisch gegründete
Menschen, führende und exzellent geschulte Köpfe aus beiden
Kulturkreisen an, darunter viele, für die die spirituelle Dimension

---

* Z. B. in: Zeitschrift für Missionskunde und Religionswissenschaft; Ferner
Osten; Mitteilungen der Deutschen Gesellschaft für Natur- u. Völker-
kunde Ostasiens; Österr. Rundschau; Journal of the North China Branch
of the Royal Asiatic Society; Münchener Neueste Nachrichten; Frankfurter Zeitung; Genius – Zeitschrift für werdende u. alte Kunst; Der Leuch-
ter; Chin. Blätter f. Wissenschaft u. Kunst; Der neue Merkur u. v. m.

der Welt selbsterfahrene Wirklichkeit ist. Wilhelm Schrameier, deutscher Zivilkommissar und »graue Eminenz« in Tsingtau, schätzt Richard Wilhelms fachliche und menschliche Art sehr und bedrängt ihn, doch alle maßgeblichen klassischen Werke der Chinesen ins Deutsche zu übertragen. Eugen Diederichs, ein »jugendbewegter Wandervogel« und mutiger, kulturell hoch profilierter Verleger, nimmt ihn gleich für ein verlegerisches Großprojekt unter Vertrag: Richard Wilhelms literarische Arbeiten sollen in einer eigenen, auch buchgestalterisch ambitiösen Reihe, der Quellensammlung »Religion und Philosophie Chinas«, erscheinen.

Der Verleger Eugen Diederichs (1867–1930). Das I Ging und viele weitere Werke Richard Wilhelms erschienen in einer von Eugen Diederichs ab 1910 herausgegebenen eigenständigen und buchkünstlerisch aufwendig gestalteten Reihe »Religion und Philosophie Chinas«.

Schmuckblatt aus »Kungfutse: Lun Yü« (1910), Band 1 der von Richard Wilhelm ins Deutsche übertragenen Quellensammlung »Religion und Philosophie Chinas«.

RICHARD WILHELM   *Tsingtau, 9. Sept. 1910*
an Eugen Diederichs

Hochgeehrter Herr Diederichs,

Mit bestem Dank zugleich für die freundliche Übersendung der Lun-Yü-Exemplare bestätige ich den Empfang Ihres Briefes vom 17. August. Die Ausstattung hat hier allgemeine Befriedigung erregt. Ganz besonders war ich selbst erfreut über das hübsche Gewand, in dem mir meine Arbeit entgegenkam. (...)

Mit Laotse eile ich so sehr ich kann. Doch muß immer alles sehr reiflich stilisiert werden, was bei ihm noch weit mehr Mühe macht als bei den »Gesprächen«. Ich schreibe oft einen Paragraphen 5- bis 6 mal, ehe er mir die richtige Form zu haben scheint. Dennoch hoffe ich bis Oktober im wesentlichen fertig zu werden. Nach einem passenden Bild bin ich auf der Suche. Es gibt eine konventionelle Darstellung von ihm, auf einem Ochsen reitend, die in unzähligen guten und schlechten Reproduktionen kursiert. Ich möchte mir für diesen Zweck eine künstlerisch wertvolle Darstellung sichern. Authentischen Wert haben natürlich alle diese Darstellungen nicht. Weiß man ja kaum, ob der Mann überhaupt gelebt hat. – Nebenbei: ich glaube daran; denn im Tao te King ist doch zuviel individuelles...

Mit hochachtungsvollem Gruß

Ihr ergebner

Richard Wilhelm*

Zahlreiche Professoren, nicht nur der inzwischen gegründeten Universität Tsingtau, sondern auch mit ihren Expeditionsteams aus Deutschland anreisende Gelehrte, suchen seine Gastfreundschaft und seinen fachlichen Rat. Der Philosoph Hermann Graf Keyserling, späterer Begründer der *Schule der Weisheit* in Darmstadt, macht auf seiner Weltreise im Hause Wilhelm Station. Seine Begegnungen dort mit den alten chinesischen Freunden Richard Wilhelms prägen nachhaltig sein China-Bild und finden ihren

---

* Auszug aus einem Brief an seinen Verleger. E. Diederichs, 1967, S. 178

201

Niederschlag in einigen Betrachtungen seines damals berühmt gewordenen *Reisetagebuch eines Philosophen.*

Unter den Chinesen findet Richard Wilhelm einen seiner intimsten Freunde im schon über siebzig Jahre alten Abt des taoistischen Klosters *Tai Dsing Gung*, eines sagenumwobenen heiligen Ortes inmitten von Bambushainen, Päonien und Kamelienbäumen dicht am Steilhang des Lauschangebirges zum Meer. Manch seltene Förderung wird ihm hier zuteil. Wilhelm berichtet:

> Ich habe seit einigen Tagen die taoistische Bibel im Haus, die so heilig ist, daß sie vor profanen Augen gar nicht genannt wird. Ich glaube, in Europa weiß man noch gar nichts von ihr. Das Buch ist so heilig, daß es immer in rote Seide eingewickelt ist. (...) Ich mußte eigens eine Kiste mit rotem Filz ausschlagen (...). Ich mußte Weihrauch in meinem Studierzimmer verbrennen, ich mußte die Mona Lisa von der Wand nehmen, da es sich nicht schickte, daß sie über dem Buch hing. Ich mußte die Hände waschen und den Mund reinigen. Eigentlich hätte ich auch noch Kotau machen sollen (...). Nun liegt das Heiligtum da. Es ist ein alter Druck aus der Ming-Dynastie. Man hat ganz Angst vor seiner Heiligkeit, um so mehr, als mir der Abt erzählte, daß schon mancher, der unwürdig darin gelesen, vom Donner beinahe totgeschlagen worden wäre. Heute war der Abt da und besuchte das Buch. Er hat dann noch einen Teller mit Quitten als Opfer daneben gestellt und nun kann die Lektüre beginnen.*

Der Abt sitzt mit ihm an Sommerabenden in tiefe Gespräche versunken; überbringt ihm das eine Mal einen besonderen, magischen Stein oder schenkt ihm das andere Mal einen geheimnisvollen Priesterstab, eine Art Zauberwedel zur Abwehr böser Geister, dessen oberes Ende ein aus Wurzeln seltsam gewachsener Tierkopf bildet. Und schließlich erzählt ihm der Abt von einem alten chinesischen Buch mit Prophezeiungen von der Art des Nostradamus sowie von chinesischen Weissagungen, daß demnächst ein neues Reich auf Erden beginnen werde, das gänzlich verschieden sein werde von allen, die es bislang gab. »Zum erstenmal werde es die ganze Erde umspannen und nicht beschränkt bleiben auf die

---

* S. Wilhelm, 1956, S. 216 f.

eine Hälfte. Es werde sich zeigen in der Liebe zu den Menschen, auch zu den geringen. Der es bringen werde, werde mit göttlicher Autorität umgeben sein, so daß die Leute ihm glauben werden ohne Kampf.«*

Die Geburt der deutschen Fassung des *I Ging*

Es ist das Jahr 1911, das einen kompletten Umschwung der Lage in China einleitet. Dieses Jahr offenbart Richard Wilhelm überdeutlich, daß das mehrere Jahrtausende überdauernde China der Fürsten und Kaiser im Zusammenbruch begriffen ist. Es läutet – was er noch nicht ahnt – das Ende der deutschen Besatzung in Tsingtau drei Jahre später ein. Nach einem Garnisonsputsch kommt es am 10. 10. 1911 zur Revolution gegen die kaiserliche Regierung. Die »Republik China« wird ausgerufen. Sun Yatsen (Sun Yixian) fordert die Chinesen auf, ihre Zöpfe – Symbol der Lehenspflicht gegenüber einem veralteten Kaisertum – abzuschneiden. Alle Vertreter der bisherigen kaiserlichen Administration müssen mit ihren Familien vor den meuternden Aufständischen weichen. Eine Welle von Flüchtlingen wendet sich, oft unter größter Lebensgefahr, nach dem unter dem militärischen Schutz der Deutschen stehenden Mandatsgebiet Tsingtau. »Tsingtau ist der Regenschirm Chinas«, lautet in diesen Wochen das Motto unter den Fliehenden.** Bis zum Ausbruch des Ersten Weltkrieges logieren zeitweilig bis zu 70 Minister, Prinzen, Botschafter und hohe Beamte des Kaiserhofes oder der Provinzverwaltungen in den Hotels und Häusern der Stadt.

Einige – es sind die im universalen Geist Fundierten, menschlich Gereiften und eben nicht die Funktionäre und Statthalter des sprichwörtlich gewordenen korrupten Mandarinentums – finden sehr bald den Kontakt mit dem ungewöhnlichen Deutschen. Mit einem Mal steht Richard Wilhelm im Schnittpunkt eines historischen Zeitmoments, der ihm die Möglichkeit beschert, von den letzten Vertretern einer *geistigen* Kultur zu lernen, die es zufolge

---

* R. Wilhelm, 1926a, S. 170.
** Ausspruch eines hohen chinesischen Beamten gegenüber dem zu Besuch weilenden Prinzen Waldemar von Preußen. W. Schüler, 1912, S. 362.

der politischen Umbrüche bald nicht mehr geben wird, ja die dem geschichtlichen Staub des Vergessens geweiht sind. Diese im konfuzianistischen und taoistischen Geist verwurzelten alten Menschen sind ihm nicht bloße Informanten, sondern vorgelebtes Zeugnis, lebendiges, Anschauung gebendes Beispiel einer Art von Denken, Glauben und ethisch-sittlich fundiertem Handeln, von dem die nichtchinesische Welt bis dahin keine oder bestenfalls nur oberflächliche Kenntnis hatte. Auf sein Organisationstalent gestützt, veranstaltet Richard Wilhelm regelmäßige Versammlungen in den Gebäuden seiner Schule, dazu Vorträge, Lichtbilder- und Theaterabende seiner Schüler und initiiert 1913 die Gründung einer Konfuziusgesellschaft, die auf einem freien Stück Land des Schulgrundstücks in kurzer Zeit eine Bibliothek mit Versammlungshalle und Studienräumen hochziehen läßt.* Sie wird für mehrere Jahre zu einem Haus der offenen Tür, einer Nachrichtenbörse und lebendigem kulturellem Treffpunkt für Europäer und Chinesen. Bald schon sprechen die Tsingtau-Deutschen vom »Wohnzimmer der deutschen Gemeinde«.

In diese Jahre voller Menetekel, Unsicherheiten und überraschender Entwicklungen, in denen nicht nur in Ostasien, sondern

---

* Grundstock der Bibliothek bildete die Faber-Sammlung, dazu wurden von den chinesischen Freunden seltene Handschriften und Bücher gestiftet, um einen kompletten Überblick über die alten Klassiker Chinas zu ermöglichen. Über die spirituellen, philosophischen Motive berichtete die eingemauerte Gründungsurkunde eines der alten Gelehrten: »Diese Bücher sind es, die den Weg des Heiligen vermitteln. Der Weg des Heiligen ist der Menschheitsweg, die Bücher des Heiligen sind die Menschheitsbücher. Mensch sein heißt, den Menschheitsweg beschreiten; will man aber den Menschheitsweg beschreiten, so geht das nicht ohne die Bücher des Heiligen. (...) Vergleicht man (damit) die Veränderungen, die die Revolution in China mit sich gebracht hat, daß das Studium der Klassiker in den Schulen verboten wurde und die Beamten sogar so weit gingen, daß sie Privatleute bestraften, die die Klassiker überlieferten, so hängt es nur an einem seidenen Faden, daß der Menschheitsweg nicht abreißt. (...) Wenn nun diejenigen, die noch diese Bücher lesen, im Inland immer weniger werden, wenn die Alten von späteren Generationen abgelöst werden, die Urkunden des Heiligen nicht mehr zu erlangen sind und die ganze Welt von Finsternis und Blindheit erfüllt ist, so daß alles Lebende wie in der Tsin-Zeit der Verdummung anheimfällt und niemand mehr weiß, daß es einen Menschheitsweg gibt, dann können sie sie nirgends finden. Doch einzig dieses Haus wird sie enthalten...« Salome Wilhelm, 1956, S. 221–233.

weltweit militärische Aufrüstung, zahlreiche Kriege, Umstürze, Revolutionen und vermehrte machtpolitische Konfrontationen der Großmächte das Bild bestimmen, in diese Jahre vor dem Kriegsausbruch fällt für Richard Wilhelm ein magisch-verwunderliches Erlebnis. Er berichtet: »Noch ehe jene Wolken sich entluden, hatte ich einen seltsamen Traum. Ein alter Mann mit freundlichen Augen und weißem Bart kam zu mir auf Besuch. Er nannte sich ›Berg Lao‹ und bot mir an, mich in die Geheimnisse der alten Berge einzuführen. Ich verneigte mich vor ihm und dankte. Da war er verschwunden, und ich wachte auf.«* Dieser Traum geht ihm noch länger nach. Er spürt das Besondere: Es ist ein Visionstraum, eine Botschaft. Scheinbar unabhängig davon klagt in jenen Tagen einmal mehr einer seiner chinesischen Freunde, Dschou Fu – Gouverneur von Schantung – über die Niveaulosigkeit vieler europäischer Chinakundler, in deren Übersetzungen und Berichten über China jegliches Tiefenverständnis fehle. Er bietet Richard Wilhelm an, ihm einen wirklich exzellenten chinesischen Gelehrten als Lehrer und Helfer seiner Übersetzungen für die Diederichs-Reihe zu vermitteln.** Um so ergriffener aber ist Richard Wilhelm, als einige Tage darauf ein alter, ebenfalls durch die Revolutionswirren 1911 vom Kaiserhof in Peking vertriebener hoher Gelehrter – der Vizeunterrichtsminister *Lao Nai Süan* (1843–1921) – bei ihm erscheint. Dieser kleine, weise wirkende Alte ist zu seiner Verblüffung die leibhaftige Personifizierung der Gestalt des »Berges Lao« in seinem Visionstraum. Er schreibt:

---

* R. Wilhelm, 1926a, S. 160.
** Zu Recht kritisiert Dschou Fu: »Ihr Europäer arbeitet immer nur außen an der chinesischen Kultur herum. Keiner von Euch versteht ihren eigentlichen Sinn und wahre Tiefe. Das kommt davon, daß Ihr nie die richtigen chinesischen Gelehrten an der Hand habt. Die abgedankten Dorfschulmeister, die Ihr als Lehrer habt, verstehen selber bloß die äußere Schale. Da ist es kein Wunder, daß soviel törichtes Zeug bei Euch in Europa über China geredet wird. Wie wäre es, wenn ich Ihnen einen Lehrer verschaffte, der wirklich im chinesischen Geist gewurzelt ist, daß er Sie einführt in seine Tiefen. Sie können dann manches übersetzen und anderes selbst schreiben, damit China sich nicht dauernd in der Welt zu schämen braucht.« R. Wilhelm, ebenda, S. 160.

... er glich aufs Haar dem Greis, der mich im Traum besucht hatte. Nun ging es an die Arbeit. Manches wurde übersetzt, vieles gelesen, tägliche Gespräche führten in die Tiefen des Baus der chinesischen Kultur. Meister Lao schlug mir vor, ob ich nicht das »Buch der Wandlungen« übersetzen wolle. Es sei zwar nicht leicht, aber keineswegs so unverständlich, wie man es in der Regel hinstelle. Tatsache sei nur, daß in letzter Zeit die lebendige Tradition nahezu am Erlöschen sei. Er habe jedoch einen Lehrer gehabt, der noch ganz in der alten Überlieferung gestanden habe. Die Familie war mit den Nachkommen des Konfuzius nahe verwandt. Er besaß ein Bündel der heiligen Schafgarbenstengel vom Grab des Konfuzius, und er verstand noch die auch in China fast unbekannt gewordene Kunst, mit ihrer Hilfe ein Orakel auszuarbeiten. So wurde denn auch dieses Buch durchgenommen.*

Lao Nai Süan (1843–1921), Pate der I Ging-Übersetzung von Richard Wilhelm.

---

* Ebenda, S. 160.

In den biographischen Quellen findet sich sogar der genaue Startpunkt für das »Unternehmen *I Ging*«. Wie Richard Wilhelms Frau Salome dokumentiert*, wählt der alte *Lao* den 21. 3. 1913 als Geburtsmoment für die gemeinsame Arbeit am »Buch der Wandlungen«. Ein besonderer Tag, der – wie im alten China für alle bedeutsamen Unternehmungen üblich – mit Bedacht und nach astrologischen Gesichtspunkten ausgewählt worden war.

Für uns Europäer ist es jahreszeitlich der Tag des Frühlingsanfangs. Für den Astronomen ist es der Zeitpunkt des Frühlingsäquinoktiums (Tagundnachtgleiche), an dem die Sonne den *Widderpunkt*, also den Schnittpunkt zwischen Ekliptik und dem Äquator der Himmelssphäre, von Süden nach Norden überschreitet und damit den astronomischen Frühling auf der Nordhalbkugel der Erde einleitet. Der astrologisch geschulte Beobachter fragt aber weiter – er fragt nach der *qualitativen* Seite des quantitativ-berechenbaren, astronomischen Ereignisses. Antwort: Die Tagundnachtgleiche ist der Moment im Jahreskreislauf, an dem die Wirkweisen der beiden zentralen Urkräfte des Universums *Yang* und *Yin* – Licht und Dunkel, Tag und Nacht – genau gleiche Stärke haben, Sonne und Mond in gleicher Bogenhöhe am Firmament kulminieren und – einen Zeitmoment lang – in vollendeter Harmonie ausbalanciert sind, bevor dann das lichte Prinzip über den Sommer hin die Dominanz gewinnt.

Die Sonne erreicht mit dem Widder- oder Frühlingspunkt die Stelle im Tierkreis, die als »Tor des Ostens« die Nahtstelle des Zugangs zum Licht darstellt. Durch diesen Ostpunkt, einen transzendenten *»crack between the worlds«* (Carlos Castaneda) fließt das Schöpferische, fließen die Keime des Werdens, die Visionen und Inspirationen. So ist in den alten Überlieferungen das Tor des Ostens nichts anderes als das Tor der Offenbarung für die Menschen, die sich dazu bekannten, dem Himmel, das heißt den inneren Eingebungen und Fügungen, auf dem eigenen WEG treu zu bleiben. Die Geburt der deutschen Übersetzung des »Buchs der Wandlungen« fand also zeitgenau am Frühlingsanfang des Jahres 1913 statt. Das Ereignis-Horoskop zeigt daher die Sonne (astrologisch: der Wesenskern) auf 0° Widder. Mit der Richard Wilhelmschen *I Ging*-Übersetzung ist uns somit ein Werk in die

---

* S. Wilhelm, 1956, S. 221.

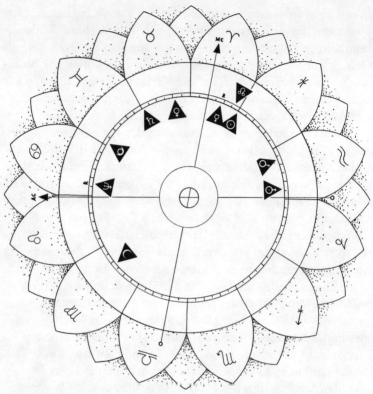

»Geburtsbild« der I Ging-*Übersetzung von Richard Wilhelm; 21.3.*
1913.

Hände gelegt, dessen Wesen reine Ost-Kraft, die Offenbarung des
Himmels, sonnenhaft ausstrahlt.

Insgesamt zehn Jahre lang feilt Richard Wilhelm an der optima-
len Übertragung des *I Ging**. Materialauswahl, Formgebung, das
Ringen um einen – wie im Original – archaisch-knappen, aber
doch nuancenreichen Text führen ihn immer wieder dazu, sein
Manuskript zu überarbeiten oder in manchen Teilen umzu-
schmelzen. Sein außerordentliches Sprachgefühl treibt ihn oft

---

* Auch diese Zeitspanne zeigt astrologisch ein vollendetes Maß, da eine
Dekade im Zusammenhang mit einem vollen Zyklus durch das Ennea-
gramm des RADES steht: Sonne + 9 Planeten bilden in der zeitlichen
Abfolge eines Jahrzehnts ein Ergreifen aller 9 + 0 Wirkimpulse, die astrologisch gesehen Kennzeichen eines jeden dauerhaften Werkes sind.

tagelang auf die Suche nach dem treffenden Wort, der sensibelsten Formulierung, um möglichst viele der verschiedensten Bedeutungsschichten im Deutschen sichtbar werden zu lassen.

*

Im August 1914, dem Jahr, für dessen allgemeine Lage er schon Monate vorher das *I Ging*-Hexagramm *Das Heer* (Hex. 7) gezogen hatte, erklärt auch Japan dem Deutschen Reich den Krieg und besetzt die deutschen Pachtgebiete in der Provinz Schantung. Einige Wochen wird Tsingtau belagert und bombardiert, bis die Stadt am 7. November fällt und für lange Jahre unter japanische Herrschaft fällt. Noch in den letzten Tagen vor der Kapitulation muß das Hospital wegen starkem Granatenbeschuß in einen Nachbarort verlegt werden. Den Umzug, das Zurücklassen seines Wohnhauses und der anderen Räumlichkeiten, in denen vorher noch wie in einem geistigen Brennpunkt ein Stück altes China lebte – all dieses Unwiederbringliche vor Augen, erlebt Richard Wilhelm das Sterben eines Lebensabschnittes in sich. Fast alle chinesischen Freunde waren bereits vor den heranrückenden Japanern ins Hinterland geflohen. Ohne Nachricht von seiner Frau, die zusammen mit den vier Söhnen und der Schwägerin bereits im August nach Schanghai evakuiert worden war, verbringt er eine letzte, denkwürdige Nacht in seinem Haus, um auch innerlich Abschied zu nehmen von einem Platz, den er selbst längst als seine eigentliche Heimat begreift.

»Die Nacht über kann ich beobachten, wie, ohne daß ich irgend Angst empfände, rein physisch Herzaffektionen eintreten, wenn eine Granate in der Nähe einschlägt.« Am anderen Morgen, so berichtet er in seinem Tagebuch, »nehme ich beim schönsten Wetter Abschied von der Heimat. Obwohl es nicht für lange Zeit war, war doch eine innerliche Loslösung damit verbunden. (...) Solche Erlebnisse sind für die innere Entwicklung von großer Bedeutung. Ich mußte an den Tag denken, da ich meine Frau und die Kinder durch den Garten hinausbegleitet hatte.«*

---

* S. Wilhelm, 1956, S. 238. – Welch unterschiedliches Bewußtsein spiegelt sich in den gleichzeitig vorgenommenen Tagebuchnotizen eines evangelischen Theologen einer anderen »Konkurrenz-Mission« in Tsingtau: »Die

Wenige Tage später erlauben die Japaner zwar, die Arbeit wieder auf dem alten Gelände weiterzuführen, aber die Zeit bis zur Rückkehr nach Deutschland 1920 bleibt eine Zeit »auf Abruf«. Unverhofft wagt sich 1917 sein verehrter Lehrer *Lao Nai Süan* noch einmal für eine Periode gemeinsamen Schaffens nach Tsingtau. Täglich arbeiten sie zusammen am *I Ging*.* Darüber hinaus steigt Richard Wilhelms Arbeitsbelastung stetig, da in Schule und Hospital Geld und Hilfskräfte zu fehlen beginnen und vieles improvisiert werden muß. Zahlreiche Deutsche seines Bekanntenkreises sind nach Japan in Kriegsgefangenschaft deportiert worden. Eine unsichere Zeit bricht an. Die Zurückgebliebenen leben und planen anfangs nur noch von einem zum anderen Tag. Nachrichtensperre, schikanierende Verhöre, Raub und Einbrüche sowie mancherlei Krankheiten zehren an Kondition und Gesundheit. Richard Wilhelm wird zum Vorsitzenden der verkleinerten deutschen Gemeinde gewählt. Er organisiert Lebensmittelverteilungen, hält regelmäßige Sprechstunden in der Bibliothek, regelt über die niederländische Gesandschaft die Versorgung mit Geld aus der Heimat und verhandelt mit den Japanern. Parallel dazu investiert er seine eigenen literarischen Studien, konzipiert neue Buchprojekte und hat bisweilen mehrere Veröffentlichungen gleichzeitig in Arbeit.

So sitzt Richard Wilhelm immer noch als »guter Geist« und ruhender Pol, als aufrichtender Schicksalsmittelpunkt der Abgeschlossenen in Tsingtau fest, als ihn Ende 1919 eine erschütternde Nachricht aus Bad Boll erreicht. Blumhardt, sein Schwiegervater und geistlicher Ratgeber, sein großes christlich-religiöses Vorbild und in 20 Jahren Chinaaufenthalt wichtigster Briefpartner, ist

---

alte germanische Kampfesfreude ist wach geworden. ... Der Germane will das Weiße im Auge seines Feindes sehen. (...) Mir ist dieser lebenssprühende Geist der deutschen Nation in diesen Tagen des Feuers und des Todes eines der gewaltigsten Zeugnisse gewesen auch für die tiefe Gottesfurcht, die in dem Herzen unseres Volkes lebt.« C. J. Voskamp 1915, S. 62 + 130. Erinnert sei auch, daß in den Jahren des Ersten Weltkrieges mancher »patriotische« Missionar Kopfgeld erhielt für jeden Chinesen, den er, meist unter Vorspiegelung falscher Tatsachen, nach Europa schickte. So waren 100 000 durch die Briten rekrutierte chinesische Arbeiter an der französischen Front im Einsatz. Vgl. Osterhammel, 1989, S. 512.
* Vgl. R. Wilhelms Bericht im Vorwort zum *I Ging*, S. 5 f.

bereits am 2. August 1919 verstorben. Wie schon beim Tode der Mutter im Sommer 1906, so hält ihn auch dieses Mal die Fügung an seinem Platz. Er kann nicht Einfluß nehmen auf das Schicksal des Blumhardtschen Werkes. Schon länger gehegte insgeheime Hoffnungen, in Bad Boll die Nachfolgeschaft antreten zu können, muß er begraben. Im Gegenteil, die Pfarrei fällt einige Monate später an die Herrnhuter Brüder, einen 1722 von Nikolaus Graf von Zinzendorf gegründeten pietistischen Gemeindezusammenschluß mit Christuskult und ausgedehnten Missionsplänen in seinen Statuten – gerade *nicht* das, was Richard Wilhelm als Fortsetzung der Blumhardtschen Arbeit begreift. So schließt sich auch diese Tür und bildet ein Mosaiksteinchen in einer Erfahrungskette, die ihn am eigenen Leibe das Hexagramm *Der Wanderer* (Hex. 56) erfahren läßt: Leben als ein im Himmel Verwurzelter ist geistige Pilgerschaft durch die Fährnisse einer oftmals befremdenden Welt. »Und das, worauf es ankommt, ist nur, die Kunst zu lernen, sich als Wanderer heimisch zu fühlen.«*

Bald darauf stellen sich die Weichen neu. Anfang 1920 wird in Tsingtau bekannt, daß im Sommer einer der letzten Transportdampfer mit entlassenen deutschen Kriegsgefangenen an Bord in Richtung Heimat abfährt. Es geht das Gerücht, dies sei zugleich die auf absehbare Zeit letzte Möglichkeit, nach Hause zurückzukehren. Richard Wilhelm versteht es als Omen und entschließt sich, von seiner Wirkungsstätte endgültig Abschied zu nehmen. Innerlich ist ihm schon lange klar, daß er nicht mehr dafür herhalten kann, Vorposten und Weisungsempfänger für einen Berliner Missionsverein zu spielen, dessen Vorstand statt protestantischer Wunschvorstellungen die tatsächlichen Verhältnisse und Eigenarten Chinas nur halbherzig zur Kenntnis zu nehmen bereit ist. Er will fortan in Deutschland als Botschafter und Mittler der chinesischen Welt wirken; darin ist er sich sicher. Beruflich aber ist die Rückreise nach Deutschland eine Fahrt in eine ungewisse Zukunft. In dieser Umbruchssituation entwirft der 47jährige auf der Dampferfahrt einen Gruß an seine Freunde zum bevorstehenden Weihnachtsfest: *seine* zehn Gebote!**

---

* S. Wilhelm, 1956, S. 263.
** Ebenda, S. 260.

Die zehn Gebote

1. Die Schöpferkräfte setzen sich durch in der Welt.
   Darum sollst du dich nicht fürchten.

2. Alles Vergängliche ist nur ein Gleichnis.
   Darum sollst du nichts Vergängliches zum Gott machen.

3. Die Wahrheit ist nur für die, die sie verstehen können.
   Darum sollst du schweigen können.

4. Jede Kraft bedarf der Reife.
   Darum sollst du der Einsamkeit pflegen.

5. Du sollst Ehrfurcht haben vor der Menschheit in dir und anderen.

6. Du sollst das Leben
   heilig halten und fördern.

7. Du sollst jede Freude
   lieben und schonen.

8. Du sollst zuverlässig sein
   in Wort und Tat.

9. Du sollst nicht nach
   Besitz von äußeren Dingen trachten.

10. Du sollst frei sein von allem Neid,
    auf daß du sehen und hören kannst,
    was andere Gutes haben
    und wessen sie bedürfen.

Richard Wilhelm, 1920

1920–1930 Werk:
Vom Fernen Osten zur Alten Welt

Zeitzeichen: Europa ab 1920

Nach verlorenem Ersten Weltkrieg und Versailler Vertrag mit unerwartet harten Friedensbedingungen setzt politisch in Deutschland ein erbitterter Streit ein über die Frage, wer für den Zusammenbruch verantwortlich sei: »Dolchstoßlegende«; Europa liegt in Trümmern; alle kriegführenden Länder sind nun hoffnungslos überschuldet, die Währungen und Handelsbeziehungen zerrüttet.

Der deutsche Kaiser dankt ab; die Zeit der Weimarer Republik beginnt. Allein von 1919–1922 fast 380 politische Morde in Deutschland; starke soziale Umschichtungen. Das mittlere Bürgertum bricht unter den Folgen der galoppierenden Geldentwertung im Laufe der Zeit zusammen. Unruhen, Generalstreiks, Politisierung des Arbeiterstandes. 1923 Hitler-Putsch in München gescheitert.

21 Jahre China: Ein bedeutender, Persönlichkeit und Wesen nachhaltig prägender Lebensabschnitt liegt hinter ihm, als Richard Wilhelm im Oktober 1920 in Hamburg von Bord geht. Ein völlig verändertes, in so vielem zerstörtes Deutschland erwartet ihn, als er bei seiner Familie in Stuttgart eintrifft. Manchem nachdenklichen Zeitgenossen war der optimistische Fortschrittsglaube und Liberalismus durch das persönliche Erleben der Schrecken des Ersten Weltkrieges verlorengegangen. Pessimismus und Zweifel an der Haltbarkeit des sozialen Systems bedrängten viele oder ließen sie in eine den eigenen Vorteil suchende, betont materialistische Gesinnung zurückfallen. Auch im religiösen Bereich wuchsen die ideologisch-restaurativen Strömungen. So machte sich z. B. im Protestantismus gerade in dieser Zeit ein Rückschlag gegen die *liberale Theologie* und ihre führenden Köpfe bemerkbar.

Richard Wilhelm zurück in Deutschland: Das zeigt einen weitgereisten kosmopolitisch eingestellten *Menschen* offenen Geistes unter vielen Mitbürgern, die sich zuallererst als *Deutsche*, bestenfalls Abendländer, verstehen. Er spürt eine »dumpfe, unvernünftige Psyche« in den Deutschen, klagt über das »Ärmliche und Jämmerliche« der deutschen Seele, den Mangel an Menschen, »die einen weiten Blick haben und die Verständnis zeigen auch für das göttliche Geschehen in der Welt«.* Ohne auf eine bestimmte Berufslaufbahn, Stellung oder Titel fixiert zu sein, ist er sich seiner *Berufung* sicher. Er will fortan nur noch für die Sache Chinas wirken.

Welches China?

Es ist zum einen das vom Untergang bedrohte, alte, geistige China, dessen spirituelle und ethische Wurzeln er in einigen wenigen chinesischen Weisen noch authentisch miterleben durfte. Als Kraftquelle dieses China erkannte er die klassischen Schriften, die »heiligen Bücher vom Menschheitsweg«, und zwar *nicht* die Worte der Klassiker des Altertums (allen voran Konfuzius und Laotse), sondern die Weisheit und Wahrheit, die gelebte religiöse Dimension, ja den SINN und die mystisch-transzendente Erfahrung, die *hinter* den Worten liegen und durch sie sprechen.

Es ist zum anderen das nach Aufbruch, Reform und Läuterung strebende junge China. Ein China, das er in denjenigen unter den Studenten und gebildeten Reformern vorgelebt sieht, die das eigene, erhaltenswerte Kulturerbe Chinas zu bewahren suchen und die nur die brauchbaren Bildungsgüter des Westens sorgfältig den chinesischen Verhältnissen anpassen wollen. So trifft er z. B. bis zu seinem Lebensende immer wieder mit bedeutenden, die Geschicke Chinas zwar beeinflussenden, aber niemals wirklich lenkenden Reformpolitikern, meist politischen Idealisten, zusammen, ebenso mit Vertretern einer auch bereits im westlichen Denken geschulten wissenschaftlichen Elite Chinas.**

---

* S. Wilhelm, 1956, S. 271.

** Belegt sind Kontakte mit Liang Qichao und Kang Youwei, zwei der drei führenden Köpfe, die bereits 1898 die als »100 Tage Reform« in die Geschichte eingegangene Erneuerungsbewegung am Kaiserhof initiierten, aber am Widerstand konservativer Hofkräfte scheiterten. Gesprächsoffenheit zeigte er aber auch zu monarchistisch gesonnenen Chinesen, die die Republik ablehnten und das Kaisertum wieder errichten wollten.

Und dennoch spürt er, daß seine im Äußeren sichtbare Berufung letztlich gegründet ist in einem »Ruf«, den er im verborgenen Innern als Aufforderung des Göttlichen in sich vernimmt. So fühlt er sich treffend skizziert, als ein befreundeter Maler ihn als »Hahn des Fernen Ostens« ins Bild setzt.* Die Hinwendung zum Unvergänglichen und Ewigen und dessen Verkündigung ist der Treibriemen, Menschen dadurch wieder neu auf das EINE, das Höchste auszurichten, so sein Hoffen. Wilhelm weiß: Ob nun der Zugang über den Weg Chinas oder über einen der vielen anderen gangbaren Wege gelingt – die Wahrheit, die es zu entdecken und zu verkünden gilt, ist immer nur die *eine Wahrheit*! Diese Erkenntnis will er leben, denn »wer sich bewußt ist, heilige Güter zu kennen, darf hoffen, soviel von diesen Gütern in die Zukunft hinüber zu retten, als er selber lebendig darstellt«.**

Also fügt sich Wilhelm pflichtgemäß in seine letzten vertraglichen Verpflichtungen gegenüber der Berliner Mission, die ihn 1921 auf ausgedehnte Vortragsreisen durch Deutschland, Italien und die Schweiz schickt. Er versucht, das Beste daraus zu gewinnen, indem er ein reiches Beziehungsnetz zu gleichfalls engagierten Persönlichkeiten mit weitem Horizont knüpft. Er wird zu Vorträgen und Gesprächen nach Darmstadt eingeladen. Dort organisiert Hermann Graf Keyerling, der Initiator der *Gesellschaft für freie Philosophie* und Gründer der *Schule der Weisheit*, jährliche Tagungen mit herausragenden kultur- und geisteswissenschaftlichen Köpfen der Zeit aus dem In- und Ausland. Nach dem »Regenschirm Tsingtau« sieht man Richard Wilhelm damit zum zweiten Mal an einem Ort auftauchen, der damals für die kurze

---

Sein Buch »Die Seele Chinas« widmete er dem Präsidenten der Pekinger Reichsuniversität, mit dem er im wissenschaftlichen Austausch stand: »Herrn Tsai Yüan Pei, dem Kämpfer für Recht und Freiheit, dem Gelehrten und Freund.«

* Eine Karikatur des Malers Max v. Esterle aus Innsbruck, die darauf anspielt, daß Richard Wilhelm nach dem chinesischen Kalender im »Jahr des Hahns« geboren wurde, und der astrologischen Bedeutung geradezu klassisch entspricht: Der Hahn ruft zum Himmel und verkündet furchtlos die einmal erkannte Wahrheit, ggf. auch unter Gefährdung des eigenen Lebens. – Sicher leuchtet hier ein Zipfel des »wirklichen Missionars« in ihm auf.

** S. Wilhelm, 1956, S. 306.

Zeit vor Beginn der nationalsozialistischen Herrschaft zu einem Brennpunkt auf dem Weg der geistigen Entwicklung der Menschheit wurde. Denn *Schule der Weisheit* – das war nicht nur ein ungewöhnlicher Name, dahinter steckte auch ein für das Deutschland der zwanziger Jahre sehr ungewöhnliches Programm. Ihr Ziel war es, auf der Basis der höchsten damals erreichbaren Erkenntnisgrundlage, auf das Sein, die Sinnebene und den Selbstbildungsprozeß ihrer Mitglieder einzuwirken, indem z. B. nur wirkliche Meister ihres Faches und herausragende Vortragsredner auch ganz unterschiedlicher, gegensätzlicher Auffassung eingeladen wurden. Die Idee Hermann Keyserlings war, eine »Orchestrierung des Geistes« zu erzielen durch »polyphone Behandlung«* von Problemen. Seine Regeln:

– »Jeder wird als Wesen unbedingt gelten gelassen!«

– »Debatten sind verpönt; – jedes Wortgefecht verboten!«

– »Der Weise hat keine Standpunkte, sondern er ist einer; er vertritt gar nichts, sondern er verkörpert; er steht naturnotwendig über allen Parteien, denn kein Parteiproblem reicht bis ins Wesen hinab!«

– »Das Sein ist kein Gegenständliches, sondern ein Zuständliches, und dieses soll unmittelbar beeinflußt werden!«

– »Die Schule der Weisheit vermittelt keine bestimmte Lehre. Ziel ist die Wesenbildung, nicht Erkenntnis- und Könnensinhalte!«

– »Das Sein hat seinen äußeren Exponenten an der Qualität: wie einer lebt, denkt, handelt, arbeitet – gleichviel was der Inhalt der jeweiligen Betätigung sei –, entscheidet über sein Niveau!«**

In Schanghai war gerade von 12 Aktivisten, unter ihnen Mao Tsetung, die Kommunistische Partei Chinas gegründet worden, als Richard Wilhelm zeitgleich auf der Herbsttagung der *Schule der Weisheit* 1921 sprach und spontan große Begeisterung durch seine Darstellung der unbekannten, alten chinesischen Weisheiten er-

---

* polyphon = jede Stimme hat (melodische) Bedeutung.
** H. Keyserling, in: A. Keyserling (Hrsg.), 1981, Bd. 1, S. 3–11.

weckte. Vor allem seine stille, in sich ruhende Art des Auftretens nahm manchen Zuhörer gefangen: seine taoistisch anmutende Erscheinung, die kleingewachsene Gestalt, die in leisen, berührenden Worten tiefe Wahrheiten anklingen ließ, die, wie zu spüren war, nicht angelesen, sondern selbst durchlebt waren. So kam es zu persönlichem Austausch, ja in manchen Fällen zu lebenslangen Freundschaften, die Richard Wilhelm unmittelbar oder mittelbar aus den Darmstädter Treffen erwuchsen. Der Bogen spannt sich weit und umfaßt Namen, die auch heute noch programmatischen Klang haben.

C. G. Jung, der Schweizer Psychologe, läßt sich von Richard Wilhelms Darstellungen des ältesten chinesischen Wissens, besonders vom *I Ging* und von den taoistischen Lehren, tief beeindrucken. Richard Wilhelm ist seinerseits verblüfft über die Parallelen, die er im Werke C. G. Jungs wiederentdeckt, sei es die große Vierheit, die auch nach chinesischer Auffassung alles Seiende durchzieht; sei es die Zweiheit von *Animus* und *Anima*, die in den Typen des *Schöpferischen* und *Empfangenden* ihre Entsprechung hat. »... so ist es kein Zufall, daß ich, von China kommend und ganz erfüllt von ältester chinesischer Weisheit, in Dr. Jung einen Europäer fand, mit dem ich von diesen Dingen sprechen konnte als mit jemand, mit dem mich eine gemeinsame Basis verband«, schreibt er rückblickend.[*] Gemeinsam mit C. G. Jung gibt er zum ersten Mal einen kommentierten taoistischen Text in einer europäischen Sprache heraus, der bislang in China in eingeweihten, spirituellen Kreisen geheimgehalten wurde: das Buch vom »Geheimnis der Goldenen Blüte«[**], in dem der Weg des taoistischen Yoga verschlüsselt überliefert wird.

Hans Driesch, Naturwissenschaftler, Philosoph und Erforscher parapsychologischer Phänomene, sucht den Austausch mit Richard Wilhelm. Gemeinsam stellen sie ein philosophisches Wörterbuch zusammen. Driesch hatte als Biologe eine detaillierte Theorie des Vitalismus entwickelt, die ihn zu einer Philosophie

---

[*] R. Wilhelm, in: Neue Zürcher Zeitung 1929; vgl. auch C. G. Jungs beeindruckenden Rückblick auf seine Begegnungen mit R. Wilhelm, in: A. Jafé, 1962, S. 380–86.

[**] R. Wilhelm/C. G. Jung: *Geheimnis der Goldenen Blüte. Das Buch von Bewußtsein und Leben*, 4. Auflage München 1994.

des Organischen führte. Etwas – er nannte es eine Entelechie – müsse noch zusätzlich zu den rein genetischen Informationen beim Aufbau eines lebendigen Systems, z. B. eines Organs, einer Zelle oder eines Tiers beteiligt sein. Dieses Etwas, das von einer immanenten Ganzheit sein muß und auf alles in der Welt Einwirkung ausübt, ist für den »eingeweihten Chinesen« Wilhelm kein unbekanntes Etwas: das Tao Te King ist voller Andeutungen darüber. Die Suche nach dem »Geist in der Materie« – so würde man seinen Ansatz heute nennen, der damals jedoch heftig angefeindet wurde und scheitern mußte, da alle Wissenschaftskollegen noch weitgehend im mechanistischen Denken verhaftet waren. Doch 80 Jahre später wird wieder an Drieschs Gedanken angeknüpft. Der Biologe Rupert Sheldrake, auf der Suche nach den Rätseln der Morphogenese, widmet ihm ein eigenes Kapitel in seinem Buch über das Geheimnis der Entstehung der Formen in der Natur.*

Ein ganzer Kranz von bedeutenden Persönlichkeiten wäre hinzuzufügen: *José Ortega y Gasset*, der spanische Philosoph; *Paul Dahlke*, ein vorzüglicher Kenner des Buddhismus und Autor vieler Bücher über den Buddhismus als Weltanschauung; *Erwin Rousselle*, Taoismus-Spezialist, der, eingeweiht in die chinesischen Yogapraktiken, auf den Tagungen Anleitungen zu Meditation, Konzentration und anderen Techniken des Yoga vermittelt; die Dichterin *Ricarda Huch* und vor allem der Schriftsteller *Hermann Hesse*, der sich intensiv mit chinesischer Weisheit und besonders mit Richard Wilhelms *I Ging* auseinandersetzte; *Leo Frobenius*, Afrikanist, Mythenforscher, Märchensammler und Entwickler einer Kulturkreislehre; der Theologieprofessor Rudolf Otto, der sich u. a. mit einer Neubestimmung des »Heiligen« als Numinosum, Faszinosum, Tremendum beschäftigte, und nicht zuletzt *Hans-Hasso v. Veltheim-Ostrau*, ein weitgereister Schriftsteller, der mit zahlreichen Publikationen über den Geist Asiens für einen Brückenschlag zwischen Ost und West kämpfte und Richard Wilhelm als geistigen Mentor und Lehrer so hoch schätzte, daß er ihm nach dessen Tode als Zeichen seiner Wertschätzung ein eigenes Denkmal setzen ließ.

1922 wird Richard Wilhelm noch einmal nach China delegiert.

---

* R. Sheldrake, 1990, S. 110–112.

Diesmal durch die deutsche Regierung, in deren Auftrag er als eine Art Kulturattaché in Peking wirken und u. a. ein Orient-Institut aufbauen soll, das zum wissenschaftlichen, kulturellen und wirtschaftlichen Austausch zwischen Deutschland und China beiträgt. Doch dieser China-Aufenthalt bleibt eine Episode. Nach einigen Monaten schon geht dem Staat infolge der rasenden Inflation 1923 das Geld aus. Richard Wilhelm wechselt als Hochschullehrer an die Universität Peking über.* Sogleich beginnt er wieder mit seiner Rolle als Vermittler zwischen Ost und West. Er regt Patenschaften zwischen deutschen und chinesischen Universitäten an und trifft zu einem langen Gespräch mit dem berühmten bengalischen Dichter-Sänger, Philosophen und Literatur-Nobelpreisträger *Rabindranath Tagore* zusammen, der sich ebenfalls um die Verständigung zwischen allen Völkern und Kulturen bemüht. In Fachkreisen wird der Name *Wilhelm* mehr und mehr bekannt und geschätzt. *Sven Hedin*, der schwedische Geograph, Schriftsteller und Zentralasienforscher, zollt seiner Arbeit große Anerkennung, befreundet sich eng mit ihm und versucht später sogar, Richard Wilhelm für eine mehrjährige Mongolei-Expedition zu gewinnen.

Doch 1924 bereits erreicht ihn der Ruf der Frankfurter Universität. Man bittet ihn, die sinologische Abteilung der Philosophischen Fakultät aufzubauen. Kurz darauf, durch finanzielle Unterstützung der Gräfin Berta v. Franken-Sierstorpff, einer von Altchinas Überlieferungen begeisterten Mäzenatin aus dem Kreise der Schule der Weisheit, wird er ordentlicher Professor für Sinologie und gründet in Räumen des Frankfurter Völkerkundemuseums das »China-Institut«, die erste Einrichtung dieser Art in Deutschland, die sich bewußt eine Öffnung der Kulturen Europas und Chinas auf dem Gebiet der geistigen Ideen zum Ziel setzte:

Wenn wir im China-Institut als unsere Hauptaufgabe die Ergründung der chinesischen Kultur und die Vermittlung zwischen den Tiefen von Ost und West sehen, (...) so sei damit die tiefste Wirklichkeit gemeint der Beziehungen zwischen dem

---

* Ermöglicht durch die Aufsehen erregende Personalberufungspolitik des liberal gesinnten Universitätsdirektors Tsai Yüan Pei, eines weltoffenen Geistes, der z. B. bereits ein Jahr zuvor Bertrand Russell für einige Zeit an die Hochschule verpflichtet hatte. Vgl. O. Weggel, 1989, S. 36 f.

Richard Wilhelm in der Eltviller Aue, Wohnsitz der Gräfin Sierstorpff (um 1927).

Göttlichen und dem Menschlichen, d. h. der Beziehungen des Menschen zum absoluten Lebensquell.*

Wieder leuchtet aus diesen Worten Richard Wilhelms »Handschrift« hervor: Sein Anliegen ist nicht, vordergründig zur Bereicherung der Kenntnisse voneinander beizutragen. Er will tiefer wirken; er hat unmittelbare Lebenswerte zu vermitteln und ergreift dazu eine ganze Palette an Ausdrucksmedien. In der Handvoll Jahre, die ihm noch bis zu seinem Tode 1930 verbleiben, werden unzählige Zeitungsbeiträge, Aufsätze und Essays veröffentlicht; Verlage bringen bald ein Dutzend Bücher von ihm

---

* R. Wilhelm, in: S. Wilhelm 1956, S. 328.

heraus. Er organisiert eine Woche der chinesischen Musik, veranstaltet Kunstausstellungen und sucht weiter Gleichgesinnte und Multiplikatoren unter den großen Humanisten seiner Zeit. Ein lebhafter Gedankenaustausch mit dem jüdischen Religionsphilosophen *Martin Buber* und dem Kulturphilosophen, Missionsarzt und musikbegeisterten Bach-Biographen *Albert Schweitzer* sind Beispiel dafür. Darüber hinaus werden chinesische Dramen übersetzt und im Frankfurter Schauspielhaus mit chinesischer Musik und Originalkostümen zur Aufführung gebracht. Mit einer regen Vortragstätigkeit in zahlreichen größeren Städten kann er so manchem Zeitgenossen eine Ahnung von den geistigen Reichtümern des Fernen Ostens geben, und auch der junge *Karlfried Graf Dürckheim* findet sich unter den Zuhörern seiner Münchner Veranstaltungen. So führt er in seinen ihm noch vergönnten Lebensjahren »ein Vagabundenleben schlimmster Sorte«, bei dem er nach seinen Reden so manches »gemütliche« Beisammensein über sich ergehen lassen muß, »wobei man die Leute immer wieder belehren lassen muß, daß die Chinesen keine Regenwürmer und faulen Eier essen und ihre Mädchen nur selten schlachten...«*.

Wir schreiben das Jahr 1929. Die *I Ging*-Befragung für die bevorstehenden Monate bringt ihm das Hexagramm *Verfinsterung des Lichts*. (Hex. 36) In den vorangegangenen Wochen war ihm das tibetanische Totenbuch als bisher unbekannte Lektüre zugefallen, und in der Stadt Mühlheim erlebt er vor einem Haus ein weiteres Omen: »Dort wollte ich mich übrigens selbst besuchen«, schreibt er; »es stand ›Richard Wilhelm‹ an der Tür. Da hörte ich aber, daß der Herr vor zwei Jahren gestorben sei. Seltsam! Nicht?«** Auch innerlich spürt Richard Wilhelm ahnungsvoll, daß eine Metamorphose bevorsteht. Die maskierten Krankheiten, erworben in einem fast 24jährigen Leben unter chinesischen Klima- und Hygieneumständen, lassen sich nicht mehr unterdrücken. Sie brechen in den folgenden Monaten endgültig durch. Die Ärzte rätseln über die Krankheitsursache. Er selbst ist es, der schon im stark angegriffenen Zustand sein Symptombild richtig deutet: Spru, eine damals in Deutschland noch recht unbekannte Tropenkrankheit. Immer wieder setzt er sich ohne Rücksicht auf seinen sich verschlechtern-

---

* S. Wilhelm 1956, S. 347.
** Ebenda, S. 364 f.

den Allgemeinzustand an einige halbfertige Manuskripte. Er schafft es, seine Wirtschaftspsychologie und die Geschichte der chinesischen Philosophie zum Abschluß zu bringen. Außerdem vollendet er noch einen astrologischen Aufsatz für das *Jahrbuch für Kosmobiologische Forschung*: »Die Einordnung des Menschenlebens in den kosmischen Verlauf im chinesischen Kulturgebiet«. Aber nun treten auch äußere Umstände hinzu, die das Thema Veränderung anspielen. Große Finanzierungssorgen und mangelndes öffentliches Verständnis lassen ihn nach einer hoffnungsvollen Startphase nun, nachdem die ostasiatische Mode abgeflaut ist, um den Fortbestand seines China-Instituts fürchten. Gleichzeitig steigern sich die politischen und militärischen Kämpfe der verschiedensten Parteien, Militärmachthaber und ausländischen Besatzer in China selbst derart, daß das amerikanische Rote Kreuz in einem Gutachten lapidar beschließt, keine Hilfe zu leisten, da es schlicht zu viele Chinesen seien, die leiden, und sich die Bevölkerung dort ohnehin bis zum Jahr 2000 verdoppele, wenn nicht ihre Zuwachsrate durch Hunger, Epidemien und Kriege verlangsamt würde. »Ein Leben für China« – dieses sein Schicksal vor Augen, resigniert Richard Wilhelm: »Ich kann es mir bei meiner schicksalmäßigen Verbundenheit nicht leisten, gesund zu sein, wenn es in China so schlecht geht wie jetzt.«[*]

Kritische Sticheleien anderer Sinologen, abfällige Äußerungen, Profilierungsängste selbsternannter »Philosophenpäpste« – seinem Freund Walter F. Otto, Altphilologe und Professorenkollege in Frankfurt, offenbart er, daß er sich zu einer großen Wandlung in seinem Leben vorbereiten müsse. Sein Lieblingsgemälde, eine Darstellung einer altchinesischen Berglandschaft, erbittet er sich an sein Krankenlager. Taoistisch-meditative Spaziergänge durch diese archetypischen Urformen zwischen Himmel und Erde sind ihm Friedensquell. Traumgesichte erscheinen ihm, in denen er eine oftmals überdeutliche Symbolsprache findet: die Reise zum Ort der zwei Lebensquellen übereinander; oder die Vision, in seiner bisherigen Existenz zu sterben, doch in seiner wahren Tätigkeit nicht behindert zu werden...

Anfang des Jahres 1930 nehmen seine Kräfte so rapide ab, daß er ins Tropengenesungsheim nach Tübingen überführt wird. »Als er

[*] Ebenda, S. 384f.

222

Bad Boll: Weltkugel und I Ging-*Trigramme kennzeichnen die Grab-stätte von Salome und Richard Wilhelm.*

schon nicht mehr sprechen konnte«, so Walter F. Otto über seine letzten Stunden, »hat er noch freundlich gelächelt und gütig genickt und bald darauf still den Kopf geschüttelt. So ist der Nichtwiderstrebende, der Weise, der Freund von uns gegangen.«* Am Nachmittag des 1. März stirbt Richard Wilhelm, kurz vor seinem 57. Geburtstag. Zwei Tage darauf findet er bei untergehender Sonne an Blumhardtschem Ort, dem Friedhof von Bad Boll, seine letzte irdische Ruhestätte.

---

* W. F. Otto, 1962, S. 229.

Rückblende
Jolan Jacobi: Erinnerung an ein Wiener Gespräch 1928

... Er erzählte mir auch einen Traum, den er in der letzten Nacht gehabt und der ihm großen Eindruck gemacht hatte. Es war darin die Rede von einem riesengroßen Drachen, der am Rande einer Wüste sich aus dem Sande, durch den er unsichtbar zugedeckt gelegen war, klaffend erhob, sobald man die Wüste betreten wollte. Und von einem mächtig dunklen Berg, der an diesem Wüstenrand emporragte und dem Träumer den einzigen Weg der Flucht versperrte. So befand er sich zwischen Felswand und Drachenschlund gefangen und fühlte, daß es kein Entrinnen vom Tode mehr gebe. Da bemerkte er eine Quelle aus dem Berg treten und ihren Lauf gurgelnd durch die Wüste bahnen. »Dieser Quelle will ich mich anvertrauen«, dachte er sofort, legte sich auf den Rücken in das helle Wasser und ließ sich so, die Augen fest auf den Himmel gerichtet, davontragen zu unbekannten Zielen. Die Bilder dieses Traumes wollten ihn nicht verlassen, zu viel verstand Wilhelm von ihrer Sprache, um von ihrem Sinn nicht erschüttert zu sein. Er war voll böser Ahnungen, und nichts vermochte ihn davon abzubringen, daß er vor schweren Prüfungen stand, vergebens wies ich immer wieder auf den befreienden Ausgang des Traumes hin; er sah viel tiefer. Und vielleicht war ihm schon in jenen Stunden klar, daß das Wasser, dem er sich anvertraute, ihn nun aus diesem Dasein in ein anderes hinüberführen werde und daß der Ausgang des Traumes den Eingang ins Totenland bedeutete. Denn es heißt bei Laotse: »Ausgehen ist Leben, Eingehen ist Tod« ...*

---

* S. Wilhelm, 1956, S. 361; Jolan (später Jolande) Jacobi war 1928 Vizepräsidentin und Leiterin des »Österr. Kulturbundes« sowie Analytische Psychologin im engeren Kreis um C. G. Jung.

8. RICHARD WILHELM: PROFILE

Der Religionslehrer

Lebt die Menschheit heute noch nach den Grundsätzen des Neuen Testamentes oder nicht? Gibt es noch einen Zusammenhang zwischen dem archaischen Christentum und der jetzt lebenden Christenheit? Solche Fragen stellte sich schon 1850 Sören Kierkegaard. Seine Antwort: 1800 Jahre christlicher Geschichte haben in steigendem Maße dazu beigetragen, das Christentum abzuschaffen. Eine Aussage, die Richard Wilhelm ohne Zögern unterschrieben hätte. Er steht in mancher Hinsicht in einer Reihe mit Kant, Fichte, Schelling, Hegel und eben Kierkegaard, die alle wie er von der Theologie ausgegangen waren und von der *»philosophia«*, der Liebe zur Weisheit, ergriffen wurden. Wilhelms Werdegang zeigt eine Wandlung vom Christus suchenden Theologen über den Weisheit findenden Philosophen zum Mystiker, dem die taoistisch-versunkene Schau Göttliches bezeugte. »Es fehlt mir die Kirchlichkeit... kann eigentlich nur für die ›unsichtbare‹ Kirche arbeiten.«* So spricht in Richard Wilhelm ein Mensch, dem das *»re-ligo«* = Rückbinden – die Bindung an das Allerhöchste, das Heilige, welches in All und allem wirkt –, zur Herzensaufgabe wird. Der Protestant in ihm weiß: Re-formation heißt Rückbildung, zurück zu den Wurzeln des Urchristentums, das die *innere Gesinnung* eines Menschen in den Mittelpunkt rückt. So entfremdete er sich den bigotten, verweltlichten Formen einer rigiden, hierarchischen Kirche und verließ ihre, das Religiöse korrumpierenden Einrichtungen. Das Christliche hat er nie verlassen. Fügung, Vorsehung und Schicksalhaftigkeit lenkte seine Pilgerschaft zum Heiligen allerdings in jene Richtung, die ihn an eine geheimnisvolle Pforte führen mußte: den Zugang zur Tiefenebene des einen Göttlichen, wo im Erleben der Großen Stille, der ewigen Wahrheit eine Unterscheidung in Christentum, Buddhatum und ähnliches nicht mehr möglich ist. Das Studium des spirituellen

---

* S. Wilhelm, 1956, S. 214.

China – historisch, wie es die ältesten Quellen offenbarten, aktuell, wie es die rudimentären Reste einer einstmals vitalen Tradition es ihm durch glückliche Zeitumstände vorführten –, dieses Studium war Befruchtung, Katalysator und Ferment. *Moral und Religion* bilden eine Einheit. Das Urbild des *moralischen Menschen* erblickte er, nachdem er das Sinnbild »Konfuzius« von aller Patina, von Kratzern, Verzerrungen und sonstigen Gebrauchsspuren einer 2400jährigen Vereinnahmung gereinigt hatte. Das Urbild des *religiösen Menschen* leuchtete ihm aus dem von Mißverständnissen der Geschichte befreiten Sinnbild »Laotse« entgegen. Richard Wilhelm lebte die Polarität zwischen Konfuzius und Laotse, Ethik und *religio*, der Rückbindung zur letzten Wahrheit.

Er begann seinen China-Aufenthalt mit einer Entschlackung der verkrusteten Konfuzius-Rezeption, dessen ursprünglicher Kanon einer Ethik des menschlichen Umgangs miteinander in die Klauen der unterdrückenden, in vielem unmenschlichen Etikette der chinesischen Staats- und Gesellschaftsordnung geraten war. Er wandte Konfuzius' Postulat von der Richtigstellung der Begriffe auf ihn selbst an, indem er – in dieser Hinsicht echter Schüler Kants* – den Sinn hinter den Namen und Bezeichnungen zu erschlüsseln suchte. Kein Zufall, daß seine erste von Grund auf eigenständige Schrift den Titel trägt: »Stellung des Konfuzius unter den Repräsentanten der Menschheit«, sprich Menschlichkeit.

Er beendete seine China-Zeit 1924 mit einer lebendigen Laotse-Rezeption – einer systematischen Unterweisung in die Praktiken des taoistischen Yoga durch den Leiter des taoistischen Geheimbundes *Dau De Hüo Schê* (Verein der Wissenschaft von SINN und LEBEN). Dieser TAO-Meister** gründete seine Arbeit mit den

---

* »Kant als erster hat die Frage nach dem SINN aller Tatsachen als die eigentlich philosophische begriffen. So ist jeder, der vom Sinn aus weiterfragt, Kants Nachfahr. (…) Nicht der Kantianer, auch nicht der Neu-Kantianer ist Kants echter Schüler, sondern einzig der, welcher von ihm lernte, wie man von allem Buchstaben fort zum Sinn gelangen kann.« H. Keyserling, in: A. Keyserling, 1981, S. 306 f.

** Ein Chinese, der aus ganz einfachen Verhältnissen hervorgegangen war und weder der Gelehrten- noch der Beamtenschicht entstammte. Er war »ein schlichter Mann aus dem Volke, der durch ein entschiedenes inneres

Adepten auf der »Lehre vom dreifachen Ich«.* Richard Wilhelm wurde zu einem Eingeweihten, der in tiefer Meditationspraxis die spirituellen Mysterien aus persönlicher Offenbarung und eigener innerer Wesensschau erlebt hat. Er berichtet einem Freund in Deutschland, der ihn möglichst bald wieder in der Heimat wirken sehen wollte, daß er noch einige Zeit in Peking brauche, »um auf chinesische Art auf den Grund der Welt zu sehen«.**

Diesen Grund hat er gesehen. Und so erscheint Richard Wilhelm, zurück in Europa, auch als ein Prediger eines inneren Weges, eines Weges zu sich selbst, zum wahren Menschsein in einem Leben im Einklang mit Himmel und Erde. Sein geistesverwandter Freund C. G. Jung hat es einmal so formuliert: »Die entscheidende Frage für den Menschen ist: Bist du auf Unendlichkeit bezogen oder nicht? Das ist das Kriterium des Lebens.«*** Diese Lehre – im übrigen auch die letzte Wahrheit des *I Ging* – wurde seine Rückbindungs- seine Religionslehre.

Der Wissenschaftler

Vordergründig findet sich in Richard Wilhelm ein China-Forscher wieder, der in der Pionier- und Aufbauzeit der systematischen, wissenschaftlichen Chinakunde am Anfang des 20. Jh. einen Karriereweg vom Autodidakten zum ordentlichen Professor für Sinologie beschritt. Doch dieser Eindruck verkürzt die tatsächlichen Reifeschritte und unterschlägt die großen Spannungen, die Richard Wilhelm gegenüber der institutionalisierten Si-

Erlebnis die tiefsten Einblicke in die wesentlichen Gebiete des Menschen getan hat«. Salome Wilhelm, 1956, S. 278.

* Einer Schrift, übersetzt von R. Wilhelm in dem von ihm herausgegebenen Mitteilungsblatt »Pekinger Abende« II, 1, 1923.

** Salome Wilhelm, 1956, S. 284. Auffällig bleibt das Siegel der Verschwiegenheit auf dieser taoistischen Dimension der Wilhelmschen Suche nach dem Göttlichen. Er hat offensichtlich an die Pforte des »Unnennbaren«, Namenlosen angeklopft. Andeutungen darüber und knappe Schilderungen einiger altehrwürdiger Zeremonien und Praktiken berichtete später E. Rousselle (1962, S. 32 ff.), ein befreundeter Sinologe, der seinerzeit durch R. Wilhelm ebenfalls Zugang in den inneren Kreis dieser taoistischen Studiengesellschaft erhielt.

*** A. Jaffé, 1962, S. 327.

nologie seiner Zeit auszuhalten hatte. *Uni-versitas* – auf das eine hingewendet: dieses Urbild einer ganzheitlich ausgerichteten Universität war auch zu seinen Lebzeiten schon lange passé. Die auf das viele gerichtete »Multi-versität« erlebte parallel mit der industriellen Revolution eine immer weitergehende Spezialisierung. Aus dem Wissenschafts*hort* wurde ein Wissenschafts*betrieb*. Ein solches Spezialistentum mußte auf Kollisionskurs gehen zu einem Forscher wie Richard Wilhelm, der sich in der Tradition des großen Universalisten Goethe verstand. Er teilte Goethes organische Naturauffassung, seine Überzeugung von der Verwurzelung des Geistes in der Natur oder, wie Karl Zeitlinger über Goethe schrieb:

> Goethe hat das neue Naturgefühl am tiefsten von allen erlebt. Goethe hat auch zuerst mit aller Bestimmtheit ausgesprochen, daß der Mensch wesenhaft mit der Natur verwandt ist und der Geist des Menschen das Höchste ist, was sie je hervorgebracht hat, ja Geist ist überhaupt »des Lebens Leben«.[*]

Die etablierte Wissenschaft aber war gegenüber allen Auffassungen vom Wirken eines »Geistes« in der Welt höchst ablehnend eingestellt. Die Forscher, zumal die Naturwissenschaftler, beriefen sich auf die objektivierbaren, belegbaren Fakten als Gütesiegel der Erkenntnis. Ihr Wissenschaftsverständnis war ganz in der Tradition Galileis und Newtons auf einem mechanistisch-reduktionistischem Weltbild begründet.[**]

Eine solche Universität konnte folgerichtig nur »geist«-lose Kenntnisse, niemals aber tiefere, die Persönlichkeit des Forschers menschlich verändernde, im Ursinne »Geist bildende« Erkenntnisse vermitteln: »Kenntnisse erschlagen die Erkenntnisse – Beweise ermüden die Wahrheit!«[***] Mehr als nur ein »halber Chi-

---

[*]   K. Zeitlinger, 1986, S. 166.
[**]   Seltsamerweise sollten sich aber gerade gegen Ende der Lebenszeit R. Wilhelms erste Risse in diesem Wissenschaftsgebäude zeigen. 1927 postulierte der Physiker Heisenberg das »Unschärfe«-Prinzip, und als die Quantentheorie sich entwickelte, zeigte sich mit einem Mal, daß in der Natur, zumindest auf der mikrokosmischen Ebene, tatsächlich nicht alles vorherbestimmbar und letztgültig determiniert ist.
[***] Aperçu des Philosophen, Goetheaners und Universalisten Hugo Kükelhaus (1900–1984). Vgl. auch Heinrich Zimmer, bedeutender Indologe (1890–1943), der gerade zu diesem Punkt über seinen Sanskrit-Lehrer H. Lüders klagte: »Mein Lehrer oder Guru, jener hervorragende Fach-

SINICA

MONATSSCHRIFT FÜR CHINAKUNDE UND CHINAFORSCHUNG

HERAUSGEGEBEN VON
RICHARD WILHELM

JAHRGANG 1927

CHINA-INSTITUT, FRANKFURT A. M.

SINICA: Wiedergabe eines Titelblatts der von Richard Wilhelm editier-
ten wissenschaftlichen Zeitschrift.

---

mann, besaß keinerlei persönliche Magie, er wußte uns nicht auf den Weg der Wandlungen zu einer Wiedergeburt zu bringen. Wir hegten ehrfurchtsvolle Bewunderung für seine unfehlbare Akribie, seine meisterlichen Methoden; die Befähigung dazu jedoch verstand er nicht weiterzugeben...«; im Gegensatz zu Johann Maria de Groot, »...einem Holländer, der die vollendetste Verkörperung des taoistischen weisen alten Mannes war.« H. Zimmer, 1974, S. 11.

nese« geworden, findet der nach Deutschland zurückkehrende Richard Wilhelm in der heimischen Universitätslandschaft so manchen staubtrockenen Kathederwissenschaftler vor, der sich in erster Linie als Philologe, als Sprachgelehrter versteht und nun offen, bisweilen gar versteckt oder in Andeutungen an seinen Textübersetzungen der chinesischen Klassiker herummäkelt und seine wissenschaftliche Qualifikation in Frage stellt. Eine Auswahl:

... Auch die Wilhelmsche Übersetzung ist nur mit Vorsicht zu benutzen, denn er hat in seinen Erklärungen viele moderne Gedanken geflochten, die den Chinesen fremd sind, und läßt seiner Phantasie allzusehr die Zügel schießen.*... er hat wohl seiner subjektiven Auffassung mehr Spielraum gelassen, als der objektiven Wissenschaft erlaubt sein mag. ...ich glaube Wilhelm nicht zu nahe zu treten, wenn ich sage, daß ihm, der sehr wohl wußte, was Magie des Wortes war, in seinen Umdichtungen dieser Magie nicht untertänig wurde.**

Sein Tsingtau-Mitarbeiter und späterer Berliner Sinologie-Professor *Wilhelm Schüler* faßt die Richard Wilhelm entgegen gebrachte Kritik in seinem Nachruf 1930 sinngemäß zusammen:

– Er bringe nichts von philologischen Untersuchungen, durch die sich erst der wahre Wissenschaftler qualifiziere.

– Es mangele seinen Übersetzungen die eingehende Text- und Wortkritik.

– Auf der anderen Seite entgehe er nicht der Gefahr, bei seinen Übersetzungen den chinesischen Sinn und Ausdruck durch die Anpassung an original westliche Gedanken und Begriffe, wie etwa die Kants und Goethes, zu verfärben.

– In diesem Sinne wird auch die äußere Aufmachung seiner Bücher und ihr Erscheinen bei Eugen Diederichs bemängelt, wo gar nicht die Möglichkeit gegeben sei, durch Beifügung des chinesischen Textes wenigstens bei wichtigen Stellen oder in Anmerkungen den Leser in den Stand zu versetzen, sofort selbst den Übersetzer zu kontrollieren.

---

* A. Forke, 1927b, S. 13, Anm. 2.
** F. Lessing, 1930, S. 63.

– Die Kritik war eine Zeitlang von dem Unterton der Anzweiflung begleitet, ob Richard Wilhelm, da er sich bei seinen Übersetzungen der Mitarbeit chinesischer Gelehrter erfreuen durfte, überhaupt sinologisch auf eigenen Füßen stehe.*

Auch versteckte Bemerkungen über Persönlichkeit, Weltanschauung und Lebensstil von Richard Wilhelm kamen aus manchen Ecken der deutschen »Intelligenz«, Neider und Seilschaften, die in ihrem Benehmen den intriganten Eunuchen des chinesischen Kaiserpalasts wohl nicht ganz unähnlich waren. Er sei wohl mehr ein »Herold Chinas« als wissenschaftlicher Lehrer, gewiß schaffe er aus tieferem Verständnis, aber sicher auch aus Freude am Idealisieren ein »Glanzbild von China«, das er allen denen voraustrage, die ihm zu folgen willig seien.

Er, der ganz moderne Mensch, der aus den Schächten des Altertums das Gold der Weisheit herausholte, um es umzuprägen in gangbare Münze, erschien daher manchmal modernen Chinesen wiederum zu chinesisch, als daß sie ihn bedingungslos anerkannt hätten.

So schreibt sein ihm aus den chinesischen Tagen schon bekannter Kollege *Ferdinand Lessing* in einem Nachruf und fährt fort:

Mancher Freund, der ihn sich so oder so gerahmt hatte, war dann wohl enttäuscht, wenn er ihm plötzlich in alle Ferne entrückt schien. Gewiß – das waren die Schwächen seiner Vorzüge!**

Der *I Ging*-Autor

»Was wohl Arabisten und Sanskritisten sagen würden, wenn ein Kollege so übersetzte?« In diesem Ausruf gipfelte eine Literaturkritik, als 1924 mit dem *I Ging* jenes Buch auf den Markt kam, das Richard Wilhelms Hauptwerk bilden sollte und seinen Namen bis heute unvergessen macht. Er war nicht überrascht. Schon Jahre zuvor schrieb er nüchtern:

---

* Vgl. W. Schüler, 1930, S. 57 f.
** F. Lessing, 1930, S. 64.

Von seiten der Fachsinologie mache ich mich auf Widerspruch meiner Gesamtauffassung gegenüber gefaßt, gerade deshalb, weil ich mich ebenso von der orthodoxen Lehre der heimischen Sinologie losgemacht habe, wie von der orthodoxen Kommentarliteratur Chinas.*

Was unterscheidet seine Ausarbeitung des »Buchs der Wandlungen« von der Übersetzung anderer Verfasser? Es ist sicher nicht die einmalig reichhaltige Materialauswahl, die er zum besseren Verständnis des geistigen Hintergrundes und der Denkweise der alten Väter des *I Ging* seiner Version der 64 Hexagramme beifügte. Wenn auch schon allein diese Tatsache das Buch zu einer Fundgrube macht. Viel entscheidender für den großen Erfolg, den seine »Wandlungen« bis heute haben, liegt in dem von Grund auf anderen Wertmaßstab und Erfahrungshorizont, mit dem sein Autor an die Übersetzung dieser Bibel Altchinas heranging und den man durch den Text hindurchspürt.

Richard Wilhelm war aus eigener gelebter Erfahrung überzeugt, daß der Mensch mit Hilfe von Orakeltechniken Einblick nehmen kann in die »Keime des Werdens«, in Entwicklungen, die kommend, aber noch verborgen sind. Dies ist der erste Unterschied zu vielen seiner Fachkollegen, übrigens auch heute noch, die das Orakelwesen zwar als den archaischen Kulturformen zugehörig akzeptierten und buchhalterisch in ihrem Wissenskanon, »Schublade Altchina« ablegten, aber doch nicht im Traum daran dachten, daß ein chinesisches Orakelbuch für sie selbst, für ihr eigenes Leben irgendeine Bedeutung haben könnte, geschweige denn sich mit ihm – außer philologisch oder literaturgeschichtlich – ernstlich auseinanderzusetzen.

Es gibt einen weiteren Unterschied. Richard Wilhelm war ein Inspirierter, dem von Jugend an mehrfach Erfahrungen der Erleuchtung, Momente luciden Wissens zuteil geworden waren. Er hatte – in der Jugend sporadisch und intuitiv, im Alter durch gezielte Yoga-Praxis – immer wieder erlebt, daß es eine weitere Bewußtseinsebene über dem auf menschlichem Vorstellungsvermögen beruhenden Ichbewußtsein gibt. Es ist jene Bewußtseinsstufe, die *Maurice Bucke* (1837–1902) treffend *kosmisches*

---

* E. Diederichs, 1967, S. 179.

Bewußtsein nannte. Eine Erfahrungsdimension, die den Menschen befähigt, »den Kosmos als Ganzheit zu begreifen, in dieser Ganzheit und durch sie die Gegenwart des Schöpfers zu spüren, alle Ängste vor Sünde und Tod abzustreifen und zu wissen, daß das Grundprinzip des Kosmos Liebe ist.«* Solche Erlebnisse sind jedoch nicht ohne weiteres in vorgefertigte Kategorien einzuordnen. Auch heute noch, erst recht damals zum Ende der zwanziger Jahre, ist es schwer, sich als deutscher Hochschulprofessor zu mystisch-ekstatischen Erfahrungswelten zu bekennen, die für andere Menschen des Lebensumfeldes entweder gar nicht existieren, oder zumindest mit dem Geruch des Okkulten oder gar der Geisteskrankheit behaftet sind.** Richard Wilhelms *I Ging* spiegelt daher einen Charakter wider, den das Buch auch im chinesischen Original immer besessen hat: es ist offen und verschlossen zugleich. Für denjenigen, dem innere Sammlung, Erwachen, Läuterung und Selbstdisziplin sowie Momente spiritueller Ekstase keine Fremdwörter sind, ist das Buch »offen«. Er liest die »Botschaft hinter der Botschaft«; begreift Offenbarungen des Buches als Aufforderung zum WEG! Wer mit den Mitteln einer vergleichenden Sprachwissenschaft zum »Buch der Wandlungen« greift, dem verschließt sich die spirituelle Tiefe hinter den Texten, und das Buch reduziert sich tatsächlich auf eine altchinesische Sprüchesammlung von Bauernregeln, Zaubersprüchen und dunkel bleibenden, heute nicht mehr zu verstehenden Anspielungen auf damalige Lebensverhältnisse.

Richard Wilhelm schätzte die »Wandlungen« als ein heiliges Buch. Er entdeckte, daß es alle Urbilder eines in jeder Hinsicht reichen, schöpferischen Lebens enthält, ja, daß es »das Gewebe des Lebens« in Sinnbildern vollständig vorführt. Darüber hinaus bildete es ihm eine Zugangspforte zu den Urgründen noch tieferer Wahrheit, die sich nicht letztgültig in Worte fassen lassen, die als Gipfelerfahrung nur dem einzelnen ergreifbar werden, der diese geheimnisvolle Pforte mit dem Schlüssel des »Fragens« aufzuschließen sich bemüht:

---

* M. Bucke, 1975, S. 10.
** So wählte sich R. Wilhelm für einige Veröffentlichungen ein Pseudonym, den chin. Decknamen *Pao Tschen* (vgl. die in seiner Zeitschrift *Sinica* mit P.T. abgekürzten Artikel).

– Was wirkt *hinter* der Welt in allen ihren Erscheinungen?

– Welche Verknüpfungen hat jedes Wesen mit den Dimensionen der unsichtbaren, der magisch-geistigen Welt?

– Gibt es jenseits und *außer* mir ein »Wer« oder »Was«, das mir *gültig* antworten kann auf die existentiellen Herausforderungen meines Lebens – die Fragen von Geburt und Tod, Werden und Vergehen?

– Wie wird aus der Vielheit meiner Möglichkeiten mein WEG zur Einheit in der Wirklichkeit?

Die große Sehnsucht nach Erkenntnis und tiefgreifender Vermittlung der metaphysischen Zusammenhänge zwischen Mensch und Kosmos sind es, die den *I Ging*-Autor Richard Wilhelm in besonderer Weise auszeichnen. »Nur wenn man seine ganze Lebensarbeit überschaut, kann man auf den zurückschließen, der dahinter stand und das alles wirken konnte. Und der war nicht nur ein großer Gelehrter und Lehrer, sondern ein ganz seltener Mensch.«*

Der Ahnherr einer Zeitenwende

Seit 1930, dem Todesjahr Richard Wilhelms, ist ein kompletter 60-Jahres-Zyklus, chinesisch der große Generationenzyklus, der unserem europäischen »Jahrhundert«-Begriff entsprach, verstrichen; ein zweiter hat begonnen. Das »Buch der Wandlungen« in der Wilhelmschen Form aber wurde in dieser kurzen Zeit von einem Geheimtip unter Liebhabern ostasiatischer Weisheit zu einem Standardwerk für eine zunehmende Zahl von Menschen, die ihr Leben bewußt nicht mehr auf eine einseitig materialistische Basis ausrichten wollen und auf der Suche nach den spirituellen Zeugnissen der alten Kulturen auf den reichen chinesischen Schatz stießen. Es ist Richard Wilhelms großes Verdienst, diesen Schatz aus dem durch die ungewöhnliche Schriftsprache so abgeschlossenen chinesischen Bereich befreit und allen Menschen im Westen zugänglich gemacht zu haben. Sein *I Ging* liegt mittler-

---

* F. Lessing, 1930, S. 64.

weile auch in englischer, französischer, spanischer, italienischer, portugiesischer, holländischer, schwedischer und dänischer Sprache vor.*

Doch diese Fakten sind nur der quantifizierbare Ausdruck für einen fundamentalen Wertewandel in der Welt. Manche qualifizieren ihn als New Age, Wassermannzeit, Paradigmenwechsel oder Zeitenwende. Nicht zuletzt ausgelöst durch die verschiedensten von fehlgeleiteten Menschen heraufbeschworenen Katastrophen des 20. Jahrhunderts hat ein Umdenken in den Köpfen vieler begonnen, das Richard Wilhelm bereits heraufdämmern sah:

Ich habe die Überzeugung, daß wir einer neuen Zeit entgegengehen, die im geistigen Leben der Menschheit ganz neue Grundlagen entstehen lassen wird. Auf diesen Grundlagen, die übernational sind, weil sie in das eigentliche Menschenwesen hineinreichen, wird auch der Bau errichtet werden müssen, der an die Stelle der dürftigen Hütten, die wir jetzt Kirche nennen, in Zukunft treten wird. (...) Wir müssen da ganz geduldig warten, bis aus den Hintergründen des Geschehens heraus eine neue Behausung für die Gedankenwelt der Menschen entsteht; denn die alte ist zerbrochen, und niemand kann sie mehr flikken. Aber die neue Behausung, in der die Menschen in Frieden beieinander wohnen und das Göttliche verehren können, wird kommen.**

---

* Die deutsche Ausgabe allein brachte es von 3000 Stück der Erstauflage 1924 bis zu inzwischen rund 300 000 Exemplaren 1994. Vgl. auch U. Diederichs, 1984, S. 260–263.
** S. Wilhelm, 1956, S. 272.

Richard Wilhelm:
west-östliche Betrachtungen

Die Abendglocke des Bergklosters hat nichts Dringendes, Drohendes, Überredendes. Sie sendet ihren tiefen vollen Klang durch den Abend.

Dieser Ton ist eine Offenbarung, daß hinter allem Schein, hinter aller Vielheit, hinter allem Leid die eine große Ruhe wohnt. Dieser Ton ist wie ein Tor zu einer anderen Welt. Wer will, kann es betreten; wer nicht will, geht vorüber. Es ist da, nichts weiter. Der Ton verhallt, dann kommt das große Schweigen wieder...

*

Der Anfang ist die eigene Person,
das Ende ist die Menschheit.

*

Der Mensch braucht Kleider, die Religion braucht Formen.
Die Wahrheit ist aber nur eine.

*

Es gibt eine doppelte menschliche Geschichte.
Die eigentliche Geschichte der Menschheit in ihren tiefsten Beziehungen, die vollzieht sich im Unsichtbaren.

*

Der Himmel zeigt die Bilder,
der Berufene verwirklicht sie!

*

Man kann das Wandelnde im ewigen Sinne leiten durch die Magie des Wortes. Wenn die Namen gefunden werden, die das innerste Wesen des Seins ausdrücken, so läßt sich durch ihre Anwendung die Welt regieren...

In China ist das Leben nicht willkürlich. Bei aller Freiheit sind ihm feste Fäden eingewebt, die es tragen und ordnen, die ihm Licht und Schatten, Glück und Unglück zur Harmonie gestalten. So fließt das Leben dahin wie am Webstuhl das Gewebe. Erlebnisse schießen zu von rechts und links, buntglitzerndes Glück und farblose Trauer, wie die Schiffchen mit dem Einschlag des Fadens herüber- und hinüber-schießen. Aber der Zettel liegt fest, der allem die Richtung gibt und es ordnet zu festen Figuren, aus deren Formen der Sinn sprüht, zu dem das wirre Leben sich verknüpft.

Wer andere kennt, ist klug;
wer sich selber kennt, ist weise.

Das Scheit verglimmt,
doch der Funken glüht weiter...

R. Wilhelm:
Wichtige Stationen aus Leben und Werk

ORT	DATUM	EREIGNIS/WERK	ALTER
Stuttgart	10. 5. 1873	Geburt als 1. Kind d. Hofglasmalers G. Wilhelm	
	Ende 1874	Geburt der Schwester Helene	1,5
	1882	Tod des Vaters	9
Tübingen	1891	Studium: Theologie	18
	Mitte 1895	1. Theolog. Staatsexamen	22
Stuttgart	Nov. 1895	Ordination in der Stuttgarter Stiftskirche	
Bad Boll	1897	Vikariat; Prägung durch Pfarrer Christoph Blumhardt	24
	1899	Verlobung mit der Blumhardt Tochter Salome	26
Tsingtau	12. 5. 1899	Ankunft in China; Epidemien; Tod des Missionskollegen und Sinologen Dr. Ernst Faber	
Schanghai	7. 5. 1900	Heirat mit Salome Blumhardt; Unruhen in Schantung	27
Tsingtau	Nov. 1900	(Vermittlerrolle) Boxeraufstand; Schul- + Hospitalgründungen	
	8. 7. 1901	Geburt des Sohnes Siegfried; erste Übersetzungen	28
	1902	DEUTSCH-CHINESISCHES LEHRBUCH	29
		Geburt des zweiten Sohnes	
	1903	STELLUNG DES KONFUZIUS UNTER DEN REPRÄSENTANTEN DER MENSCHHEIT	30
	10. 12. 1905	Geburt von Hellmut Wilhelm; dritter von insgesamt vier Söhnen	32
	1906	Verleihung des Mandarin-Ranges; Tod der Mutter	33
Bad Boll	Okt. 1907	Beginn eines sechsmonatigen Deutschland-Urlaubs	34

Tsingtau	1910	Kung Fu Tse: Lun Yü – Gespräche	37
	1911	Theologische Ehrendoktorwürde durch die Universität Jena	38
		China – Das Land und die Natur Laotse: Tao Te King	
	Okt. 1911	Chin. Revolution; Flucht der alten Gelehrten nach Tsingtau	
	1912	Liä Dsi – Das wahre Buch vom quellenden Urgrund Dschuang Dsi – Das wahre Buch vom südlichen Blütenland	39
	1913 21. 3. 1913	Gründung der Konfuzius-Gesellschaft; Beginn der *I Ging*-Übersetzung mit Lao Nai Süan	40
	11. 5. 1914	Einweihung der Bibliothek der Konfuzius-Gesellschaft	41
		Chinesische Volksmärchen Mong Dsi (Mong Ko)	
	7. 11. 1914	(1. Weltkrieg) – Japan besetzt Tsingtau, Frau und Kinder fliehen nach Schanghai	
	1914/15	Übersetzung des Kungfutse: Gia Yü – Schulgespräche, (1961 posthum veröffentlicht)	42
	Sept. 1916	Rückkehr seiner Familie nach Tsingtau	43
	Aug. 1919	Nachricht vom Tod des Schwiegervaters, Pfarrer Christoph Blumhardt (Die *Herrnhuter Brüder* übernehmen Bad Boll)	46
Stuttgart	Okt. 1920	Rückkehr nach Deutschland, nach 21 Jahren Leben in Tsingtau; Hermann Graf Keyserling gründet die »Schule der Weisheit« in Darmstadt	47
Berlin	1921	Im Auftrag des Berliner Missionsvereins Reisen durch Deutschland, die Schweiz, Italien mit Vorträgen über seine Kulturarbeit in China	48

Peking	1922	Zwei-Jahres-Intermezzo als wissenschaftlicher Beirat der deutschen Gesandtschaft und als Professor der Reichsuniversität Peking; prägende Begegnung mit dem taoistischen Meister *Duan*	49
		CHINESISCHE LEBENSWEISHEIT	
Frankfurt	1924	Ehrendoktorwürde und Berufung zum Professor für Sinologie; er gründet das China-Institut	51
		Veröffentlichung des I GING (zweibändiges Werk bei Eugen Diederichs, Jena)	
		Erneute Vortragsreisen durch Deutschland, die Schweiz, Italien, Ungarn, Tschechoslowakei, Österreich, Spanien, Frankreich, England; dabei Kontakte/Freundschaften mit bedeutenden Zeitgenossen (C. G. Jung, H. Hesse, A. Schweitzer, M. Buber u. a.)	
	1925	KUNG-TSE: LEBEN UND WERK LAO-TSE UND DER TAOISMUS	52
	1926	CHINESISCH-DEUTSCHER ALMANACH DIE SEELE CHINAS DIE CHINESISCHE LITERATUR	53
	1928	Erste Krankheitssymptome; Kuraufenthalte; sein Sohn Hellmut Wilhelm, Sinologe, führt stellvertretend das China-Institut	55
		FRÜHLING U. HERBST DES LÜ BU WE K'UNGTSE UND DER KONFUZIANISMUS OSTASIEN – WERDEN UND WANDEL DES CHINESISCHEN KULTURKREISES GESCHICHTE DER CHINESISCHENKULTUR	
	1929	DAS GEHEIMNIS DER GOLDENEN BLÜTE CHINESISCHE PHILOSOPHIE	56
	1930	LI GI: DAS BUCH DER SITTE DES ÄLTEREN UND JÜNGEREN DAI CHINESISCHE WIRTSCHAFTSPSYCHOLOGIE	
Tübingen	1. 3. 1930	Tod; letzte Ruhestätte in Bad Boll	

III.
HINTERFRAGEN UND KLÄREN:
DAS *I Ging* HEUTE

Stehen wir heute tatsächlich am Übergang von einem historischen Weltalter zu einem anderen, am Wechsel in ein neues Äon? Umbrüche und geschichtliche Verwerfungen hat die Menschheit in der Vergangenheit immer wieder erlebt. Es sei nur daran erinnert, wie fassungslos die Vertreter der Gotik dem Geist und neuen Denken der anbrechenden Renaissancezeit gegenüberstanden. Wer unmittelbar vom Strudel der Umwälzungen erfaßt ist, vermag kaum gleichzeitig das ganze Spiel der Kräfte und Impulse der Verwirbelungen zu überschauen. Doch spricht eine Reihe von Indizien für die Annahme, daß auch die zur Zeit auf dem Globus lebende Menschheit von einem sich immer rascher rotierenden und an Transformationskraft gewinnenden Strudel erfaßt ist. Auch wenn gerade der rotglühende Ball der *untergehenden* Sonne am größten erscheint – die alte Sonne des dogmatischen, ideologisch festgefügten Zeitalters geht unweigerlich unter.

Was kann heute noch als wirklich sicher und unumstößlich gelten? Anthony Judge und seine Mitarbeiter von der »Union of International Associations« haben eine ungewöhnliche Enzyklopädie herausgegeben: Darin werden alle bis dato bekannt gewordenen Weltprobleme sämtlichen bis heute weltweit offensichtlich gewordenen positiven Fähigkeiten, Begabungen und Talenten des Menschen gegenübergestellt.* 10 000 Stichwörter zu politischen, sozialen und ökonomischen Problembereichen bezeichnen einen bedenklich kritischen Zustand der Welt. Gleichzeitig lassen 14 000 erkannte Ressourcen des menschlichen Potentials die Hoffnung wieder steigen, daß eine friedlichere Zukunft möglich ist.

Ein Königsweg in diese Zeit führt über die Annäherung der westlichen Wissenschaften an die Erkenntnisse der östlichen, jahrtausendealten Weisheit, wie sie zum Beispiel aus dem chinesischen *I Ging* zu schöpfen ist. Was hat nun der heute vielzitierte Wertewandel mit fernöstlicher Orakel- und Weissagungskunst zu tun?

---

* Vgl. Union of International Associations, 1986.

9. NACHDENKEN ÜBER GRUNDFRAGEN

>»Es ist schon so, die Fragen sind es,
aus denen das, was bleibt, entsteht.
Denkt an die Frage jenes Kindes:
Was tut der Wind, wenn er nicht weht?«
Erich Kästner

Mit Beginn der »Esoterikwelle« wurde auch das »Buch der Wandlungen« als lohnendes Objekt der Vermarktung entdeckt. *I Ging*-Zubehör wie Münzen, Schafgarbenstengel und Hexagramm-Kartensets sind ebenso erschienen wie immer neue/alte, meist psychologisierende Deutungsbücher. Bei den meisten Produkten in diesem Angebotsspektrum ist allerdings eine deutlich auseinanderklaffende Schere zwischen spekulativem Theoriewildwuchs und/oder oberflächlicher Ratgeberei einerseits und einer auffallenden Enthaltsamkeit in der Auseinandersetzung mit Grundfragen des mantischen Lebens andererseits festzustellen.

Ein nachdenklicher Mensch, der auf das Thema *I Ging* stößt und beginnt, sich mit der eigenartigen Wirksamkeit der »Wandlungen« näher zu befassen, wird sich früher oder später ein Bündel Fragen schnüren, die ins Grundsätzliche, ja Existentielle der Thematik zielen. Einige seien im folgenden aus diesem Bündel herausgezupft und beleuchtet. Sicher sind nicht alle Fragen bis ins letzte zweifelsfrei zu klären. Das liegt zum einen daran, daß jeder Autor nur von seiner jeweiligen Verständnishöhe aus antworten kann. Ein anderer Grund liegt in der Tatsache verwurzelt, daß, gerade was den Bereich des nicht naturwissenschaftlich, objektiv Beweisbaren angeht, in den letzten Jahren spektakuläre Verwerfungen und Umbrüche im altgewohnten Wissenschaftsverständnis stattfinden. An der Speerspitze der Forschergemeinde ist doch manch einer vorsichtiger geworden, Dinge, die den bisher gefundenen naturwissenschaftlichen Gesetzen ganz offensichtlich nicht gehorchen, leichtfertig als Täuschung, Unmöglichkeit oder Schimäre abzutun. Dennoch lassen sich auf vielen Gebieten erst vorläufige Antworten geben. Dabei sei der Vorschnelle gewarnt:

»The easy way is always mined.«* Als Kind seiner Zeit spiegelt daher auch das vorliegende Buch, bei allem Bemühen um Klarheit, eine Portion Unverstandenes, Hypothetisches und Unaussprechbares. Letztlich ist das Ziel aber bereits erreicht, wenn es seinen Leserinnen und Lesern Ansätze bietet, die eigene Fährte zur Wahrheit aufzunehmen. Denn:

>»Die Wahrheit setzt sich nicht durch – niemals! Sie scheint durch...«**

Dimensionen des Seins

Grundfrage: Was ist Mantik, was ist Orakel? Welche Wirkprinzipien oder Vorgänge führen Menschen dazu, ein Orakel zu befragen?

Mantik im allgemeinen und darin einbegriffen Orakel im besonderen gehört in die Kategorie »Vorausahnung«, »Weissagungskunst«, »Divination«. Dem Seher (gr. *mantis*) oblag die genaue Beobachtung aller Phänomene in der belebten ebenso wie in der scheinbar unbelebten Natur. Er hatte den »Seherblick«, eine Begabung, nicht nur die vordergründigen Metamorphosen und Wandlungen in allem Sein zu sehen, sondern auch »hinter« die Erscheinungen zu schauen, aus keimhaften Zeichen/Omen Rückschlüsse auf das Bevorstehende zu ziehen. Es ist der Schritt vom Sehen zum »Schauen«, vom peripheren Blick auf Oberflächen zum zentralen »Durchschauen« des Wesens. Mantik sieht die Wandlungsprozesse und Geschehensabläufe nicht als vom Menschen unabhängige und losgelöste Beliebigkeiten, sondern als eine Sprache des Lebendigen, die dem Menschen auf seinem Weg durch die Zeit etwas für ihn Wichtiges mit-teilen, ja be-deuten will. Dem Mantiker schenkt sich der Zufall als Zu-Fall.

Im Laufe der Geschichte wandelte sich das mantische Bedeutungsspektrum. Das auch heute noch bei den weitaus meisten Menschen der Erde zweifellos vorhandene Wissen hinter dem

---

* »Der einfache Weg ist immer vermint.« Bonmot, Romuald Karmaker zugeschrieben.
** Hugo Kükelhaus.

Wissen wurde je nach Kulturepoche und Weltbild mit den unterschiedlichsten Methoden, Manipulationen und Techniken erfahrbar gemacht: Astrologie, Geomantie, Handlesekunst, Traumdeutung, Wetter-, Blitz- und Vogelschrei- bzw. Vogelflugbeobachtung, Eingeweideschau oder kristallomantische Praktiken – die Auflistung ließe sich noch um ein Vielfaches verlängern. Mantisches Wissen um den künftigen Gang der Dinge ist verschlüsseltes, in Signaturen verborgenes Wissen; codifiziert und nicht offen-sichtlich, aber offenbar. Offen und bar jeden Zweifels ist es jedem, der vom doppelten Antlitz der Wirklichkeit Kunde hat: der profanen *und* der sakralen Dimension in allem, auch in uns Menschen selbst. So steht die Anerkenntnis eines doppelten Ursprungs, einer diesseitigen und einer jenseitigen, transzendenten Wurzel in allem, was uns zustößt und was wir sind, am Anfang der Ausbildung in den mantischen Praktiken.

Definieren wir Mantik einmal als die Erforschung einer SINN-behafteten, als magisch-bedeutsam aufgefaßten Zeichensprache des Transzendenten, so ist diese Erforschung inzwischen einen langen Weg gegangen. Er führte über die Semantik der Neuzeit, der es u. a. um die Erforschung sprachlicher Zeichen geht, bis zur heutigen Semiotik als philosophischer Disziplin, die allgemeine Gesetze von Zeichensystemen erforscht und die Zeichenprozesse zwischen Erfahrung und Wirklichkeit untersucht. »Was ist Wirklichkeit, und was ist Erfahrung? Oder anders gefragt: Was ist diese Welt für uns? Was ist wirklich, und wie können wir erfahren, was wirklich ist?«[*] Hinter dieser Art des Fragens – einer mantischen, nach SINN, nach Weltbegreifen strebenden Art des Fragens – steckt die Überzeugung, daß wir die Realität immer nur durch Zeichen (im weitesten Sinne verstanden) kennen und wir diese Zeichen auch immer nur durch andere Zeichen verstehen:

Wie immer man die Vernunft und den Zeichen ordnenden Menschen verstehen will, stets benutzt man dabei Zeichen. Denn das Wort »Mensch« ist selbst wieder nur ein Zeichen, das wir nur durch andere Zeichen hindurch interpretieren. Was immer wir von uns selbst denken, hochphilosophisch oder tiefalltäglich, wir denken es durch Zeichen. Und niemand möge

---

[*] H. Pape, 1989, S. 11.

behaupten, dies sei doch bloß philosophisches Papiergeraschel. Man denke nur an die Abtreibungsdebatte, die ein heftiges und folgenreiches Ringen um den Inhalt des Begriffs »Mensch« ist.*

Doch drehen wir das Rad der Geschichte noch einmal zurück zu den Anfängen der divinatorischen Künste. Was ist Orakel? Für die Frühzeit sicher ein Sich-Auskunft-Holen in den göttlichen Sphären, in denen Allwissen und Allerkenntnis vermutet wurde. So setzt die Praxis der Orakelbefragung ein Natur-, Lebens- oder Wirklichkeitsverständnis voraus, das auf höchst lebendigen Erfahrungen mit den Dimensionen und dem Reichtum des Seins beruht: Diesseits – Jenseits; oben – unten; sichtbar – unsichtbar; vergangen – zukünftig; Innenwelt – Außenwelt; Traumbewußtsein – Wachbewußtsein; Körper, Seele und Geist.

Ob nun mittels Karten, Würfeln, Pflanzenstengeln, Tierknochen oder unter Einbeziehung eines prophezeienden, hellsehenden oder tranceerfahrenen Mediums – in jedem Fall erwartet der Fragende Antworten, die in ihrer Qualität unvergleichlich sind mit verstandesgeborenem, »menschengemachtem« Wissen. Denn der Mensch sammelt Kenntnisse – das Göttliche offenbart *Erkenntnisse!*

Bis in die jüngste Zeit hinein besitzen dem Orakel zugewandte Menschen bewußt oder unbewußt einen Einstellungskanon, der sich als eine Art Qualitätsprofil zeichnen läßt. So anerkennen sie u. a. die folgenden Grundannahmen:

– Es existieren außermenschliche, numinose Potenzen.

– Orakelausübung ist Umgang mit Göttlichem.

– Orakel sprechen wahr, sind aber nicht rational überprüfbar.

– Orakel offenbaren; sie irren nicht, können aber mehrdeutig sein oder auch mißdeutet werden.

– Orakel verlangen ein »Für-wahr-Halten«, kein Bezweifeln.

– Orakel können nur angenommen oder abgelehnt werden.

– Orakel sind bedeutungs- und sinnstiftend, aber in Inhalt und/oder Form überraschend, unerwartet, nicht vorhersehbar.

---

* W.v. Rossum, 1991a.

– Orakel ergänzen, erweitern, korrigieren die eigene Betrachtung von Vergangenem, Gegenwärtigem und Zukünftigem.

– Orakelqualität kann allem um uns herum zugesprochen werden: einem unerwarteten Geschehen, einem Gegenstand, einer Veränderung des eigenen Körpers usw.

In der kritischen Auseinandersetzung zwischen sich aufgeklärt gebenden, rationalen Orakelgegnern einerseits und Orakelbefürwortern andererseits spielt die Diskussion um den Zufall eine besondere Rolle.

Ist der *Zufall* tatsächlich nichts weiter als »reine Zufälligkeit«, so wie die Bewegung von Molekülen unter gewissen Bedingungen irregulären, sinnlos-chaotischen, spontanen Abläufen folgt?

Oder existieren Kontexte, in denen Unvorhersagbarkeit, scheinbar zufälliges Chaos und dennoch Regelhaftigkeit sowie Sinn und Gesetzmäßigkeit enthalten sind?

Eine verläßliche Antwort auf diese Fragen kann erst seit knapp zwei Jahrzehnten gegeben werden, seitdem sich eine ganz neue, durch leistungsstarke Computer geprägte Wissenschaftsdisziplin herausgebildet hat: die Erforschung dynamischer Systeme, verkürzend auch mit dem Modebegriff »Chaosforschung« benannt. Einige Erkenntnisse dieser mathematisch-naturwissenschaftlichen Disziplin werfen auch ein Schlaglicht auf die Orakel-Motivforschung: Was veranlaßt die Menschen seit Jahrtausenden, Orakel zu befragen?

Ziehen wir zur Beantwortung das Begriffsinventar eines Chaosforschers heran. Durch seine Brille betrachtet, läßt sich ein Menschenleben als ein dynamisches, nichtlineares System bezeichnen. Während lineare Systeme bei ungefährer Kenntnis der Anfangsbedingungen eine Vorhersage der zukünftigen Entwicklung ermöglichen (Beispiel: ein vom Baum fallender Apfel), können nichtlineare Systeme (Beispiel: das Wetter) schon bei leichtesten Störungen eine völlig andere, unvorhersehbare Entwicklung nehmen. Wohin eine Reise geht, läßt sich nicht mehr genau prophezeien, präzise Voraussagen sind unmöglich. Der *Zufall* taucht auf in jenem Chaos, das der Erfahrungsmensch schon lange vor dem Forscher als »schöpferisches«Chaos erkannte.

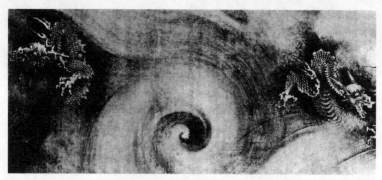

In altchinesischen Mythen bereits illustriert: Das Schöpferische (Drache) und das Chaos (Turbulenzwirbel) erzeugen und bedingen einander.

Heute formulieren Wissenschaftler salopp: »Chaos ist die Regel, Ordnung die Ausnahme. Nichtchaotische Systeme sind so selten wie Hühner mit Zähnen.«[*] Die Welt um uns herum ist irregulär. Ihre Durchleuchtung mit dem Röntgenstrahl der Chaosforschung brachte seltsam anmutende Fundstücke ans Licht. Da ist von turbulenten, unregelmäßigen Phänomenen die Rede; von Akkumulationspunkten, Nichtgleichgewicht-Phasenübergängen, Bifurkationskaskaden, plötzlich auftretenden Diskontinuitäten, unterschiedlichen Attraktoren, Selbstähnlichkeiten und Prozessen der Synergetik. Aber was davon besitzt Übertragbarkeit auf das eigene Leben? Denn ohne jeden Zweifel läßt sich jeder individuelle Lebensweg als ein höchst komplexes, dynamisches System definieren. Er verläuft nichtlinear, seine Bewegungen sind nicht streng zielgerichtet und daher auch nicht umkehrbar und ebensowenig vorausschaubar. Millionen von Augenblicken der eigenen Vergangenheit werden »vergessen«; die eigene Zukunft bleibt unvorhersehbar. Unberechenbar und in jedem Moment können Bifurkationen – Weggabelungen, Verzweigungen – auftauchen. Oft genug erleben wir sie als Krisen, spüren uns im Bannkreis eines chaotischen Attraktors. Krisen aber sind in der Entfaltung dynamischer Systeme jene besonderen Knicke und Gabelungen, an denen das ganze System in seiner Fortentwicklung jederzeit in jede nur mögliche Richtung umschlagen kann.

An solchen Umbruchstellen wird es für Orakelfreunde beson-

---

[*] R. Breuer, 1985, S. 45.

ders spannend. Während die Chaoswissenschaftler genau zu wissen meinen, daß in einer Krise nichts wirklich definitiv vorhergesagt werden kann, ja selbst Wahrscheinlichkeitsberechnungen nur ein höchst unzureichendes Mittel sind, greifen *I Ging*-Kenner auf dem Gipfelpunkt der Instabilität und Unwägbarkeit zum »Buch der Wandlungen«. Seine Antwort – so die Selbstdefinition der Väter des *I Ging* – stammt ja gerade aus jener holistischen, allumfassenden Sphäre des »Großen Ganzen«, die allein auf dem Kulminationspunkt des Chaos, also in der Phase hochgradiger menschlicher Unwissenheit, über das weitere *Werden*, wenn nicht Anstoß- oder Taktgeberpotenz, so zumindest aber Klarsicht rückwärts und vorwärts in der Zeit besitzt.

Sicher wird mancher Naturwissenschaftler europäisch-amerikanischer Schule bezweifeln, daß es so etwas wie ein »klarsichtiges Große Ganzes« gibt. Und erst recht erscheint es vielen unakzeptabel, daß dieses Große Eine auch noch über eine Art Mund verfügen soll, durch den es – durch welche Orakelmethode auch immer – zu uns Menschen »sprechen« kann. Der Religionsphilosoph jedoch wird stutzig angesichts der Qualitäten, mit denen die Wissenschaftler die Verhältnisse im chaotischen Gipfelpunkt charakterisieren:

– totale Unüberschaubarkeit,

– hochgradige Indeterminiertheit,

– maximale Freiheit der Entscheidung,

– hyperkomplex,

– sich jeder exakten wie auch jeder Wahrscheinlichkeitsrechnung entziehend,

– in jeder Hinsicht irrational und ungreifbar,

– unbegrenzte Möglichkeiten der Entwicklung.

Jede einzelne der genannten Qualitäten trifft auch auf das Wesen des Göttlichen zu, wie Menschen es zu allen Zeiten erfahren und beschrieben haben. Für das rationale, menschliche Denken bleibt das Göttliche letztlich unüberschaubar, komplex, nicht determinierbar, sich allen Berechnungen entziehend. Ja, es widerspricht geradezu dem Urbild des Göttlichen, überschaubar, determiniert, unfrei, eindimensional und berechenbar zu sein. Ein handhabbarer, entscheidungsunfreier, begrenzter Gott; ein Gott für die Westentasche – welch eine Karikatur! Steckt also im Wesen des Chaos die Nahtstelle zum Göttlichen?

Der Mensch wird nie alles über die Natur, ihre Geschichte und Zukunft, erfahren können, auch wenn er sich einbildet, daß ein paar Gleichungen das Universum bis zum Urknall und darüber hinaus erschließen. (...) Diese winzige zufällige Störung, die für ein chaotisches System schicksalsbestimmend ist, diese hauchdünne Zufälligkeit, die darüber entscheidet, wie sich kosmische oder mikroskopische chaotische Erscheinungen weiterentwickeln, wird für viele Menschen der Hebel sein, hinter dem sie Gott erkennen. Undurchschaubar von unseren Formeln, unerreichbar von unserer Mathematik, wird hier das Schicksal der Welt entschieden.*

Wie kann der Mensch am Schicksal der Welt, am eigenen Schicksal, an den ihm geschickten Zu-Fällen teilnehmen? Als Gott- und Selbst-bewußtes Kind der Schöpfung, eingebunden in die Koexistenz von Ordnung und Chaos? Die vorwissenschaftliche Kenntnis von den Gesetzen eines dynamischen, somit auch chaotischen Lebens gehörte seit jeher zum Wissensschatz der Menschheit. Das Wissen um die dramatischen, auch durch klarstes Denken nicht beherrschbaren Ereignisturbulenzen in chaotischen Lebensphasen hat Menschen immer wieder zum Mittel des Orakels greifen lassen. Gerade in chaotischen Krisen zeigt sich deutlich das Prinzip, das nicht nur für die Organisation des Lebendigen, sondern für jede Form von Organisation gilt: Sie ist letzten Endes informationsgesteuert, ja informationsgeboren. Auf dem Sattelpunkt chaotischer Abläufe herrscht folgerichtig eine Informationskrise größten Ausmaßes. Der Mensch weiß nicht mehr ein noch aus; die gewohnte Ordnung und Organisation seines Lebens drohen zusammenzubrechen. Da bleibt nur noch die Fügung ins Schicksal oder z. B. die Befragung des Orakels. Sie kann zwar das Chaos nicht beseitigen, aber *transzendieren*. Die Aussage: »Nur auf dem Gipfel deiner Fragen findest du Antwort«**, rückt die Orakelbe-

---

* H. Tributsch, 1990, S. 916.
** G. Mallasz, 1984, S. 241.

fragung und das Erleben und Aushalten von Unwägbarkeit und Ungesichertheit in ein neues Licht. Der Mensch gewinnt wieder eine Perspektive – die Zukunftsdimension –, schöpft Vertrauen und Hoffnung aus der Rücksprache mit Höherem. So ist das Orakel auch heute noch ein Instrument zur Rückkoppelung mit den Bereichen des Heiligen. Gerade in Augenblicken größter Ausweglosigkeit, wenn kein Rezept der Vergangenheit zur Bewältigung der unberechenbar gewordenen Lebenslage mehr trägt, sieht der Mensch sich zurückgeworfen auf seine letzte und zugleich ursprünglichste Begabung, die Kommunion mit den Dimensionen des Heiligen.

Urzeit und Ursprung

Grundfrage: Welche Zeiten herrschten, bevor es I Ging-, Knochen- und Schildkrötenorakel etc. gegeben hat? Welches Bewußtsein von sich und der Welt besaßen die Menschen in dieser »Bevor«-Epoche? Welcher geistige Humus, welcher philosophisch-weltanschauliche Mutterboden prägte die mythologische Vorzeit und könnte auch heute wieder die menschliche Zukunft bereichern?

In einem gewissen Sinne bilden wir Jetztzeit-Menschen mit den Menschen aller Zeitalter eine zeitlose Gruppe: Ist uns nicht allen gemeinsam, tausendfach in den Prismen der Zeiten gebrochen, ein starkes Sehnen – die Suche nach den Wurzeln unseres Daseins? Oder wie es Ernst Cassirer einmal formulierte:»Es bleibt nur eine einzige Frage: Was ist der Mensch?«* Zum Menschsein bestimmt, auf einem winzigen, rotierenden Fleck, einem unbegreifbar fernen Kosmos gegenüberstehend, der Erfahrung von Licht und Dunkel, Wärme und Kälte im rhythmischen Wechsel aus den Tiefen des Alls ausgesetzt – so gestaltet sich die Ausgangslage eines jeden von uns. Menschsein ist im tiefsten Grunde ein Hineingeworfensein in diese Welt, physisch abgenabelt, allein auf sich gestellt. Niemand kann mir meinen Weg, mein Schicksal abnehmen. Woher – wohin; Ursprung und Ziel, Quelle und Mündung. Wie kann ich mein

---

* E. Cassirer, 1990, S. 20.

Existent-Sein im Kontinuum von Raum und Zeit begreifen? Alle Anzeichen deuten darauf hin: Die Menschwerdung war und ist ein dimensionaler Sprung. Das Geheimnis des rechten Winkels führte den *homo erectus* in den aufrechten Gang; aus der Horizontalen, der Dimension der Tiere, in die Vertikale, die Dimension der Hominiden. Das Geheimnis der Vergrößerung und Teilung seiner Großhirnrinde in eine rechte und eine linke Hemisphäre führte den *homo faber* in die Dimension des *homo sapiens*: mit Sprachfähigkeit bekleidet, mit Rationalität und Intellekt zur Zivilisationsbildung beschuht. Die Folgen seines Schuhwerks sind unübersehbar: aus grasbewachsenen Sammlerfährten und Jagdpfaden wurden Narben ritzende Bauernwege, dann Wunden schlagende vorindustrielle Rollbahnen, schließlich eiternde zementierte Verkehrsadern und Straßennetze, endlich erdzerfleischende technisierte Transportströme zu Lande, zu Wasser, zu Luft. Menschwerdung als dimensionaler Sprung!

Ein Sprung vom Ursprung zum Abgrund: Altsteinzeit – Jetztzeit. Der Mensch des Paläolithikums lebte im Einklang mit seiner Instinktnatur, den Gezeiten des kosmischen Juwels, genannt Erde, fraglos folgend. Dieser sogenannte »Primitive«, der ja – quantifizierend gesehen – nur mit etwa der Hälfte unserer Gehirnmasse ausgestattet war, nannte *qualitativ* ein Lebensgefühl sein eigen, das über alle Jahrtausende bis heute eine faszinierende Strahlkraft besitzt. Zahllose Mythen, Sagen und Märchen erzählen von dieser paradiesischen Urzeit des Menschen, dem Goldenen Zeitalter. Heute erkennen wir »gehirnvergrößerten«, aber dabei zwiegespaltenen Neuzeitler das Fundament dieser mythischen Vorzeit; erkennen als tieferliegende Schicht die noch ungebrochene, unzerstörte Einheit zwischen All und allem.

Keine Frage, ein neuer dimensionaler Sprung in der Menschwerdung tut not. Vom Ursprung zum Abgrund – und nun hinein? Am Ende gar mit »Kopf«-Sprung? Sicher nicht, denn wie uns nicht nur die Gehirnforschung zeigt: wir besitzen noch derart viele, quantitativ erfaßbare neurobiologische Gemeinsamkeiten mit den Menschen der Urzeit, daß wir uns auch die verschütteten urzeitlichen Qualitäten wieder zugänglich machen könnten.* Das

---

* Denn Quantität ohne Qualität hieße eine Münze mit nur einer Seite gießen zu wollen, eine Wahrheit, die die Quantifizierungssüchtigen, die Mathe-

Vergessene wieder aufspüren, Verlorenes wiederfinden, Verdrängtes rehabilitieren? Schauen wir achttausend Jahre zurück, auf unsere Verwandten, deren Bewußtseinserbe wir noch immer in uns tragen. Schauen wir auf die Vor-Vorväter des *I Ging* in China, die Vor-Vorväter in Babylonien, Ägypten, Afrika oder auch nur auf den »Mann aus dem Eis«, den 4000jährigen Menschen vom Similaun-Gletscher mit seinen seltsamen Körpertätowierungen. Was zeichnete diese Menschen aus, dessen wir nicht verlustig gegangen sind, das wir aber verschüttet haben? Sie alle besaßen noch die Gabe des unmittelbaren Umgangs mit dem Göttlichen. Ganz gleich, welchen Namen sie ihm gaben, ihr Leben war stets verbunden mit den Sphären des Numinosen. Kein Moment ihres Alltags ohne All-Bezug: Sie versicherten sich in jeglichem Handeln des Großen Ganzen, des Höheren Einen durch Rückbezug (lat.: re-ligo = zurückbinden) und Achtsamkeit (lat.: religiose).*

Wie weit aber sind wir Heutigen abgedriftet von dem vermeintlich primitiven, prähistorischen Menschen, was sein allgemeines Lebensgefühl und Naturverständnis betrifft? Cassirers Versuch über den Menschen brachte es schon 1944 auf den Punkt:

Charakteristisch für das Denken des Primitiven ist nicht seine Logik, sondern sein allgemeines Lebensgefühl. (...) Wir sind es gewohnt, unser Leben in zwei Sphären zu teilen: die der praktischen und die der theoretischen Tätigkeit. Bei dieser Teilung vergessen wir leicht, daß es darunter noch eine andere Schicht gibt. Der Primitive ist hier weniger vergeßlich. Sein ganzes

---

matiker, so »fuchst«, daß die meisten sie einfach ignorieren. Beispiel: die natürlichen Zahlen. Eine 1 oder 2 ist als natürliche Zahl etwas geheimnisvoll Qualitatives. 1 kann »einen«, 2 kann »zweien« (entzweien) usw.; sie haben quasi Persönlichkeit, Wesen, Singularität. Dieses »Wesen« mathematisch zu zerlegen, zu quantifizieren, sprich »objektivieren«, ist aber bis heute noch wissenschaftlich undurchführbar. Vgl. dazu M.-L. v. Franz, 1987, S. 30 ff., auch G. Ifrah, 1987.

* Achtsam = lateinisch religiose, ein Begriff, der nicht notwendig »religiösen« Bezug hat. Das Etymon ist re-ligo zurückbinden. Achtsamkeit gab das Grundwort der meisten europäischen Sprachen für Religion ab. Niederländisch heißt sie, gleichfalls ohne notwendigen Bezug auf religiöse Dinge: *aandacht*. Vgl. K. Kerényi, 1955, S. 6.

Denken und seine Gefühle sind in dieser tieferen, ursprünglichen Schicht verankert. Seine Naturauffassung ist weder rein theoretisch noch rein praktisch; sie ist *sympathetisch*. Wenn wir dies verkennen, dann können wir keinen Zugang zur mythischen Welt finden. (...) Dem Primitiven fehlt durchaus nicht die Fähigkeit, die empirischen Unterschiede zwischen den Dingen zu erfassen; doch in seiner Natur- und Lebensauffassung werden alle diese Unterschiede durch eine mächtigere Empfindung überlagert: durch den tiefen Glauben an eine fundamentale und unauslöschliche *Solidarität des Lebens*, die die Vielfalt und Vielgestalt seiner Einzelformen überbrückt. (...) Wir erkennen an diesen Beispielen, wie der feste Glauben an die Einheit des Lebens die Unterschiede überstrahlt, die uns als eklatant und unauslöschlich erscheinen. Wir brauchen nicht anzunehmen, diese Unterschiede würden ignoriert. Sie werden empirisch nicht geleugnet, jedoch in religiösen Belangen für irrelevant erklärt. Für das mythische und religiöse Empfinden wird die Natur zu einer einzigen großen Gesellschaft, der *Gesellschaft des Lebens*.*

Die Welt in uns und um uns herum mit Hilfe der gesammelten Lebenserfahrung der Menschheit (Urzeit, Altertum und Neuzeit) anders zu begreifen, sozusagen mit beiden, wiederversöhnten Hirnhälften zu erleben – läge darin nicht ein Sprungbrett für den nächsten dimensionalen Schritt der Menschwerdung? Nicht beharrlich den logischen Weg beschreiten, nicht ausschließlich den mythischen Weg wählen – nein, mir scheint: die *Gesellschaft des Lebens* wiederzugewinnen, die *sympathetische* anstelle der vergewaltigenden Einstellung der Mitwelt gegenüber zu pflegen eröffnet ein drittes höherdimensionales Wirkfeld für uns Menschen.

Erfreulicherweise bietet uns die heutige Wissenschaft bei aller Rationalität auch eine große Chance zu einem Kurswechsel. In ihren breitgefächerten Spezialabteilungen hat sie eine solche Fülle an Fakten über den Menschen in den drei großen Abschnitten Urzeit – Altertum – Neuzeit zusammengetragen, daß wir heute über Möglichkeiten verfügen, die vor wenigen Generationen noch nicht bestanden. Wir können Forschungserkenntnisse weiterhin

---

* E. Cassirer, 1990, S. 13 f. (Hervorhebungen im Original).

nüchtern katalogisieren bzw. in den nicht mehr elfenbeinernen, aber stahlbetonierten Türmen der Universität ablagern. Doch ebensogut können wir uns aus dem Mosaik der Forschungsergebnisse *(Quantität)* mit großer Verläßlichkeit das »Gewebe des Lebens« damaliger Zeiten in seiner *Qualität* zurückerschließen auf der Suche nach lebendigen, für uns noch oder gerade wieder bedeutsamen Weisheiten und Bereicherungen des menschlichen Seins. Gerade die vom Logos in den letzten Jahrhunderten des »aufgeklärten Zeitalters« so geringgeschätzte Welt des Mythos bietet da manch Unverhofftes, zumal sie nicht aus dem rationalisierenden Denken, sondern stets aus unmittelbarer Erfahrung und Vision geboren wurde. Die Welt des Mythos hatte »den Charakter einer Erfahrung als einer Denkungsart«.[*] Und diese Erfahrung trug starke »religiöse« (rückbindende), ekstatische Züge in sich, denn Mythologien sind »dichterische Ausdrucksformen transzendentalen Schauens«[**], und es würde zu kurz greifen, sie nur als sinnlose Ergüsse oder symbolische Geschichten aus alter Zeit abzutun. Nach dem Motto: »Das ist nie geschehen, ist aber immer!« spricht das Sagenhafte der Mythen vom zeitlos-ewig Gültigen:

Der echte Mythos versetzt sich zwar in die Vergangenheit wie ein einmaliges Geschehen, aber diese Vergangenheit ist die eigentlich zeitlose Urzeit. Er ist das, was immer ist und geschieht.[***]

Viele Jahrhunderte später, als vermutlich um 1100 v. Chr. das *I Ging* kompiliert und schriftlich fixiert wurde, münden diese vorzeitlichen, doch immer gültigen Grundlagen und Überzeugungen unmittelbar in die Ideenwelt des »Buchs der Wandlungen«. Seine Gründungsväter stehen noch ganz im Bannkreis des urzeitlichen Schöpfungsgeschehens. Den Einklang suchen, im Einklang bleiben mit dem immerwährenden Strom der Verwandlungen und Metamorphosen in der fließenden Zeit – das ist Sinn und Zweck des *I Ging*-Orakels und des dazugehörenden Handbuches. Das *I Ging* ist in den Augen seiner Urheber ein getreues, allumfassendes

---

[*]   W. F. Otto, 1962, S. 237.
[**] J. Campbell, 1985, S. 39.
[***] W. F. Otto, 1962, S. 257.

Spiegelbild der ungebrochenen, unzerstörbaren Einheit des Lebens, der großen Gemeinschaft aller lebendigen Wesen und aller lebendigen Prozesse. Die *I Ging*-Philosophie stimmt vollkommen überein mit den Lebensauffassungen der Urzeiten:

> Das Leben wird nicht in Kategorien und Unterkategorien geteilt; es wird als ein ungebrochenes, kontinuierliches Ganzes empfunden, das eindeutige, präzise Unterscheidungen nicht zuläßt. Die Grenzen zwischen den verschiedenen Sphären sind nicht unüberwindliche Barrieren; sie sind flüchtig und fließend. Zwischen den verschiedenen Lebensbereichen gibt es keine spezifische Differenz. Nichts besitzt eine feste, unveränderliche, statische Gestalt. Durch eine plötzliche Metamorphose kann sich jedes Ding in jedes andere Ding verwandeln. Wenn es ein Merkmal, ein herausragendes Kennzeichen der mythischen Welt gibt, ein Gesetz von dem sie regiert wird – dann dieses Gesetz der Metamorphose.*

So beinhaltet das *I Ging* als »Buch der Metamorphosen« eine uralte, zeitlos vitale Realität, die auch heutzutage aktuell ist. In seinen Texten sind die Gesetze des Lebendigen kodifiziert. *I Ging* – das ist weder Fiktion noch eine Form von Wissenschaft noch ein Zweig der Esoterik noch eine das altchinesische Denken erklärende Dichtung oder erzählerische Wiederbelebung einer längst vergangenen Wirklichkeit. Das *I Ging* übt eine Funktion *sui generis* aus. »Die Wandlungen« stellen einen außergewöhnlichen, wichtigen Kraftquell für den nächsten dimensionalen Sprung der Menschwerdung dar. Ein Sprung, von dem zu hoffen ist, daß er vom abspaltenden Ego- zum integrierenden All-Bewußtsein führen möge.

---

* E. Cassirer, 1990, S. 130.

Der Code des Lebens

Grundfrage: Das I Ging *basiert auf acht Trigrammen, die miteinander kombiniert 64 Hexagramme bilden. Wieso soll gerade eine 8×8-Struktur, sollen also 64 Grundkomplexe ausreichen, um alle Wandlungsphänomene zwischen Vergangenheit und Zukunft, zwischen Himmel und Erde restlos auszudrücken? Was sagen die neuesten wissenschaftlichen Erkenntnisse über den Kosmos des Lebens? Kann der altertümliche* I Ging*-Kosmos modernen Erkenntnissen standhalten?*

Seitdem J. D. Watson und F. H. C. Crick im Jahre 1953 mit der Entdeckung des doppelspiraligen Strukturmodells der Desoxyribonukleinsäure (DNS – Doppelhelix) Licht auf die molekulare Genetik warfen, ist unser Wissen über die biologischen Grundlagen des Lebens schlechthin revolutioniert. Plötzlich wurde deutlich, wie eine überwältigend groß erscheinende Fülle an Erscheinungsformen von Leben sich genetisch auf eine relativ kleine Anzahl von Komponenten zurückführen läßt. Die Entschlüsselung der Wirkzusammenhänge rund um den genetischen Code, »Alphabet des Lebens« genannt, läßt vier Aussagen über die materiellen Grundlagen der Vererbung zu:

– Die genetische Information ist unter Verwendung von nur vier »Buchstaben« (den DNS-Basenpaaren: Adenin – Thymin und Cytosin – Guanin) auf langen fadenförmigen und doppelspiraligen Nukleinsäuren gespeichert.

– Immer nur drei der vier im Prinzip zur Verfügung stehenden DNS-Basen schließen sich zu einem Triplett zusammen, bilden eine Sequenz, einen »Satz« im Gesamttext der Erbinformation. Diese sequenzierten Nukleotide reihen sich zu den obengenannten langen fadenförmigen Ketten aneinander.

– Molekulare Abläufe in den Zellen bringen einen »Ableseprozeß« in Gang. Dieser dechiffriert den Triplett-Code Sequenz für Sequenz (also »Satz für Satz«) und übersetzt ihn – den darauf enthaltenen Informationen gemäß – in eine andere molekulare Sprache: in Ketten von Aminosäuren.

– Diese Aminosäurenketten falten sich zu komplexen Eiweißmolekülen zusammen: den Bau- und Steuersubstanzen aller lebenden Organismen.

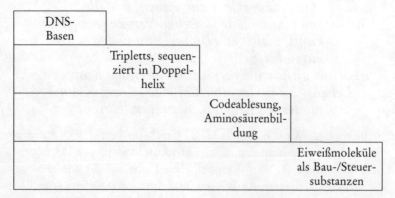

DNS-
Basen

Tripletts, sequen-
ziert in Doppel-
helix

Codeablesung,
Aminosäurenbil-
dung

Eiweißmoleküle
als Bau-/Steuer-
substanzen

Vereinfachtes Schema der Schrittfolge genetischer Abläufe.

Inzwischen ist es das Ziel vieler Genetikforscher, zu einer Katalogisierung und Karthographie aller menschlichen Erbanlagen vorzustoßen. Das menschliche Genom, also der von »Buchstaben« über »Sätze«, »Bücher« (= Chromosomen) bis zu einer »Bibliothek« angeschwollene komplette genetische Informationsspeicher des menschlichen Organismus, besteht aus ca. drei Milliarden Basenpaaren, davon etwa eine Million sequenziert. Dennoch: es scheint nur noch eine Frage der Zeit zu sein, bis die Wissenschaftler herausgefunden haben, wo im Erbgut eines Menschen Krankheiten ebenso wie geniale Begabungen, Anomalien ebenso wie psychische Grundkonstitutionen, körperliche Defekte wie auch sozial erwünschte Fähigkeiten ihren genetischen Ort haben. Der genetisch gläserne und damit auch manipulierbare Mensch zeichnet sich bereits unwiderruflich ab.

In unserem Zusammenhang aber wollen wir Parallelen zwischen dem DNS-Codesystem als biologischem Schlüssel des Lebens und dem *I Ging*-Codesystem als Schlüssel der dynamischen

Wandlung und Transformation allen Lebens betrachten.* Dies um so mehr, als auf beiden der von James Watson in seinem Buch über die Doppelhelix veröffentlichten Fotos der DNS ein Schwärzungsmuster zu sehen ist (Spuren eines Beugungsmusters, das die

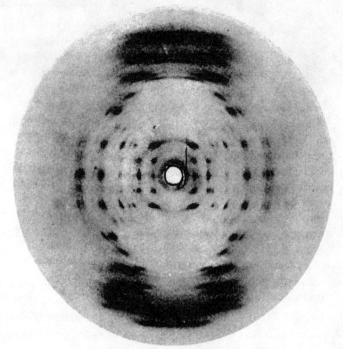

Röntgenaufnahme der kristallinen DNS in ihrer A-Form.

Atome des Moleküls auf der Fotoplatte hinterlassen haben), die der *I Ging*-Kenner sofort als jeweils zwei Trigramme wiedererkennt. Fügt man sie zusammen, so erhält man einmal (je nachdem, wie herum man das kreisförmige Foto betrachtet) Hexagramm Nr. 41 *(Die Minderung)* bzw. Hex. 42 *(Die Mehrung)*, das andere Mal Hex. 2 *(Das Empfangende)*.

---

* Erste Hinweise auf den Parallelismus gab M. L. v. Franz, 1968; ausführliche Studien dazu in M. Schönberger, 1981, und K. Walter, 1992; z. T. recht ausgreifende Gedanken auch in F. Fiedeler, 1976, 1988; H. Bodenstein, 1987.

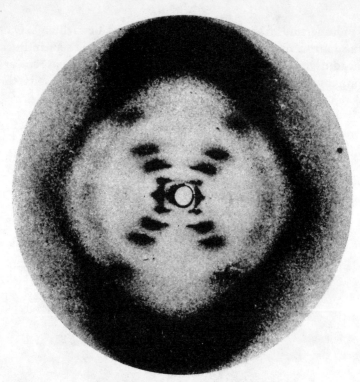

Röntgenaufnahme des DNS in ihrer B-Form. Das Schwärzungsmuster zeigt strukturelle Parallelen zu I Ging-Trigrammen.

Parallelen

1. Auch das *I Ging* kennt nur vier Ausgangs-»Basen«, um sowohl dem Bestehen im organischen Wandel, als auch der Fortpflanzung im transformierenden Wechsel Rechnung zu tragen. In Spiegelung der vier DNS-Basen (Adenin, Thymin, Guanin, Cytosin) finden wir als Fundament des »Buchs der Wandlungen« hinter allen Lebensprozessen eine Polarisierung zwischen Ruhe und Bewegung, zwischen Yin und Yang:

- ruhendes, »altes« Yang;   ⸻
- sich bewegendes »junges« Yang;   — O —
- ruhendes, »altes« Yin;   —   —
- sich bewegendes »junges« Yin.   — x —

2. Die Paare Adenin und Thymin einerseits sowie Guanin und Cytosin andererseits verhalten sich biochemisch komplementär und sind gleichwertig.* Auch die *I Ging*-Philosophie berichtet von Komplementarität und Gleichwertigkeit und zeigt sie in der bekannten kreisförmigen Graphik des Tai-Chi-Symbols ☯ mit der durch die S-Linie geteilten schwarzen und weißen Hälfte. Sie betont, daß das alte Yang und alte Yin einerseits und das junge Yang und das junge Yin andererseits vollkommen komplementär sind. Darüber hinaus gilt, daß das weiße, lichte Yang gleichrangig neben dem schwarzen, dunklen Yin steht. Yang ist zwar verschieden*artig* polar, aber dem Yin vollkommen gleich*wertig*.

3. Auch das *I Ging* kennt die Schlüsselfunktion der »Tripletts«, der Dreiheit. In seinen Trigrammen spiegelt es die Metamorphosen des Lebens als Wirken von Yin und Yang in der großen Triade, die das alte China als das Reich des Himmels, das Reich der Erde und dazwischen als das Reich der Mitte (das Reich des Menschen) interpretierte.

4. Auch das *I Ging* erfaßt vollständig alle Wandlungsprozesse in diesen drei Reichen, indem es von der Zweiheit, von Yin und Yang, ausgeht. In drei Reichen wirkend, ergibt dies ein Set von nicht mehr als $2^3 = 8$ verschiedenen Trigrammen. Während nun der genetische Code mit seinen ebenfalls nicht mehr als acht verschiedenen Bauelementen maximal bis zu 64 unterschiedliche Triplettsequenzen als Steuerimpulse auf dem Informationsweg zum Aufbau von Aminosäuren bilden kann, finden wir im *I Ging* eine Spiegelung dieser Abläufe. In Übereinstimmung mit der Triplett-Sequenzierung lassen sich durch maximal achtfache Trigramm-»Sequenzierung« ebenfalls exakt $8 \times 8 = 64$ Hexagramme bilden.

Weitere Parallelen wären belegbar**, führen aber in meinen Augen nicht über das zentrale Indiz hinaus, das der Vergleich der

---

* Vgl. Watson 1990, S. 170.
** Vgl. z. B. K. Walter, 1992, und die Auflistung von Schönberger, 1981, S. 27 f.; dort auch die Parallelen zum binären Code, angefangen von Leibniz' »Dyadik« bis zur heutigen Computeranwendung. Dazu auch die Bemerkung von Luhmann/Fuchs (1989, S. 71): »Die binäre Struktur von Codes tranchiert die Welt. Alle Operationen, die sich an solchen Strukturen entlangsteuern, orientieren sich an einer Ja/Nein-Differenz,

beiden »Codesysteme« nahelegt. Der genetische Code zeigt uns, wie sich der Reichtum und die enorme Variationsbreite in allem organischen Leben aus einem zahlenmäßig begrenzten und beschränkten Set an molekularen Grundfaktoren heraus entfalten. Mit dem *I Ging*-Code verlassen wir die Betrachtung der biologischen Ebene bzw. ergänzen die bislang ausschließlich molekulare Sicht des lebendigen Seins.

Als Metaebene zum *Entstehen* von Leben gehört das *Verstehen* von Leben. Eine Dimension, die von allen Organismen nur der Mensch entwickeln kann. Nur er verfügt über das Potential zur Reflexion und Selbstwahrnehmung, zu Bewußtsein, Imagination und Transzendenz. Er weiß, daß Lebensverständnis sich nicht auf die zur Zeit mit Ratio und Intellekt erreichbaren Dimensionen allein beschränken kann. Zu viele offenkundig vorhandene, aber noch ungeklärte Aspekte des Lebendigen sprechen für die Gewißheit, daß noch höhere/andere Dimensionen, noch höhere/andere energetische Schwingungen mit großer Wirksamkeit die Welt »durchziehen«.* So ist die – geistige – *I Ging*-Struktur in meinen

---

die – was immer vorkommt – so verdoppelt, daß jede Position ihre Negation, jede Negation ihre Position mitführt.«

* So sind, trotz des inzwischen großen Wissens der Genetiker, beispielsweise die Probleme des Lernens und Verhaltens von Lebewesen noch völlig unverstanden. F. Moser (1989, S. 140): »Weder das Instinkt-Verhalten der Tiere noch die Verhaltenssteuerung oder das Lernen sind in irgendeiner Weise auf physikalisch-chemischer Ebene ›erklärbar‹. Ein Meer von Unkenntnis liegt zwischen diesen Phänomenen und den bestehenden Fakten der Molekularbiologie. Wie z.B. ist das Wanderverhalten eines jungen Kuckucks, der nie seine Eltern sah, letztlich in Begriffen der DNS und der Proteinsynthese erklärbar?« Greifen wir ein weiteres Beispiel willkürlich heraus: Wie sind die tatsächlich beobachtbaren, oft dramatischen Phänomene der Heilung mit einem homöopathischen Mittel zu erklären, in dem durch hohe Verdünnung und Verschüttelung, genannt »Potenzierung«, sich nachweislich kein einziges Molekül des ursprünglichen Heilstoffes mehr im Lösungsmittel befindet? Viele Mediziner finden es auch heute noch unglaubwürdig, daß ein Mittel jenseits seiner stofflichen Dimension noch eine Wirkung haben soll. G. Vihoulkas (1986, S. 114): »Für eine dauerhafte Heilung muß das elektromagnetische Feld des Stoffes verstärkt werden. (...) Dieses Phänomen als solches ist – auch wenn die bisherigen Erklärungen noch nicht ausreichen – eine unumstößliche Tatsache. Die spezifische elektromagnetische Energie der Ausgangssubstanz wird offenbar durch das Potenzieren dem elektromagnetischen Feld des Lösungsmit-

Augen die Schwester der biologischen Struktur von Leben. Sie bildet das dem Menschen zugängliche Panorama an Welt-Bewußtwerdung ab; transzendiert also das genetische Panorama unseres Daseins und bildet quasi – homöopathisch gesprochen – die »Hochpotenz« des inkarnierten Lebens.

Die 64 verschiedenen Triplettsequenzen im »Buch des genetischen Wandels« steuern seit Jahrtausenden die körperliche Entfaltung des Menschen.

Die 64 Entwicklungswege im »Buch der Wandlungen« steuern seit Jahrtausenden die geistige oder bewußtseinsbezogene Entfaltung des Menschen, das heißt die Art und Weise, wie er qualitativ die Welt und sich in der Welt *er-lebt*, unabhängig davon, ob er je Kenntnis von dem Buch erhielt oder nicht.

Denn an dieser Stelle müssen wir eine exakte Unterscheidung machen zwischen den »Wandlungen« einerseits und ihrer Niederschrift in einem Buch, genannt *I Ging*, andererseits. Das viel später entstandene Buch protokolliert quasi nur noch ein heiliges Etwas, das seit Urzeiten »west«. Die »Wandlungen« sind *nicht* menschengemacht, haben übermenschliche, universal-gültige Existenz – so die feste Überzeugung der alten Chinesen. Und betrachten wir das Elementare in jenem genetischen Prozeß, den wir Vererbung nennen, so zeigt es uns den Zukunfts- bzw. Entstehungs- oder Werde-Aspekt des Lebens – genau wie es das *I Ging* für sich postuliert. Mittels der DNS stellt sich Leben dar als steter Prozeß des *Werdens*, der Transformation.

So wird verstehbar, warum das *I Ging* in völliger Übereinstimmung mit der genetischen Struktur ebenfalls mit einer 64er-Struktur auskommt, um all das qualitativ abzubilden, was einem Menschen je »zu-fallen«, ihm überhaupt je bewußt werden kann. Beide Codestrukturen offenbaren daher Grenzen *und* Möglichkeiten.

Wir können uns klärend um die biologischen Gegebenheiten und Voraussetzungen unseres Daseins kümmern, müssen es aber nicht. Dennoch ist unser Sein lebenslang eingebunden in

---

tels ›aufgeprägt‹, ihre spezifische Eigenfrequenz bleibt dabei nicht nur erhalten, sondern wird noch verstärkt.«

jene grenz- und möglichkeitsgebenden Grundaspekte der Genetik.

Wir können uns klärend um die geistigen Gegebenheiten und Bewußtseinsvoraussetzungen des Menschseins hier auf diesem Planeten kümmern, müssen es aber nicht. Dennoch ist unser Sein lebenslang eingebunden in jene zugleich grenz- und möglichkeitsgebenden Grundaspekte der dem Menschen zugänglichen Kognition und Spiritualität.

Erkennen wir nun möglichst umfassend die Grenzen der menschlichen Natur, biologisch wie physikalisch, genetisch wie energetisch, materiell wie spirituell, so gewinnen wir damit auch größtmögliche Erkenntnis über Aktualität und Potentialität wahren Menschseins: Der mögliche Mensch als Vision eines anderen, paradoxerweise »begrenzt/unbegrenzten« Lebens.

Innerhalb der Grenzen seiner Existenz steht der Mensch noch großen Entwicklungsmöglichkeiten gegenüber. Wir dürfen bei aller Betrachtung von Strukturen und Mechanismen genetischer Abläufe ja niemals vergessen, daß diese technische Sichtweise nur eine Krücke zur Theoriebildung ist. Das Wesentliche am Abenteuer DNS ist ja nicht die Theorie, sondern die Tatsache, daß das, was wir »genetischen Code« nennen, *lebt*! Und dieses Leben ist bereits uralt, und jeder hat jede Minute daran teil. Ja, wir sind über unser Genom Teil jener Urzeiten, tragen so etwas wie eine genetische Erinnerung an weit zurückliegende entscheidende Ereignisse in der Evolution noch immer in uns!* Dennoch gilt für uns, was nach neuer biologischer Forschung für jeden Organismus gilt: Wir sind nicht schicksalhaft festgelegte, vollkommen determinierte Wesen, sondern sind zu einem großen Teil zur Autonomie und Selbstschöpfung begabt! Der Neurobiologe F. Varela hat dies einmal am Beispiel der Körperzelle verdeutlicht:

---

* Die Qualität dieses Erinnerungspotentials beschrieb Mircea Eliade in einem Rundfunkvortrag einmal folgendermaßen: »Jedes geschichtliche Sein ist zugleich Behälter und Träger eines großen Teils vorgeschichtlicher Menschheit. Dieser außergeschichtliche Teil des Menschen trägt – so wie eine Gedenkmünze ihre Prägung – die Erinnerung an ein reicheres, vollkommeneres, man möchte fast sagen: glücklicheres Dasein.«

Die meisten Menschen halten die Funktionen einer Körperzelle für sehr begrenzt – wie bei einem kleinen Computer. (...) Wir übersehen völlig, daß der Körper nicht einfach eine Ansammlung von Zell-Sklaven ist. Jede Zelle hat bestimmte Dienste zu leisten, doch gleichzeitig ist sie völlig autonom – und sie kombiniert beides miteinander.*

Diese Autonomie des Lebendigen setzt ein, sobald der Organismus die Grunderfordernisse des Lebens erfüllt. Mit der in Grenzen freien Lebensgestaltung aber läßt sich auch das *I Ging*-Profil von einer neuen Seite betrachten.

Bewußtsein und Erkenntnisschöpfung

Grundfrage: Wo hat das »Buch der Wandlungen« seinen Platz in einem lebendigen Dasein zwischen Freiheit und Begrenztheit, zwischen Selbstorganisation und Bewußtseinsentfaltung?

Ohne Zweifel unterliegt der Mensch einer Reihe von Mindestanforderungen für seinen Kontakt zur Umwelt, ohne deren Einhaltung er nicht überleben könnte. Sind diese jedoch erfüllt, ist die Art und Weise, wie er sich innerhalb dieser Umwelt bewegt, ein Ausdruck seiner inneren Zusammenhänge, seiner inneren, durch die persönliche Art der Weltsicht gewachsenen Organisation und Befindlichkeit. Jeder Mensch besitzt eine eigene innere Dynamik, mit der er sein eigenes Wachstum lenkt. Die Neurobiologen und Kognitionswissenschaftler Humberto Maturana und Francisco Varela prägten in diesem Zusammenhang den Begriff der Selbstorganisation: »Autopoiese«, wörtlich »Selbsterzeugung«, »Selbstschaffung«.

Die eigentümlichste Charakteristik eines autopoietischen Systems ist, daß es sich sozusagen an seinen eigenen Schnürsenkeln emporzieht und sich mittels seiner eigenen Dynamik als unterschiedlich vom umliegenden Milieu konstituiert. (...) Nach unserer Ansicht ist deshalb der Mechanismus, der Lebe-

---

* F. Varela, 1982, S. 92.

wesen zu autonomen Systemen macht, die Autopoiese; sie kennzeichnet Lebewesen als autonom.*

In *die* Welt hineingestellt, sich *seine* Welt selbst schaffend – das lehrt uns das Konzept der Autopoiese. Auf diesem Weg, dem Weg der Selbstorganisation aller lebenden Organismen, bewegt sich die Evolution in einem Prozeß natürlichen, zufälligen Driftens innerhalb weitgesteckter Grenzen und tendiert dabei in Richtung zunehmend komplexerer, höherer Ordnungsstrukturen. Auch jeder Mensch entwickelt – je freier und selbstschöpferischer er lebt – ein immer komplexeres, reicheres Gewebe selbstbewußter Lebendigkeit. Was aber können wir an uns und in uns entwickeln, während wir durch die eigene verfügbare Lebensspanne »driften« – den Körper, das Wissen, den Geist? »Es ist das Wissen von uns selber – es ist das Bewußtsein. Alles andere bleibt uns nicht.«**

Wo berührt nun das Konzept der Autopoiese den *I Ging*-Benutzer? Genau an jenem Punkt seiner selbstschöpferischen Bewußtseinsentwicklung, an dem er über sich und alles, was ihn umgibt reflektiert, wo er seine Doppelheit als »Täter-und-Zeuge-seiner-Selbst« entdeckt, genau an diesem Punkt beginnt die spannende Rolle des *I Ging* als »Eichmaß«, Spiegel und Orientierungsfeld. Man mag es persönliche Eigenart, Selbstkonzept, Ich-Bild oder Lebensstil nennen; auf jeden Fall wird der rekursiv und reflektiv eingestellte Mensch früher oder später mit Hilfe des *I Ging* einige offensichtlich gerade für ihn typische Muster, Formen oder Präferenzen des Erlebens bei sich entdecken.

Warum z. B. erlebe ich mich immer wieder in ähnlichen Formen der Bedrängnis bei aller Verschiedenheit der jeweils aktuellen Geschehnisse? Was läßt mich immer wieder in Stockung, Streit oder Gegensatz kommen, obwohl ja kein Ereignis und kein Vorgang sich je wiederholt. (Man steigt nicht zweimal in denselben Fluß!)

Solche qualitativen Erlebnismuster sind in hohem Maße verknüpft mit der in uns angelegten Struktur, also mit der Geschichte unserer Autopoiese. Meine spezifische Art zu sein ist untrennbar verbunden mit der Art, wie die Welt mir zu begegnen scheint. Das

---

* Maturana/Varela, 1987, S. 54 f.
** F. Moser, 1989, S. 167.

aber bedeutet nichts weniger als Abschied nehmen von dem Glauben, es gäbe eine »objektiv-realistische« Sicht von mir, von der Welt. Indem ich erkenne, deute ich! Während ich die Welt wahrzunehmen meine, gebäre ich *de facto* eine neue Welt – nämlich *meine* Welt. Welterfassung ist immer Weltinterpretation. Dies anzuerkennen ist für manchen Zeitgenossen ein kleiner Schock. Denn mit der Erkenntnis, daß wir gar nicht *die* Welt, sondern jeder nur *eine*, und zwar *seine* Welt erfaßt, müssen wir ein weiteres anerkennen: es kann im Leben keine allseits verbindliche Gewißheit geben! Menschen verständigen sich zwar drauf, dieses und jenes für gewiß und »wahr« zu halten. Und doch – mit jedem Erkennen gebäre ich zugleich die blinden Flecken meiner Welt, die Differenzen zu einer anderen, zu meiner Mitmenschen Welt. Angesichts der Subjektivität meiner Wahrheit kann ich mir einer Sache nie ganz sicher sein! Ich kann mich aber mittels *I Ging* rückversichern, spiegeln und eichen.

Das *I Ging* erhält ja, wie wir gesehen haben, in seinem Panorama aller 64 Komponenten des vitalen Seins die Grenzen und zugleich die Konstanten menschlichen Lebens – also auch Erlebens. Ausgehend von meiner eigenen, notwendigerweise mit Lücken und Blindheiten behafteten Erkenntnis meiner selbst (z. B. als beschränktes, streitendes, gegensätzliches Wesen), finde ich in den »Wandlungen« eine genaue Beschreibung des Urbildes von *Gegensatz* (Hexagramm Nr. 38), *Streit* (Nr. 6), *Beschränkung* (Nr. 60) usw.

Die Urbilder des *I Ging* als »Eichmaß« im Prozeß meiner schöpferischen Autopoiese? Die Antwort liegt auf der Hand. Wenn es ein Medium gibt, das

– dem reflektierenden Bewußtsein zugänglich ist, das

– die unübersehbare Fülle meiner *Einbildungen* vollständig zurückführt auf die dahinter verborgenen, in ihrer Anzahl begrenzten *Urbildungen* und das

– den Innenbau jeder Urerfahrung auf sechs Linien/Ebenen präzisiert sowie

– zeigt, wie im Prinzip jede Ausgangslage durch genau beschriebene Wandlungsvorgänge in jede andere Urbild-Situation (= neues Hexagramm) hinüberdriften kann, wenn es also ein solches Medium gibt, wäre es doch zumindest verwunderlich, es nicht zur Bereicherung und Qualifizierung des eigenen Lebens hinzuzuziehen. Parallel zum »fleischgewordenen« DNS-Kanon bietet uns das »Buch der Wandlungen« den »wortgewordenen« Kanon eines allbezogenen, hypervernetzten Lebens in dauernder Wandlung. Ihn zu befragen, auf ihn sich rückzubeziehen gibt der menschlichen Reflexions- und Erkenntnisgabe eine neue Dimension: Wir zirkulieren fortan nicht mehr nur zwischen Beobachtung und Erinnerung, zwischen Wahrnehmung und innerem Gedankenkommentar, sondern entfalten unser persönliches Wirkfeld entlang der Richtschnur der zeitlosen Urbilder des Lebens.

Zeit, Zufall, Risiko

Grundfrage: In welcher Art ist das Leben vernetzt mit Zufall, Risiko und Ungewißheiten?

Weisheit des ungesicherten Lebens – dieses Motto ließe sich getrost über den Kanon der 64 Wandlungen schreiben. Während in Europa die Herrscher seit eh und je danach strebten, ihre Imperien auf der umfassenden Eroberung des Raumes, der territorialen Expansion zu gründen, erkannten die alten chinesischen Weisen recht früh, daß diese geistige Einstellung nicht geeignet ist, das Überdauern eines Reiches zu sichern. Denn alles im Raum unterliegt der Veränderung, dem Wandel der Zeiten; das Leben ist ungesichert. Mit einer Ausnahme: dem unerschütterlich gleichbleibenden, sich niemals ändernden Prozeß des Wandels selbst. Wandlung kennt kein Ende und keinen Stillstand. Wandlung – das ist das einzig Sichere, Stetige und Langwährende, ja ist in Wahrheit die zyklisch fließende Zeit. Auf jede Nacht wird bestimmt ein Tag folgen, auf jedes Heute sicherlich ein Morgen... Wie also kann der Regent dem Reich und der Kultur Bestand verleihen? Indem er sie auf die Zeit und damit den Wandel gründet. Hier liegt die Erklärung, warum China zu den wenigen Kulturen gehörte, die jahrtausendelang in Ritus und Religion die Zeit und alle von ihr geborenen Phänomene der Wandlung heiligten und zum Ausgangspunkt ihrer geistigen, kosmologischen und philosophischen

Wertvorstellungen machten. Verwaltung, Regierungsstil, Ernährung, Kleider, Audienzen, Erlasse – all sein Wirken hatte der Kaiser abzustimmen auf die Kriterien und Qualitäten des Chronos, der zyklisch fließenden Zeit. Und wie die Natur von Monat zu Monat ein anderes »Kleid« anlegte, so folgte ihm darin der »Mensch der Mitte«.*

Doch die Zeit ist janusköpfig, hat ein doppeltes Antlitz: im Chronos lauert Kairos. Das eine ist berechenbar, gleich ob mit Chronometer oder wie von alters her durch Beobachtung von Sonne, Mond oder Capella (der »Uhrstern«) am Nachthimmel. Kairos aber ist unberechenbar. Wie aus dem Nichts schießen seine Gewebefehler in den chronologischen Zeitteppich ein. Sie entstammen dem verborgenen Gesicht der Zeit. Es sind die kritischen Momente, die immer einzigartig, bedeutungsschwanger, heil- oder unheilvoll aufblitzen. Nur wer sich im Einklang mit der Zeit weiß, kann Kairos nutzen, historisch einmalige Wirkungen erzeugen und geschichtsträchtige, die chronologischen Zeiten überdauernde Impulse setzen.

So befragte jeder Kaiser, jeder Fürst das Staatsorakel, das »Buch der Wandlungen«, bei allen anstehenden Unternehmungen und Plänen. Nicht nur, um an der Antwort abzulesen, welchen Erfolg sie haben werden, sondern um sich des glücklichsten Zeitpunktes bewußt zu werden, eine Handlung zu beginnen. Denn Fortuna, Glück oder Unglück, läßt sich nicht zwingen, entzieht sich jeder Berechnung, ist aber eine verdeckte Begleiterin im Wandel der Zeiten. Es gibt »Lücken« im Gewebe der Welt, Sprunghaftigkeiten und Diskontinuitäten – keinem Chemiker oder Physiker unbekannt. In diesen kritischen Momenten, *nur* in diesen Momenten stellt uns die Weberin, die Zeit, jene Potenz bereit, die wir Gelegenheit nennen. Sie bietet uns eine Chance! Umgekehrt kennen wir alle auch jene Zeiten, in denen gewisse Handlungen schlicht unausführbar sind. Trotz größter Mühe kann nichts gelingen, wenn noch nicht die richtige oder – schmerzlicher – nicht mehr die richtige Zeit dafür ist: das Drama der verpaßten Gelegenheiten! Insofern kann eine *I Ging*-Befragung zur Einübung in die Kunst des achtsamen Beginnens werden. Denn jedes Hexagramm ist

---

* Eingehende Schilderungen dazu finden sich im Buch *Frühling und Herbst des Lü Bu We*, R. Wilhelm, 1928a. Vgl. auch Zenker, 1943, S. 22–30.

auch ein Symbol für die sich wandelnde, zu erfüllende Zeit, quasi ein qualitatives Zeitzeichen.

Hinter dieser Einstellung steht eine Wahrheit, die der Mensch der Neuzeit allzu gerne verdrängt. Der Prozeß unseres Lebens ist durchdrungen vom Zufall, von unbestimmbaren Faktoren und Risiken; sie sind allgegenwärtig. Unsere Einstellung zum Risiko ist in der Regel zwiespältig. Unsicherheiten und Unwägbarkeiten sind von Übel – so hat man uns gelehrt; und viele sind bereit, allem zu folgen, das Sicherheit verspricht. Ganze Industriezweige leben davon, Zufälle und Risikofaktoren aus dem Leben ihrer Mitbürger zu eliminieren, sie gar vom Entscheidungszwang zu befreien. Ein Ende auf diesem Gebiet ist nicht absehbar. Und das, obwohl spätestens seit Heisenbergs quantenphysikalischer Entdeckung des Unbestimmtheitsprinzips (Unschärferelation, 1928) die Wirkung von Zufall und Spontaneität selbst für die Grundlagen der materiellen Welt anerkannt ist. Aber bisher eben nur von einem Teil der Wissenschaftlergemeinde. Der andere Teil sucht weiterhin nach theoretischen und praktischen Methoden, um irgendwie an Zufall, Komplexität und Unvorhersagbarkeit vorbeizukommen, am besten durch gnadenlose Vereinfachung und Reduzierung der dynamischen, vernetzten, hochinteraktiven Welten.*

Doch trotz Prognosenerstellung, Versicherungspolicen, Wahrscheinlichkeitsberechnungen und Risikoabschätzungsstudien wird sich auch in Zukunft kein Teil des menschlichen Lebens vom Rest des Großen Ganzen zuverlässig abtrennen, reduzieren und

---

* Neuestes Beispiel dafür ist die Entwicklung der »Fuzzy-Logik« (fuzzy = diffus, vage, unscharf). Sie beruht auf der mathematischen »Theorie der unscharfen Mengen« und mündet als Anwendung in technische, computergesteuerte Geräte (z. B. Haushalts-/Videogeräte), die auch bei Vagheiten, Unschärfen oder nur ungenau vorherbestimmbaren Situationen selbständig Entscheidungen treffen sollen. Welch mechanistisches, reduktionistisches Weltbild dahintersteckt, offenbart ungeschminkt H. Rommelfanger in seinem Buch »Entscheiden bei Unschärfe« (1988, S. 1): »Um in komplexen Entscheidungssituationen eine sachgerechte Wahl treffen zu können, ist es sinnvoll und üblich, das Realproblem aus der Sicht des Entscheidungsträgers in ein Entscheidungsmodell abzubilden. (...) Die Forderung nach Vereinfachung ist dabei vorrangig von pragmatischer Natur, da wegen der Komplexität der Realität erst durch eine Reduktion auf die für die jeweilige Problemstellung wesentlichen Elemente und Relationen eine gedankliche Erfassung des Problems ermöglicht wird.«

berechenbar machen lassen. Die Gratwanderung durchs Leben beruht auch weiterhin auf der komplexen Synergie von Sinnfindung, Entscheidung und Handlung, und es besteht immer auch die Möglichkeit »abzustürzen«. Wir sind schließlich, in den Worten J. G. Bennetts, alle einem »seltsamen Lebensspiel« zugewendet, »wo man einem Ziel zustrebt, das unbekannt und doch wirklich ist«.

Das ist es, was Risiko bedeutet; und wir können es irgendwie fühlen, wenn wir es auch nicht klar mit unserem Verstande fassen. Wir begreifen, daß der Gedanke, ein Risiko auf sich zu nehmen, sich einer Gefahr auszusetzen, eine gewisse Einzigartigkeit aufweist, wie sie keiner der Stabilitätsgedanken hat.*

Die Zeit ist zu meistern – aber interessanterweise gelangt nur der zur Meisterschaft, der das Wesen des Risikos und der Unwägbarkeit verstehen lernt. Eindeutigkeit, Absicherung (Stagnation), Festhalten am *status quo*, Garantiekarten und ähnliche Zutaten bilden einen Giftcocktail, der jede Vitalität umzubringen vermag. Leben wird zum bloßen Überleben, zum bedingten Reflex – ganz im Gegensatz zum Lebensmotto des deutschen Humanisten und Reichsritters Ulrich von Hutten (1488–1523): »Ich hab' mein Sach auf nichts gestellt.« Einzig aus diesem Blickwinkel heraus kann alles – auch das scheinbar Unmögliche – Wirklichkeit werden. Wo hingegen nicht alles sein kann und sein darf, was möglicherweise sein könnte, öffnet sich der Abgrund eines vermeintlich festgefügten, tatsächlich aber verarmten Lebens. Nur vom Nullpunkt, nicht von einem vorgefaßten Standpunkt aus kann alles angepeilt werden. An diesen Nullpunkt begibt sich, wer das *I Ging*-Orakel befragt. Alles ist offen, alles ist möglich. Die Wahl trifft der »Zu-fall«.

---

* Bennett, 1979, S. 12.

Das SINN-Phänomen

Grundfrage: Wie erkenne ich, wie ich erkenne? Wie wird aus einer Orakelantwort, dem Hexagrammtext vor mir, Sinn und Erkenntnis in mir?

Niemand würde ernsthaft das »Buch der Wandlungen« befragen, wenn dieser Akt des Orakeleinholens ihm nicht Sinn machte. Dabei sind die Vorgänge rund um unsere gedanklichen, intellektuellen und geistig-spirituellen Fähigkeiten recht komplex. Sie berühren einerseits die Frage nach dem Wesen menschlicher Kognition und Sinnerfassung und andererseits die Frage nach der Sinnschöpfung aus den zum Teil recht mysteriös anmutenden Hexagrammtexten. Sehr weit sind wir Menschen mit der Beantwortung dieser Fragekomplexe noch nicht gekommen. Zwar ist längst klargeworden, daß das Phänomen des Erkennens nicht einfach so aufgefaßt werden kann, als gäbe es »da draußen«, außerhalb des forschenden Beobachters, Vorgänge, Tatsachen und Objekte, die wir nur mit unseren Augen (den Kameras) und mit unseren Ohren (den Mikrophonen) usw. originalgetreu aufzugreifen brauchten, um zu verstehen (das Abbild- oder Repräsentationsmodell). Doch das Wissen darum, wie sich unsere persönliche Erfahrungswelt konstituiert, ist noch verschwindend gering.

Die westliche, naturwissenschaftliche Erforschung des menschlichen Geistes entwächst gerade den Kinderschuhen. Man begreift inzwischen, daß das Gehirn eher Welten konstituiert und festlegt, als daß es sie spiegelt. Es ist kreativ; bringt ständig in jenem Prozeß, den der Laie »mein Leben leben« nennt, neue Welten hervor. Dem Neurobiologen oder Kognitionswissenschaftler erscheint dieser Prozeß jedoch als ein systematisch-dynamisches Geschehen in zwei Wirkrichtungen:

– dem beständigen Streben, gangbare Wege für die Fortsetzung der eigenen Lebensgeschichte zu erkunden, sowie

– der Bereitschaft zu immer komplexerer Vernetzung mit anderen Wesenheiten außerhalb der eigenen Entität.

Neuronale Netzwerke aber, z. B. die Netzwerke der Neuronengruppen im menschlichen Gehirn, verändern sich durch Erfahrungen und Lernprozesse, zeigen Fähigkeiten der Selbstorganistaion und Emergenz, d. h. des spontanen, übergreifenden Zusammenwirkens. Sie lassen plötzlich neue Eigenschaften entstehen, bilden größere Ensembles, die sich *ad hoc* neu konfigurieren und sich ebenso überraschend wieder trennen können.

Das Gehirn ist ein höchst kooperatives System: die sehr dichten Verknüpfungen zwischen seinen Bestandteilen bedingen, daß letztlich alles, was geschieht, eine Funktion dessen ist, was *alle* Bestandteile machen.*

Kognition, Verständnis- und Erkenntnisfähigkeit sind daher nicht bloß eine Frage des Intellekts, sondern sie sind abhängig von der Gesamtheit unseres augenblicklichen Denkens und Handelns, von der Totalität unserer momentanen Lebensprozesse. Und ein weiterer Faktor ist unverzichtbar, um zu verstehen, wie eine Person versteht: die Zeitlichkeit aller Lebensprozesse, d. h. der Werdegang eines Menschen. Alle kognitiven Fähigkeiten sind unauflöslich mit der Lebensgeschichte verflochten, und zwar »wie ein Weg, der als solcher nicht existiert, sondern durch den Prozeß des Gehens erst entsteht«.**

Was macht einem Menschen Sinn? Wie immer ich diese Frage drehen und wenden mag, es bleibt festzuhalten, daß mir Sinn und Bedeutung nur in der Art und in dem Maße zuwachsen, wie ich bisher im Leben lebendig war und bin: das ist die Untrennbarkeit einer bestimmten Art zu sein von der Art, wie mir die Welt erscheint!*** In der Tat – das Sein bestimmt das Bewußtsein.

---

*   Varela, 1990, S. 72.

**   Varela, 1990, S. 110.

*** Deshalb ist »Wirklichkeit« in den Augen des Kognitionswissenschaftlers Varela keine objektive Größe, sondern die eigene unmittelbare Erfahrung, die ich mache: »In meiner Vorstellung ist diese Wirklichkeit ganz plastisch. Wie man heute auch in der kognitiven Wissenschaft sagt: Es gibt die Kognition in der Situation, nicht ein abstraktes Verständnis. Diese Abstraktionen: die Welt *ist* Materie oder Geschwindigkeit oder Dinge oder so was – von diesem Standpunkt aus ergeben die keinen Sinn. Wirklichkeit gibt es natürlich. Aber es ist nicht eine ontologische Wirklichkeit. Es ist eine *Erlebniswirklichkeit*. Das ist etwas ganz anderes.« Varela in: Olvedi, 1991, S. 36. Vgl. auch Varela/Thompson, 1992.

Aber Sein ist immer ein Mitsein, eingebettet in das vernetzte, komplexe Gewebe der Wirklichkeit, die wir miteinander teilen. Ein verstehender, intelligenter Mensch muß über mehr und anderes verfügen, als nur die Fähigkeit, Probleme zu erkennen und zu lösen. Denn viele Indizien der Gehirnforschung weisen darauf hin, daß Intelligenz weit mehr die Gabe des Menschen ist, mit seiner ganzen Lebensgeschichte als Grundlage in eine *mit anderen geteilte* Welt eintreten zu können. Alles, was wir tun, sei es eine konkrete Handlung oder etwas Abstraktes wie eine philosophische Reflexion zwecks Verständnisgewinnung, bezieht unseren ganzen Körper und unsere gesamte Nachbarschaft, die Koexistenz mit dem Rest der Welt, mit ein. Zusammengefaßt in ein für Neurobiologen durchaus ungewöhnliches Statement: »Wir haben nur die Welt, die wir zusammen mit anderen hervorbringen, und nur Liebe ermöglicht uns, diese Welt hervorzubringen.«[*]

Was für eine Welt aber bringe ich hervor, wenn ich das *I Ging* befrage und mich um die Deutung seiner Antwort bemühe? Das Kompendium des »Buchs der Wandlungen« ist für den Nicht-Chinesen zunächst eine recht unbekannte Welt. Verständnisschwierigkeiten sind vorprogrammiert, wenn ich z. B. zu einer bevorstehenden Entscheidung beruflicher oder familiärer Art lesen muß: »an den Oberschenkeln ist keine Haut«, oder »das Fett des Fasans wird nicht gegessen«, »mit Weidenblättern bedeckte Melone«; oder »dem Vogel verbrennt sein Nest«. Anderes hingegen scheint auf Anhieb, manchmal sogar wortwörtlich Sinn zu machen: »Aufbruch bringt Unheil«; »Zusammenhalten bringt Heil«; »Fördernd ist es etwas zu unternehmen ...«

Die Welt des *I Ging* ist kontextuell, zeichenhaft, symbolisch. Ebenso die neue Welt, die ich mir durch Rückgriff auf das »Buch der Wandlungen« selbst schaffe. Sie prägt meinen Erkenntnis- und Lebenskontext um und wird – zirkulär, rekursiv – ihrerseits von meinem individuellen Verständnis- und Lebenskontext geprägt. Die Sinnfindung und Bedeutungsentschlüsselung kann also nicht einseitig durch die Zeichen, Symbole und Wörter des *I Ging*-Textes verursacht werden, sondern ist eine abhängige Variable von der Art, »wie wir unsere Ideen klarmachen«.[**]

---

[*] Maturana/Varela, 1987. S. 267 f.
[**] Titel eines Aufsatzes des Semiotikers Charles S. Peirce.

Sowohl die Gehirnforschung als auch die Semiotik erschüttern den Glauben an eine einheitliche, allgemein gültige Vernunft, einen personenunabhängigen (vor-)gegebenen Sinn in der Welt. So begegnen sich anläßlich einer Orakelbefragung gewissermaßen zwei Kommunikationsströme: der symbolreiche, verschlüsselt wirkende *I Ging*-Text und der zeicheninterpretierende Mensch.* Bilder, Symbole beginnen ihre Sprache zu sprechen, der Mensch die seine. Beide Welten kommen auf einmal »miteinander ins Gespräch«. Aus dem Schnittpunkt dieser beiden Universen entwickelt sich ein Dialog, ein kommunikatives, dynamisches Geschehen mit Resonanzen, Interferenzen, bisweilen Turbulenzen. Dieser Dialog ist die Quelle, aus der Sinn, Bedeutung und Verständnis fließen können. Worin besteht aber der Enthüllungseffekt, der aus einem bloß intellektuellen Verstehen ein bedeutungsvolles, sinnträchtiges Erkennen einer tiefen Wahrheit macht? Dieses Gewahrwerden verborgener Weisheiten ist nicht provozierbar, es ist ein Geschenk. Es erscheint als eine schwer faßbare zusätzliche Wirkkraft zwischen zwei Partnern; ein dritter numinoser Pol, der bei jeder Befruchtung, jedem Akt des Werdens mitspielt. Nicht nur biologisch tritt bei der Verschmelzung von Sperma (aktiv/Yang) und Eizelle (passiv/Yin) ein drittes hinzu: das WESEN (mitschwingend/TAO). Auch jedes spirituelle Einswerden, jedes geistige Innewerden folgt diesem Gesetz der Befruchtung, das ein drittes, gänzlich neues Wesen entstehen läßt. Das war bereits den Griechen bekannt. Ihr Begriff der »Gnosis« bedeutete sowohl Erkenntnis, Schau des Göttlichen als auch geschlechtliche Vereinigung.

Das Bemerkenswerte in der Beschäftigung mit dem »Buch der Wandlungen« ist aber, daß selbst unverstandene, SINN-los bleibende Metaphern, Wörter und Symbole den Fragenden verändern, weiterführen. Das liegt in der Natur jedes Symbols, das eine eigene Mächtigkeit besitzt. »Es ist kein toter Gegenstand, sondern trägt den Geist von einem Punkt zum anderen.«**

---

* Des Menschen Realität ist – so die semiotische Auffassung – durch eine Unzahl von Zeichenketten, besonders Wörtern, gekennzeichnet, die er gebraucht und die ihn zu dem gemacht haben, der er im Moment ist. Wenn wir denken, so Peirce, dann nur in Zeichen. Ja, der Mensch *ist* die Summe der Zeichen, die er gebraucht! Vgl. Peirce, 1986, Bd. 1, S. 191 ff.
** Peirce, 1986, S. 201.

ANHANG

Bildnachweis

Autor und Verlag haben sich um sorgfältige Quellenrecherche der Abbildungen bemüht. Die Herkunft konnte dennoch nicht in allen Fällen eindeutig geklärt werden. Für alle diesbezüglichen Hinweise danken Autor und Verlag im voraus.

Rudolf Kelling, Buch + Schrift – Jahrbuch der Gesellschaft der Freunde des deutschen Buch- und Schriftmuseums, Bd. 3, Leipzig 1940, Harrassowitz Verlag, Wiesbaden: Frontispitz.

Wilhelm Grube, Religion und Kultus der Chinesen, Rudolf Haupt Verlag, Leipzig 1910: S. 23.

Beate Mertens, Das alte China. Von den Anfängen am Gelben Fluß bis zum Großreich von internationalem Rang, Pädagogischer Dienst der Staatlichen Museen Preußischer Kulturbesitz, Berlin 1981: 25.

Aus dem Shu Ching Thu Shuo: 30.

Institut für Ur- und Frühgeschichte der Universität Heidelberg, Prof. Dr. Harald Hauptmann: 41.

Hugo Kügelhaus, Urzahl und Gebärde, Klett und Balmer Verlag, Zug 1984: 44, 45.

Erich W. u. Ilse R. Stiefvater, Chinesische Atemlehre und Gymnastik, Karl F. Haug Verlag, Ulm 1962: 49, 80.

Abreibung der Bagua-Inschrift (Frühe West-Zhou Dynastie): 61.

Randolph Charles Darwin, Die Entwicklung des Priestertums und der Priesterreiche, Verlag von Theodor Weicher, Leipzig 1929: 70, 73.

A. G. Medoew, Gravuren an Felswänden. Sari-Arka, Mangischlack, 1. Teil, Verlag Galin, Alma-Ata 1979: 76.

Kwang-chih Chang, Art, Myth and Ritual. The Path to Political Authority in Ancient China, Harvard University Press, Cambridge/Mass., London 1983: 78.

Museum für Kunst und Gewerbe, Hamburg: 88.

Guiseppe Tucci, Walther Heissig, Die Religionen Tibets und der Mongolei, Verlag W. Kohlhammer, Stuttgart 1970: 93, 95.

Trommelfell der Lappen aus Nordschweden (1800 v. Chr.): 96.

Sir A. Stein, Innermost Asia, III, Clarendon Press, Oxford 1928: 104.

Steinabreibung vom westlichen Türpfosten von I-nan/Shantung: 106.

Henry Doré, Researches into Chinese Superstitions, Vol. IV, Shanghai 1917: 108.

Z. Nuttall, The Fundamental Principles of Old and New World Civilizations, Cambridge, MA 1901 (Archaeological and Ethnological Papers of the Peabody Museum. 2): 111.

J. Needham, Science and Civilization in China, III, Cambridge U. P. 1959: 112.

Prince John Loewenstein, Swastika and Yin – Yang, London 1942: 137.

Bernd Melchers, China – Der Tempelbau, Folkwang-Verlag, Hagen 1922: 138.

Shanghai-Museum, Shanghai: 141.

Richard Wilhelm, Die chinesische Literatur, Handbuch der Literaturwissenschaft; hrsg. v. Oskar Walzel, Band China/Japan, Akademische Verlagsgesellschaft Athenaion, Wildpark-Potsdam 1926: 109, 155.

Abbé Grosier, Atlas général de la China pour servir à la description générale de cet empire, Paris 1785: 163.

Lorenz Lange, Reise nach China, Akademie Verlag, Berlin 1985: 164.

Ernst Waldschmidt, Ludwig Alsdorf, Bertold Spuler, Hans O. H. Stange, Oskar Kressler, Geschichte Asiens, Bruckmann Verlag, München 1950: 187.

Richard Wilhelm, Die Seele Chinas, Verlag Reimar Hobbing, Berlin 1926: 206.

Museum of Fine Arts, Boston: 248.

James D. Watson, Die Doppel-Helix, Rowohlt Verlag, Reinbek 1969: 259, 260.

Alle anderen Abbildungen stammen aus dem Archiv des Verlages bzw. des Autors.

Literatur

Bauer, Wolfgang, 1971:
China und die Hoffnung auf Glück. Carl Hanser Verlag, München.

Bauer, Wolfgang (Hrsg.), 1980:
China und die Fremden: 3000 Jahre Auseinandersetzung in Krieg und Frieden. C. H. Beck Verlag, München.

Bauer, Wolfgang/Klapp, Edzard/Rosenbohm, Alexandra, 1991:
Der Fliegenpilz, Wienand Verlag, Köln.

Bawden, Charles, 1989:
Divination. In: Heissig, Walther/Müller, Claudius C. (Hrsg.): Die Mongolen. Pinguin Verlag, Innsbruck/Umschau Verlag, Frankfurt/M.

Bennet, J. G., 1979:
Hasard – Risiko als kreative Herausforderung. Verlag Bruno Martin, Frankfurt/M.

Bodenstein, Helmut, 1987:
Das Alphabet des Lebens. Verlag Bruno Martin, Südergellersen.

Briggs, John/Peat, F. David, 1990:
Die Entdeckung des Chaos. Eine Reise durch die Chaos-Theorie. Carl Hanser Verlag, München.

Bucke, R. Maurice, 1975:
Die Erfahrung des kosmischen Bewußtseins. Eine Studie zur Evolution des menschlichen Geistes. Aurum Verlag, Freiburg.

Campbell, Joseph, 1985:
Lebendiger Mythos. Dianus-Trikont Verlag, München.

Cassirer, Ernst, 1990:
Versuch über den Menschen – Einführung in eine Philosophie der Kultur. S. Fischer Verlag, Frankfurt/M.

Chang, Kwang-chih, 1983
Art, Myth, and Ritual. The Path to Political Authority in Ancient China. Harvard University Press, Cambridge/Mass. and London.

Chang Po-Tuan, 1990:
Das Geheimnis des Goldenen Elixiers. Mit Kommentaren von Liu I-Ming. hrsg. von Thomas Cleary; O. W. Barth/Scherz Verlag, Bern, München, Wien.

Chou, Eric, 1971:
The Dragon and the Phoenix. Arbor House, New York.

Christie, Anthony, 1968:
Chinesische Mythologie. Emil Vollmer Verlag, Wiesbaden.

Cleary, Thomas (Hrsg.), 1989:
Das Tao des I Ging. O. W. Barth/Scherz Verlag, Bern, München, Wien.

Cotterell, Arthur, 1981:
Der erste Kaiser von China. – Der größte archäologische Fund unserer Zeit. Knaur Verlag, München, Frankfurt/M.

Darwin, Randolph, Charles, 1929:
Die Entwicklung des Priestertums und der Priesterreiche oder: Schamanen, Wundertäter und Gottmenschen als Beherrscher der Welt. Verlag Theodor Weicher, Leipzig.
Diederichs, Eugen, 1938:
Aus meinem Leben. Eugen Diederichs Verlag, (Sonderausgabe) Jena.
Diederichs, Eugen, 1967:
Selbstzeugnisse und Briefe bedeutender Zeitgenossen, Eugen Diederichs Verlag, Düsseldorf, Köln.
Diederichs, Ulf (Hrsg.), 1984:
Erfahrungen mit dem I Ging: Vom kreativen Umgang mit dem Buch der Wandlungen. Eugen Diederichs Verlag, Köln, 4. Auflage München 1992.
Dierks, Margarete, 1986:
Jakob Wilhelm Hauer 1881–1962. Leben – Werk – Wirkung. Verlag Lambert Schneider, Heidelberg.
Dittrich, Edith, 1981:
Grabkult im alten China. Museum für ostasiatische Kunst; Köln.
Doré, Henry, 1966:
Researches into Chinese Superstitions. First Part vol. IV; Shanghai (1917), Reprint Taipei.
Duca, Lo, 1969:
Die Erotik in China. K. Desch Verlag, Basel.

Eberhard, Wolfram, 1942a:
Lokalkulturen im alten China (1): Die Lokalkulturen des Nordens und Westens. Verlag E. J. Brill, Leiden.
Eberhard, Wolfram, 1942b:
Kultur und Siedlung der Randvölker Chinas. Verlag E. J. Brill, Leiden.
Eberhard, Wolfram, 1987:
Lexikon chinesischer Symbole – Die Bildsprache der Chinesen. Eugen Diederichs Verlag, Köln, 4. Auflage München 1994.
Eichhorn, Werner, 1964:
Kulturgeschichte Chinas. Kohlhammer Verlag, Stuttgart.
Eitel, E. J., 1983:
Feng-Schui oder die Rudimente der Naturwissenschaft in China. Felicitas Hübner Verlag, Waldeck-Dehringhausen.
Eliade, Mircea, 1989:
Schamanismus und archaische Ekstasetechnik. Suhrkamp Verlag, Frankfurt/M.
Eliade, Mircea, 1988:
Ewige Bilder und Sinnbilder. Über die magisch-religiöse Symbolik. Insel Verlag, Frankfurt/M.
Engler, Friedrich K., 1987:
Die Grundlagen des I Ging. Leben, Lebensgesetze, Lebensordnung. Aurum Verlag, Freiburg.
Essen, Gerd-Wolfgang/Thingo, Tsering Tashi, 1989:

Die Götter des Himalaya – Buddhistische Kunst Tibets. Die Sammlung Gerd-Wolfgang Essen. Bd. I + II, Prestel Verlag, München.

Fairbank, John K., 1989:
Geschichte des modernen China 1800–1985. Deutscher Taschenbuch Verlag, München.

Fiedeler, Frank, 1976:
Die Wende – Ansatz einer genetischen Anthropologie nach dem System des I-Ching. Verlag Werner Kristkeitz, Berlin.

Fiedeler, Frank, 1988:
Die Monde des I Ging – Symbolschöpfung und Evolution im Buch der Wandlungen. Eugen Diederichs Verlag, München.

Fiedeler, Frank, 1989:
Die Definition der Geschlechter in der chinesischen Orakelphilosophie. In: Semiotik der Geschlechter/Akten des 6. Symposiums der österreichischen Gesellschaft für Semiotik: hrsg. v. Bernard, Klugsberger, Withalm. Akademischer Verlag H.-D. Heinz, Stuttgart/Wien.

Fiedeler, Frank, 1991:
Die Zeichenlogik im Buch der Wandlungen (Yijing), In: Zeitschrift für Semiotik, Bd. 13, Heft 1–2. Stauffenberg Verlag, Tübingen.

Findeisen, Hans/Gehrts, Heino, 1983:
Die Schamanen / Jagdhelfer und Ratgeber, Seelenfahrer, Künder und Heiler. Eugen Diederichs Verlag, Köln, 3. Auflage München 1993.

Forke, Alfred, 1927:
Geschichte der alten chinesischen Philosophie. Kommissionsverlag L. Friederichsen, Hamburg.

Forke, Alfred, 1934:
Geschichte der mittelalterlichen chinesischen Philosophie. Verlage L. Friederichsen, De Gruyter, Hamburg.

Franz, Marie-Louise v., 1968:
Symbol des Unus Mundus. In: W. Bitter (Hrsg.): Dialog über den Menschen. Klett Verlag, Stuttgart.

Franz, Marie-Louise v., 1987:
Wissen aus der Tiefe – Über Orakel und Synchronizität. Kösel Verlag, München.

Friedrich, Adolf/Buddrus, Georg (Hrsg.), 1955:
Schamanengeschichten aus Sibirien. O. W. Barth Verlag, München.

Fritsche, Herbert, 1984:
Der Erstgeborene – Ein Bild des Menschen. Ulrich Burgdorf Verlag, Göttingen, 6. Auflage.

Goodman, Felicitas, 1988:
Körperhaltung und die religiöse Trance. Eine experimentelle Untersuchung. Verlag Focus Stadtzentrum, Wien.

Goodman, Felicitas, 1989:
Wo die Geister auf den Winden reiten: Trancereisen und ekstatische Erlebnisse. Verlag Hermann Bauer, Freiburg.

281

Goodman, Felicitas D., 1991:
Ekstase, Besessenheit, Dämonen: Die geheimnisvolle Seite der Religion. Gütersloher Verlagshaus Mohn, Gütersloh.

Goody, Jack, 1990:
Die Logik der Schrift und die Organisation von Gesellschaft. Suhrkamp Verlag, Frankfurt/M.

Granet, Marcel, 1963:
Das chinesische Denken. Inhalt – Form – Charakter. Piper Verlag, München.

Granet, Marcel, 1985:
Die chinesische Zivilisation – Familie – Gesellschaft – Herrschaft – Von den Anfängen bis zur Kaiserzeit. Suhrkamp Verlag, Frankfurt/M.

Grossinger, Richard, 1988:
Der Mensch, die Nacht und die Sterne – Die Kulturgeschichte der Menschen im Angesicht des Nachthimmels. Goldmann Verlag, München.

Grube, Wilhelm, 1910:
Religion und Kultus der Chinesen. Rudolf Haupt Verlag, Leipzig.

Gynz-Rekowski, Georg v., 1968:
Die Psyche des Menschen in der europäischen und chinesischen Kunst. In: Bitter, Wilhelm (Hrsg.): Abendländische Therapie und östliche Weisheit. Klett Verlag, Stuttgart.

Hackmann, Heinrich, 1927:
Chinesische Philosophie. Verlag Ernst Reinhardt, München.

Hampden-Turner, Charles, 1986:
Modelle des Menschen – Ein Handbuch des menschlichen Bewußtseins. Beltz Verlag, Weinheim

Harper, Donald, 1987:
The Sexual Arts of Ancient China as Described in a Manuscript of the Second Century B. C. In: Harvard Journal of Asiatic Studies, Volume 47, Number 1 S. 539–593.

Harris, J. Rendel, 1906:
The Cult of the Heavenly Twins. Cambridge University Press, Cambridge.

Heigl, Ferdinand, 1900:
Die Religion und Kultur Chinas. Hugo Bermühler Verlag, Berlin.

Heissig, Walther/Müller, Claudius C. (Hrsg.), 1989:
Die Mongolen. Pinguin Verlag, Innsbruck u. Umschau Verlag, Frankfurt/M.

Heissig, Walther, 1979:
Die Mongolen – Ein Volk sucht seine Geschichte. Econ Verlag, Düsseldorf.

Heng-Yü, Kuo/Leutner, Mechthild (Hrsg.), 1986:
Beiträge zu den deutsch-chin. Beziehungen. Minerva-Publikationen, München.

Hentze, Carl, 1960:

Die Tierverkleidung in Erneuerungs- und Initiationsmysterien (Ältestes China, zirkumpazifische Kulturen und Groß-Asien). In: Symbolon, Band 1, 1960, S. 39–86.

Hentze, Carl, 1967:
Funde in Alt-China. Das Welt-Erleben im ältesten China. Musterschmidt-Verlag, Göttingen, Zürich, Berlin, Frankfurt/M.

Hermanns, Matthias, 1935:
Vom Urmenschen zur Hochkultur – Chinas Ursprung und Entwicklung. Band I. Missionsdruckerei Yenchowfu, Shantung (China).

Hinze, Oscar-Marcel, 1968:
Zur Psychologie und Symbologie des tantrischen Yoga. In: Bitter, Wilhelm (Hrsg.): Abendländische Therapie und östliche Weisheit. Klett Verlag, Stuttgart.

Holler, Johannes, 1991:
Das neue Gehirn. Ganzheitliche Gehirnforschung und Medizin – Modelle, Theorien, praktische Anwendung. Verlag Bruno Martin, Südergellersen, 2. aktual. Auflage.

Hook, Diana Ffarington, 1990:
I Ging für Fortgeschrittene – Strukturen, Kräfte, Kombinationen. Eugen Diederichs Verlag, München, 3. Auflage.

Horowitz, Michael, 1991:
Just say know – Gordon Wasson and the Psychedelic Revolution. In: Integration Heft 1. Bilwis-Verlag, Eschenau.

Hsia, Adrian (Hrsg.), 1985:
Deutsche Denker über China. Insel Verlag, Frankfurt/M.

Hummel, Siegbert, 1989
Tao und Nü-Kua. In: Asiatische Studien, Heft XLIII, 1/1989, S. 28–33.

Ifrah, Georges, 1987:
Universalgeschichte der Zahlen. Campus Verlag, Frankfurt/M.

Jaffé, Aniela (Hrsg.), 1962:
Erinnerungen, Träume, Gedanken von C. G. Jung. Rascher Verlag, Zürich, Stuttgart.

Jaynes, Julian, 1988:
Der Ursprung des Bewußtseins durch den Zusammenbruch der bikameralen Psyche. Rowohlt, Reinbek.

Kelling, Rudolf, 1940:
Chinesische Stempel. In: Buch + Schrift. Jahrbuch der Gesellschaft der Freunde d. dtsch. Buch- + Schriftmuseums. Bd. 3. O. Harrassowitz Verlag, Leipzig.

Karlgren, Bernhard, 1986:
Schrift und Sprache der Chinesen. Springer Verlag, Berlin, Heidelberg, New York. 1. korr. Nachdruck.

Kenntemich, Anton, 1992:

Evangelien im Nilsand. Gnosis und Christentum. Radioessay, Bayerischer
Rundfunk (Bayern II) 17. 4. 1992.
Kerényi, Karl, 1955:
Umgang mit dem Göttlichen. Über Mythologie und Religionsgeschichte.
Verlag Vandenhoeck u. Ruprecht, Göttingen.
Keyserling, Arnold (Hrsg.), 1981:
Das Erbe der Schule der Weisheit. Bd. I und II. Verlag der Palme, Wien.
Keyserling, Arnold, 1982:
Geschichte der Denkstile. Verlag der Palme, Wien, 2. erw. Auflage.
Keyserling, Arnold u. Wilhelmine, 1982:
Kriterien der Offenbarung. Verlag der Palme, Wien.
Keyserling, Arnold, 1985:
Weisheit des Rades. Orphische Gnosis. Verlag der Palme, Wien.
Keyserling, Arnold, 1987:
Gott, Zahl, Sprache, Wirklichkeit. Die kabbalistischen Grundmächte des
Seins. Verlag der Palme, Wien.
Knick, Reinhold, 1978:
Lao Tse / Tao-Te-King. Verlag Darmstädter Blätter, Darmstadt.
Kolk, Dieter, 1991:
Symmetrien in Physik und Harmonik. In: Grenzgebiete der Wissenschaft,
40. Jg., Heft 3. Resch Verlag, Innsbruck.
Kopp, Josef A., 1965:
Gesundheitsschädliche und bautenschädliche Einflüsse von Bodenreizen –
Naturwissenschaftliche, medizinische und bautechnische Aspekte des
»Erdstrahlen«-Problems. Schweizer Verlagshaus AG, Zürich.
Korvin-Krasinski, Cyrill v., 1953:
Die Tibetische Medizinphilosophie   Der Mensch als Mikrokosmos.
Origo Verlag, Zürich.
Korvin-Krasinski, Cyrill v., 1960:
Die geistige Erde. Origo Verlag, Zürich.
Korvin-Krasinski, Cyrill v., 1986:
Trina Mundi Machina – Die Signatur des alten Eurasien: ausgewählte
Schriften. Matthias Grünewald Verlag, Mainz.
Krause, F. E. A., 1924:
Ju – Tao – Fo. Die religiösen und philosophischen Systeme Ostasiens.
Ernst Reinhardt Verlag, München.
Kremsmayer, Haymo, 1947:
Laotse – Tao Te King. Das Buch des Alten vom Weltgrund und der
Weltweise. Jgonta Verlag, Salzburg.
Kükelhaus, Hugo, o. J.:
Der offene Ring. Unveröff. Manuskript, o. O. (Stadtarchiv Soest).
Kükelhaus, Hugo, 1981:
Welt – Anhörung. In: Lose-Blatt-Folge Nr. 13. Hrsg.: Arbeitskreis Orga-
nismus und Technik. Krefeld/Essen.
Kükelhaus, Hugo, 1984:
Urzahl und Gebärde – Grundzüge eines kommenden Maßbewußtseins.
Klett u. Balmer Verlag, Zug, 4. Auflage.

Kuhn, Franz (Hrsg.), o. J.:
Altchinesische Liebesgeschichten. Emil Vollmer Verlag, Wiesbaden.
Kuhn, Franz (Hrsg.), 1952:
King Ping Meh – oder die abenteuerliche Geschichte von Hsi Men und seinen sechs Frauen. Insel Verlag, Wiesbaden.

Lange, Lorenz, 1986:
Reise nach China. Akademie-Verlag, Berlin.
Ledderose, Lothar/Schlombs, Adele (Hrsg.), 1990:
Jenseits der großen Mauer. Der erste Kaiser von China und seine Terrakotta-Armee. Bertelsmann Lexikon Verlag, Gütersloh, München.
Lessing, Ferdinand, 1930:
Richard Wilhelm zum Gedächtnis. In: Ostasiatische Zeitschrift. Neue Folge, 6. Jahrg. 1930, S. 61–65.
Lindqvist, Cecilia, 1990:
Eine Welt aus Zeichen. Über die Chinesen und ihre Schrift. Droemer u. Knaur Verlag, München.
Loewenstein, Prince John, 1965:
Swastika and Yin – Yang. London 1942, reprint in: The China Society (Hrsg.): Nine Dragon Screen, London.
Lommel, Andreas, 1967:
Vorgeschichte und Naturvölker. Höhlenmalereien, Totems, Schmuck, Masken, Keramik, Waffen. C. Bertelsmann Verlag, Gütersloh.
Lübke, Anton, 1931:
Der Himmel der Chinesen. R. Voigtländer Verlag, Leipzig.
Luhmann, Niklas/Fuchs, Peter, 1989:
Reden und Schweigen. Suhrkamp Verlag, Frankfurt/M.

Mallasz, Gitta, 1984:
Die Antwort der Engel. Daimon Verlag, Zürich.
Maturana, Humberto; Varela, Francisco J., 1987:
Der Baum der Erkenntnis – Die biologischen Wurzeln des menschlichen Erkennens. Scherz Verlag, Bern, München, Wien.
Medoew, A. G., 1979:
Gravuren an Felswänden. Sari-Arka, Mangischlack. 1. Teil (russ.). Verlag Galin, Alma-Ata.
Melchers, Bernd, 1922:
China – Der Tempelbau. Folkwang-Verlag, Hagen.
Merkel, R. F., 1942:
Herder und Hegel über China. In: Sinica, XVII. Jahrg. 1942, S. 5–26.
Mertens, Beate, 1981:
Das alte China 5000 v. Chr.–900 v. Chr. Von den Anfängen am Gelben Fluß bis zum Großreich von internationalem Rang. (Hrsg.: Pädag. Dienst d. Staatl. Museen Preuß. Kulturbesitz) Berlin.
Michelers, Detlef, 1989:
Qingdao – Deutscher Backstein und chinesischer Mörtel – Eine Exkursion

in das ehem. dtsch. Mandatsgebiet Kiautschou. Funk-Feature, Westdeutscher Rundfunk, (WDR III) 3. 9. 1989.
Montal, Alix De, 1985:
Schamanismus. Heyne Verlag, München.
Moser, Franz, 1989:
Bewußtsein in Raum und Zeit. Die Grundlagen einer holistischen Weltauffassung auf wissenschaftlicher Basis. Leykam Verlag, Graz.
Müller, Rolf, 1985:
Der Himmel über dem Menschen der Steinzeit. Springer Verlag, Heidelberg, New York.
Münke, Wolfgang, 1976:
Die klassische chinesische Mythologie. Klett Verlag, Stuttgart.
Museum für Kunst und Gewerbe (Hrsg.), 1988:
Jadequell und Wolkenmeer – 5000 Jahre chinesische Kunst aus dem Museum von Shanghai. (Katalog) Hamburg.

Needham, Joseph, 1975:
Science and Civilisation in China. Vol. 2: History of Scientific Thought. Cambridge University Press, Cambridge 1956, Reprint.
Needham, Joseph, 1984:
Wissenschaft und Zivilisation in China. Bd. 1. Suhrkamp Verlag, Frankfurt/M.

Olvedi, Ulli, 1991:
Zwischen den Welten – Wahrnehmungsforscher Francisco Varela. In: Esotera, Heft 10/1991.
Osterhammel, Jürgen, 1989:
China und die Weltgesellschaft – Vom 18. Jahrhundert bis in unsere Zeit. C. H. Beck Verlag, München.
Osterhammel, Jürgen, 1989:
Asien im Aufbruch – Chinesische Revolution und Modernisierung Japans. Funkkolleg »Jahrhundertwende«, 18. Kollegstd. Westdeutscher Rundfunk 4. 3. 1989.
Otto, Walter Friedrich, 1962:
Mythos und Welt. Klett Verlag, Stuttgart.

Pape, Helmut, 1989:
Erfahrung und Wirklichkeit als Zeichenprozeß. Charles S. Peirce Entwurf einer Spekulativen Grammatik des Seins. Suhrkamp Verlag, Frankfurt/M.
Papke, Werner, 1989:
Die Sterne von Babylon. Die geheime Botschaft des Gilgamesch – nach 4000 Jahren entschlüsselt. Gustav Lübbe Verlag, Bergisch Gladbach.
Peirce, Charles S., 1986:
Semiotische Schriften. Band 1. Suhrkamp Verlag, Frankfurt/M.
Peterson, Willard J., 1982:
Making Connections: »Commentary on the Attached Verbalizations« of

the Book of Change. In: Harvard Journal of Asiatic Studies, Vol. 42, Number 1, 1982, S. 67–116.

Rommelfanger, Heinrich, 1988:
Entscheiden bei Unschärfe. Springer Verlag, Berlin.

Rossum, Walter v., 1991:
»Von Zeichen und anderen Wundern«. Portrait des amerikanischen Philosophen und Semiologen Charles Sanders Peirce. Westdeutscher Rundfunk Köln, (WDR III) 13. 2. 1991.

Rousselle, Erwin, 1952:
Führung und Kraft aus der Ewigkeit. – Dau Dö Ging. Insel Verlag, Wiesbaden.

Rousselle, Erwin, 1962:
Zur seelischen Führung im Taoismus. Wissenschaftl. Buchgesellschaft, Darmstadt.

Santillana, Giorgio de/Dechend, Hertha v., 1993:
Die Mühle des Hamlet – Ein Essay über Mythos und das Gerüst der Zeit. Verlag Kammerer & Unverzagt, Berlin.

Schabert, Tilo, 1990:
Stadtarchitektur – Spiegel der Welt. Benziger Verlag, Zürich.

Schindler, Bruno, 1918:
Das Priestertum im alten China – 1. Teil: Königtum und Priestertum. Einleitung und Quellen. Dissertation, Leipzig.

Schmidt-Glintzer, Helwig, 1990:
Geschichte der chinesischen Literatur. Scherz Verlag, Bern, München, Wien.

Schönberger, Martin, 1981:
Verborgener Schlüssel zum Leben – Weltformel I-Ging im genetischen Code. O. W. Barth/Scherz Verlag, Bern, München, Wien.

Schüler, Wilhelm, 1912:
Abriß der neueren Geschichte Chinas. K. Curtius Verlag, Berlin.

Schüler, Wilhelm, 1930:
Richard Wilhelms wissenschaftliche Arbeit. In: Sinica, 5. Jahrg. 1930, S. 57–71.

Schulz, Dietmar, 1985:
Qingdao. In: Merian; Heft 11–34, S. 74 ff.

Schwarz, Ernst, 1980:
Laudse – Daudedsching. Deutscher Taschenbuch Verlag, München.

Schwarz, Ernst (Hrsg.), 1988:
Chrysanthemen im Spiegel. Klassische chinesische Dichtungen. Rütten & Loening Verlag, Berlin.

Schwarz, Ernst, 1990:
Magie oder Mystik? Zum Weltbild der nordamerikanischen Indianer. Radioessay, Süddt. Rundfunk (SDR II), Stuttgart 23. 10. 1990.

Schwarz, Ernst, 1991:

Literaturgeschichte als Geistesgeschichte – Das klassische chinesische
Weltbild im Schrifttum des chines. Altertums. Radioessay, Süddtsch.
Rundfunk (S 2 Kultur), 21. 1. 1991.

Seiwert, Hubert Michael, 1979:
Orakelwesen und Zukunftsdeutung im chinesischen Altertum – Eine religionsgeschichtliche Untersuchung zur Entwicklung des Welt- und Men-
schenbildes während der Zhou-Dynastie. Dissertation, Bonn.

Sherill, Wallace A./Chu, Wen Kuan, 1989:
An Anthology of I Ching. Arkana/Penguin Group, London.

Sheldrake, Rupert, 1990:
Das Gedächtnis der Natur – Das Geheimnis der Entstehung der Formen in
der Natur. Scherz Verlag, Bern, München, Wien.

Silva, Anil de, 1980:
Chinesische Landschaftsmalerei am Beispiel der Höhlen von Tun-Huang.
Holle Verlag, Baden-Baden.

Skinner, Stephen, 1983:
Chinesische Geomantie. Die gesamte Lehre des Feng-Shui. Dianus-Trikont Verlag, München.

Sloterdijk, Peter; Macho, Thomas H. (Hrsg.), 1991:
Weltrevolution der Seele – Ein Lese- und Arbeitsbuch der Gnosis von der
Spätantike bis zur Gegenwart, Bd. 1+2. Artemis & Winkler Verlag, Zü-
rich, München.

Soffer, Olga; Vandiver, Pamela; Oliva, Martin; Seitl, Ludik, 1993:
Case of the Exploding Figurines. In: Archaeology, January/February
1993, S. 36–39.

Stange, Hans O., 1950:
Geschichte Chinas vom Urbeginn bis auf die Gegenwart. In: Waldschmidt
u. a.: Geschichte Asiens. Bruckmann Verlag, München.

Stiefvater, Erich W./Stiefvater, Ilse R., 1962:
Chinesische Atemlehre und Gymnastik. Karl F. Haug Verlag, Ulm.

Suyin, Han, 1989:
China 1890–1938. Eine histor. Foto-Reportage, hrsg. v. Eric Baschet.
Verlag Swan Productions, Zug/Schweiz.

Tributsch, Helmut, 1990:
Die Lehre der Bachstelze. Über das Chaos und seine Erforschung. In:
Merkur 500, 44 Jg.; Heft 10/11.

Tucci, Giuseppe/Heissig, Walther, 1970:
Die Religionen Tibets und der Mongolei. Verlag W. Kohlhammer, Stuttgart.

Tuchmann, Barbara, 1984:
In Geschichte denken. Fischer Verlag, Frankfurt/M.

Uhlig, Helmut, 1992:
Die Große Göttin lebt – Eine Weltreligion des Weiblichen. Gustav Lübbe
Verlag, Bergisch Gladbach.

Ulenbrook. Jan, 1962:
Lau Dse / Dau Dö Djing – Das Buch vom rechten Wege und von der rechten Gesinnung. Carl Schünemann Verlag, Bremen.

Union Of International Associations (Hrsg.), 1986:
Encyclopedia of world problems and human potential. 2nd edition. Verlag K. G. Saur München, New York, London, Paris.

Unschuld, Paul Ulrich, 1973:
Pen-ts'ao – 2000 Jahre traditionelle pharmazeutische Literatur Chinas. Heinz Moos Verlag, München.

Varela, Francisco J., 1982:
Die Biologie der Freiheit. In: Psychologie Heute 9/1982, S. 82–93.

Varela, Francisco J., 1990:
Kognitionswissenschaft – Kognitionstechnik. Eine Skizze aktueller Perspektiven. Suhrkamp Verlag, Frankfurt/M.

Varela, Francisco J.; Thompson, Evan, 1992:
Der Mittlere Weg der Erkenntnis. Die Beziehung von Ich und Welt in der Kognitionswissenschaft – der Brückenschlag zwischen wissenschaftlicher Theorie und menschlicher Erfahrung. Scherz Verlag, Bern, München, Wien.

Vithoulkas, Georgos, 1986:
Die wissenschaftliche Homöopathie. Theorie und Praxis naturgesetzlichen Heilens, Ulrich Burgdorf Verlag, Göttingen.

Voskamp, C. J., 1915:
Aus dem belagerten Tsingtau – Tagebuchblätter. Buchhandlung der Berliner evang. Missionsgesellschaft, Berlin.

Vries, Herman de, 1989:
Natural Relations. Hrsg. v. Karl Ernst Osthaus-Museum Hagen. Verlag für Moderne Kunst, Nürnberg.

Walf, Knut (Hrsg.), 1989:
Tao für den Westen: eine Hinführung. Kösel Verlag, München.

Walter, Katya, 1992:
Chaosforschung, I Ging und genetischer Code. Das Tao des Chaos. Eugen Diederichs Verlag, München.

Waldschmidt, Ernst u. a., 1950:
Geschichte Asiens. F. Bruckmann Verlag, München.

Waley, Arthur, 1957:
Die neun Gesänge. Eine Studie über Schamanismus im alten China. Marion v. Schröder Verlag, Hamburg.

Wassiljew, W. P., 1909:
Die Erschließung Chinas. Kulturhistorische und wirtschaftspolitische Aufsätze zur Geschichte Ostasiens. Dieterich'sche Verlagsbuchhandlung Theodor Weicher, Leipzig.

Watson, James D., 1990:
Die Doppel-Helix, Rowohlt Verlag, Reinbek.

Weggel, Oskar, 1989:
Geschichte Chinas im 20. Jh., Kröner Verlag, Stuttgart.
Weiers, Michael (Hrsg.), 1986:
Die Mongolen – Beiträge zu ihrer Geschichte und Kultur. Wissenschaftl.
Buchgesellschaft, Darmstadt.
Widmaier, Rita (Hrsg.), 1990:
Leibniz korrespondiert mit China. Der Briefwechsel mit den Jesuitenmis-
sionaren (1698–1714). Vittorio Klostermann Verlag. Frankfurt/M.
Wilhelm, Hellmut, 1985:
Die Wandlung. Acht Essays zum *I Ging*. Suhrkamp Verlag, Frankfurt/M.
Wilhelm, Richard, 1910:
Kungfutse. Gespräche *(Lun Yü)*. Eugen Diederichs Verlag, Jena, 6. Auf-
lage der Neuausgabe München, 1994.
Wilhelm, Richard, 1911:
Laotse. Tao Te King, Das Buch des Alten vom Sinn und Leben. Eugen
Diederichs Verlag, Jena, 7. Auflage der Neuausgabe, München 1993.
Wilhelm, Richard, 1912:
Liä Dsi. Das wahre Buch vom quellenden Urgrund. Tschung Hü Dschen
Ging. Die Lehren der Philosophen Liä Yü Kou u. Yang Dschu. Eugen
Diederichs Verlag, Jena, 4. Auflage der Neuausgabe München 1992.
Wilhelm, Richard, 1926a:
Die Seele Chinas. Verlag Reimar Hobbing, Berlin.
Wilhelm, Richard, 1926b:
Die Chinesische Literatur. Band: China/Japan. Handbuch der Literatur-
wissenschaft. Hrsg.: Oskar Walzel. Akademische Verlagsgesell. Athe-
naion, Wildpark-Potsdam.
Wilhelm, Richard, 1928a:
Frühling und Herbst des *Lü Bu We*. Eugen Diederichs Verlag, Jena,
Neuausgabe München 1979.
Wilhelm, Richard, 1928b:
Geschichte der chinesischen Kultur. F. Bruckmann Verlag, München.
Wilhelm, Richard, 1929:
Meine Begegnung mit C. G. Jung in China. In: Neue Zürcher Zeitung vom
21. 1. 1929.
Wilhelm, Richard, 1931:
Der Mensch und das Sein. Eugen Diederichs Verlag, Jena.
Wilhelm, Richard, 1948:
Lao Tse und der Taoismus. Frommanns Verlag (1925), 2. Aufl. Stuttgart.
Wilhelm, Richard, 1958:
Li Gi. Das Buch der Sitte des älteren und jüngeren Dai. Aufzeichnungen
über Kultur und Religion des alten China. Eugen Diederichs Verlag
(1930), Düsseldorf/Köln, 2. Auflage der Neuausgabe München 1994.
Wilhelm, Richard, 1956:
I Ging. Das Buch der Wandlungen. Eugen Diederichs Verlag, Köln,
21. Auflage München 1993.

Wilhelm, Salome (Hrsg.), 1956:
Richard Wilhelm – Der geistige Mittler zwischen China und Europa. Eugen Diederichs Verlag, Düsseldorf/Köln.

Williams, C. A. S., 1960:
Encyclopedia of Chinese Symbolism and Art Motives. The Julian Press, New York.

Wu, Nelson I., 1963:
Architektur der Chinesen und Inder. Die Stadt der Menschen, der Berg Gottes und das Reich der Unsterblichen. Otto Maier Verlag, Ravensburg.

Ying-Ming, Hung, 1988:
Vom weisen Umgang mit der Welt. Das Saikontan des Weisen Hung Ying-ming aus dem China des 16. Jhdts. O. W. Barth/Scherz Verlag, Bern, München, Wien.

Zastrau, Alfred, 1983:
Ur-Wort und Hand-Werk. Über die Sprache als Organ konkreter Vernunft. Hrsg.: W. Römhildt/Gruppe Kunsthandwerk Hannover. Hannover.

Zeitlinger, Karl, 1986:
Geist und Stil. Carl Winter Universitätsverlag, Heidelberg.

Zenker, Ernst Viktor, 1943:
Der Taoismus der Frühzeit – Die alt- und gemeinchinesische Weltanschauung. Hölder – Pichler – Tempsky Kommissionsverleger, Wien, Leipzig.

Zimmer, Heinrich, 1974:
Der Weg zum Selbst. Lehre und Leben des Shri Ramana Maharishi. Eugen Diederichs Verlag, Düsseldorf/Köln, 7. Auflage München 1991.

Hexagrammregister

Die Nummern 31, 34, 37, 58 kommen im Text nicht vor.

Personenregister

Sachregister

I-Ging-Literatur
im Eugen Diederichs Verlag

I Ging
Das Buch der Wandlungen

Aus dem Chinesischen übertragen und erläutert
von Richard Wilhelm
644 Seiten, Leinen

Das älteste Weisheitsbuch Chinas, seit Richard Wilhelms epochaler Übersetzung aus dem chinesischen Original als Orakel weltweit gelesen, studiert und befragt. Hier liegt der bahnbrechende Wilhelmsche Text vor, der das I Ging, das älteste Buch Chinas – und zugleich eines der aktuellsten – zu einem Stück Weltliteratur machte. Seine Lebensweisheit berührt unendlich viele Menschen, seine nichtkausale, strukturalistische Denkform hat Künstler und Philosophen in Ost und West beeinflußt.
Die Gesamtausgabe der drei Bücher mit den Kommentaren Richard Wilhelms.

I Ging
Text und Materialien

Aus dem Chinesischen übersetzt von Richard Wilhelm
Mit einer Einleitung von Wolfgang Bauer
Diederichs Gelbe Reihe Band 1, 352 Seiten, Paperback

Die handliche Taschenbuchausgabe der klassischen Übersetzung Richard Wilhelms: Buch I und II, ergänzt durch eine hilfreiche Einführung des Sinologen Wolfgang Bauer.

»Man kann es als Orakelbuch benutzen, um in schwierigen Lebenslagen Rat zu bekommen. Man kann es auch ›nur‹ der Weisheit wegen lieben und benutzen.«

(Hermann Hesse)

Eugen Diederichs Verlag

Michael Secter

Das I Ging Handbuch

Eine praktische Anleitung zum besseren Verständnis

160 Seiten mit 8 vorgestanzten Hexagramm-Karten, Paperback

Vorgestellt werden Techniken der Befragung und der Ausdeutung des I Ging – neben klassischen Methoden wie dem Schafgarbenorakel auch originelle Weiterentwicklungen.

Katya Walter

Chaosforschung, I Ging und genetischer Code

360 Seiten mit vielen sw-Abbildungen, Leinen

Katya Walter weist nach, wie die gleichen mathematischen Grundmuster, mit denen heute in der Chaostheorie die Entwicklung von dynamischen Prozessen beschrieben wird, dem System des I Ging mit seinen 64 Hexagrammen zugrunde liegen. Bahnbrechend erläutert sie die Parallelität zwischen I Ging und genetischem Code.

Carol K. Anthony

Handbuch zum klassischen I Ging

440 Seiten, Leinen

Das Handbuch erschließt zentrale Begriffe wie »Der Edle«, »Der Gemeine« oder »Das große Wasser durchqueren« mit Hilfe psychologischer Deutungen.

Carol K. Anthony

Meditationen zum I Ging

Der andere Weg zum Verständnis der Orakeltexte

424 Seiten, Leinen

Eine Anleitung zur Meditation über zentrale Aussagen des I Ging, die eine neue Dimension, die Weisheit des I Ging zu erfahren, eröffnet.

Eugen Diederichs Verlag

Erfahrungen mit dem I Ging
Vom kreativen Umgang mit dem Buch der Wandlungen
Diederichs Gelbe Reihe Band 51, 272 Seiten, Paperback

C. G. Jung, Richard Wilhelm, Hermann Hesse, Jorge Luis Borges, Bob Dylan ... hier beschreiben China-Experten, Poeten, Künstler, Kybernetiker, Psychologen, Aussteiger, Therapierende und Suchende, wie sie das Buch der Wandlungen für sich entdeckt und für ihr Leben produktiv gemacht haben.

Astrologie des I Ging
Nach dem Ho Lo Li Schu
Herausgegeben von Wen Kuan Chu und Wallace A. Sherrill
Diederichs Gelbe Reihe Band 65, 520 Seiten mit 7 Abbildungen und 29 Tabellen, Paperback

Das »Ho Lo Li Schu« aus der Ming-Dynastie ist reich an kosmischen Bezügen. Den Menschen wird auferlegt, die Grundkräfte Himmel und Erde in Einklang zu bringen. Mit Hilfe der »Himmelsstämme«, der »Stundenzweige« sowie der Trigrammreihen des »Späten« und des »Frühen Himmels« werden die Koordinaten des eigenen Lebens bestimmbar.

Diana Farington Hook
I Ging für Fortgeschrittene
Strukturen, Kräfte, Kombinationen
Diederichs Gelbe Reihe Band 43, 176 Seiten mit 49 Abbildungen und Tabellen, Paperback

Ausgehend von Schildkröte und Drachenpferd, den mythischen Urformen des I Ging, weist die Autorin neue Anwendungsmöglichkeiten auf und macht Strukturen und Entwicklungen sichtbar. Sie erläutert unter anderem die Kalenderhexagramme, die Wandlungszustände und die Kreisanordnung von Schau Yung und geht auf Querverbindungen zu anderen esoterischen Lehren wie Kabbala und Tarot ein.

Eugen Diederichs Verlag